ERHARD MEUELER

Wie aus Schwäche Stärke wird

VOM UMGANG MIT LEBENSKRISEN

Rowohlt

1. Auflage März 1987
Copyright © 1987 by Rowohlt Verlag GmbH,
Reinbek bei Hamburg
Alle Rechte vorbehalten
Redaktion Jens Petersen
Umschlaggestaltung Peter Wippermann
Satz Garamond (Linotron 202)
Gesamtherstellung Clausen & Bosse, Leck
ISBN 3 498 04308 0

Für fachlichen Rat und kritische Begleitung
danke ich meiner Frau Christiane,
Christof Meveler, Werner Durth, Udo Gedig,
Franz Hamburger, ‹Charly› Krieger,
Wielant Machleidt, Roland Maier, Matthias Pelz,
Hans Georg Stolz, Hsiao-Tung Sun, Eberhard Wolf
und vor allem Jens Petersen vom Rowohlt Verlag.
Hedda Kittler, Hilde Schätzle,
Renate Steingräber und Corinna Vogel
seien ihrer Schreibmaschinen-Künste wegen gerühmt!
E. M.

Erhard M., Sommer 1986, beim Versuch,
alle Anregungen lieber Freunde ad-
äquat und doch commod zu verarbeiten
W.M.

INHALT

PROLOG:
ICH ÜBER MICH

1958

Im mündlichen Abitur soll ich in drei Fächern geprüft werden, in Mathematik, Deutsch und Kunst. Die Mathematikprüfung ist die erste, früh am Morgen. Sie verläuft nicht sonderlich gut. Dann stockt der Prüfungsrhythmus, ohne daß wir Schüler den Grund erfahren.

Als am späten Nachmittag der Erdkundelehrer auftaucht, scheint es weiterzugehen. Er bittet aber lediglich mich, mit ins Schulsekretariat zu kommen. Mein Vater habe angerufen.

Im Sekretariat stehen der Direktor, mein Klassenlehrer und die Schulsekretärin, der Telefonhörer liegt neben dem Apparat: «Ja, was ist denn?» – «Ich hol dich gleich ab!» – «Wieso denn? Ich bin noch gar nicht fertig. Ich hab noch zwei Prüfungen vor mir…» – «Ich nehm mir ein Taxi!» – «Ein Taxi? Was soll das Ganze?» Mein Vater: «Es kann einem Schlimmeres im Leben passieren als das…!»

Ich drehe mich nach den Lehrern um. Sie murmeln was von «…Ziel nicht erreicht!»

Durchgefallen!

Ich kann nicht weinen…

Ich habe einen ersten großen Lernprozeß verloren. Das Gericht hat der Anklage in vollem Umfang entsprochen.

Die Wiederaufnahme des Verfahrens führt nach einem halben Jahr zum Erfolg: Ich gewinne, bestehe nun endlich mein Abitur und verliere zugleich: Weg ist mit einemmal die Unbekümmertheit des sorglosen Schülers voll umher- und abschweifender Neugierde. Um mich vor erneuten Verletzungen zu schützen, entwickle ich in der Folge einen bis ins kleinste durchrationalisierten Lernstil, diszipliniert und leistungsorientiert. Ich gehe auf Nummer Sicher: «Mir pinkelt so schnell keiner mehr ans Bein...» Als Ankläger und Beklagter zugleich führe ich fortan die Lernprozesse gegen mich selbst. Ich gewinne immer häufiger und lerne, mich effektiv fremd- und selbstgesetzten Leistungsnormen zu unterwerfen. Ich beginne, systematisch und diszipliniert mein mittleres Talent auszureizen.

1978

Ein Samstag morgen am Schreibtisch. Vor mir liegt ein Manuskript – der Versuch, eine Didaktik der Erwachsenenbildung zu schreiben. Da es keine verbindliche Didaktik der Erwachsenenbildung gibt, ist der Erwartungsdruck, ich könne und müsse das schaffen, in den letzten Wochen immer stärker geworden.

Mit einemmal werden meine Beine ganz weich und schwammig. Eine warme lähmende Welle schwappt von unten nach oben durch meinen Körper. Aus den Fingern weicht das Blut. Ein Hämmern in den Schläfen, Druck auf der Brust, Angstgefühle nie erlebter Art. Ich stehe auf, gehe umher. Die Beklemmung wird immer heftiger. Ich glaube, sterben zu müssen. Der benachrichtigte Arzt kommt recht schnell und beruhigt mich.

Samstags darauf das gleiche Erlebnis. Ich bekomme Angst vor der Angst, die mich von nun an ganz unvermittelt anfällt, des Nachts, am Tage.

Ich rufe einen befreundeten Psychiater an: «Mein Ich-Ideal, ich könne eine Didaktik der Erwachsenenbildung schreiben, ist anscheinend mit mir davongeflogen. Ich komme nicht mehr hinterher...» Der Freund: «Was belastet dich sonst noch?» Ich: «In der Verwaltung der Evangelischen Kirche in Hessen und Nassau hat man aus ‹atmosphärischen Gründen› – zu lebhaft, zu viele Experimente – meine Probezeit als Kirchenbeamter immer wieder verlängert. Vom anfänglichen halben Jahr sind wir jetzt schon weit übers dritte Jahr hinaus. Jetzt muß ich vor die Landessynode, wo über zweihundert Leute nach einer Personaldebatte über meine berufliche Zukunft entscheiden werden...»

Der Freund rät mir, die Belastung zu verringern und das Manuskript so lange in einem Koffer zu verschließen, bis ich wieder «Biß» hätte.

Die Synode wählt mich zwar in das Amt, doch ändert der «Oberkirchenrat auf Lebenszeit» nichts an meinen körperlichen Beschwerden. Im Gegenteil: sie verschlimmern sich. Ich suche einen Gesprächstherapeuten auf. Er macht mir unmißverständlich klar, daß er kein Magier sei, der mit einem Zauberwort meine Leiden verscheuchen könne. Ich selbst sei hier gefordert. Ich müsse selbst herausfinden, was ich eigentlich wolle und was nicht...

Ich versuche fortan, meine Krise als Warnstreik gegenüber meinen aktuellen Lebensbedingungen und dem bislang praktizierten Lebensstil zu verstehen. Ich muß herausfinden, wer und was alles in Kindheit und Jugend mein Fühlen, Denken und Verhalten so intensiv beeinflußt hat, daß diese Prägungen bis heute eigenständige Handlungsentscheidungen behindern.

Ich trete in einen intensiven Dialog mit psychologischer, vor allem psychoanalytischer Literatur ein und beziehe das Gelesene ausdrücklich auf mich. Als ich mit systematischen Selbstaufschreibungen beginne, kommt die Abitur-Geschichte wieder hoch. Andere Kränkungen und schmerzliche Erinnerungen an vorenthaltene Anerkennung kristallisieren sich an.

Ich spreche mich davon frei, jeden Abend und jedes Wochenende in meinem Arbeitszimmer wie unter Zwang schreibend altes Wissen immer wieder neu zu mischen. Ich will meine «Anerkennungsarbeit» auf andere Art organisieren.

Die Beschwerden bleiben, doch ich lerne, sie als Botschaften des Körpers zu interpretieren. Ich versuche, Lernprozesse komplexer als nur unter den Aspekten Norm und Anpassung, Soll und Pflichterfüllung zu sehen. Es gelingt mir langsam, meine Ängste, Bedürfnisse und Phantasien bewußt zu akzeptieren. Ich erkenne, daß die Lebensgeschichte und die durch sie bestimmten Prägungen kein unüberwindliches Geschick darstellen, sondern daß es meine eigene Sache ist, mir meine Gegenwart und Zukunft anders als bisher anzueignen.

Im Berufsalltag wird mir mit einemmal klar, daß ich all die Energie, die die erzwungene Anpassung an kirchliche Verhaltensanforderungen kostet, besser verwenden könnte. Ich beschließe, bei der ersten besten Gelegenheit den Arbeitsplatz zu wechseln.

1987
Ich bin nun schon seit fünf Jahren an einem neuen Arbeitsplatz, der Universität Mainz. Die körperlichen Beschwerden hatten noch bis Mitte 1984 angehalten.

Die sieben Jahre in der Kirchenverwaltung und die dort ausgelöste Krise möchte ich in meinem Leben nicht missen.

Ich bin in dieser Zeit endlich erwachsen geworden.

UM WAS ES GEHT

危 机

Dieses Schriftzeichen bedeutet im modernen Chinesisch «Krise». Es ist ein zusammengesetztes Wort. Das erste der beiden Wörter (wei) hatte im klassischen Chinesisch mehrere Bedeutungen, deren erste «Gefahr» war. Das zweite Wort (ji) hieß im klassischen Chinesisch in der dritten von mehreren Bedeutungen «Gelegenheit / Chance», je nachdem, in welchem Zusammenhang das Wort gebraucht wurde.

Krise als Gefährdung und Chance zugleich – dieser Zusammenhang soll im Hinblick auf Deutungs- und Verstehensbedingungen einerseits, auf praktische Formen der Krisenbewältigung andererseits thematisiert werden. Daß ich mich dabei auf *Lebens*krisen beschränke, hat folgenden Grund: *Gesellschaftliche Fehlentwicklungen und Krisen*, wie beispielsweise die nukleare und neuerdings chemische Hochrüstung, die strukturelle Arbeitslosigkeit, die Vergiftung der ökologischen Lebensgrundlagen, kommen in den Medien – wie wahrheits- und wirklichkeitsgetreu auch immer – kontinuierlich zur Sprache. Im Bereich *individueller Krisen im Erwachsenenalter* hingegen gibt es einen großen Erklärungs-, Beratungs- und Handlungsbedarf, da Alltagsstörungen und krisenhaft erlebte Übergangsphasen von einem Lebensabschnitt zum anderen Gefühle, Gedanken und Handeln eines jeden von uns bestimmen.

Diese Störungen und Krisen sind oft Folgen sozialer Gewalt, haben ihre Ursachen ebenso in verkorksten Erziehungskonzepten wie in vorenthaltenen Chancen, sein Leben mündig und selbstbestimmt zu gestalten. Ich sehe mich freilich überfordert, grundsätzlich den wirtschaftlichen, politischen, kulturellen und sozialen Verursachungszusammenhang individueller Lebenskrisen aufzuzeichnen. Er kann nur hier und da angedeutet werden.

Es geht in diesem Buch um die «normalen» Statusveränderungen im Lebenslauf (zum Beispiel Ablösung vom Elternhaus, Eintritt in den Beruf, Schwangerschaft, Wechseljahre der Frau, Ausscheiden aus dem Beruf, Altern), die als Krisen erlebt werden können. Neben diesen *normativen, da erwartbaren Entwicklungskrisen* werde ich *unerwartete Krisen* als Situationen der Überforderung in den Mittelpunkt stellen, in denen durch den plötzlichen Verlust eines geliebten Menschen, aber auch etwa durch eine massive Kränkung bedrohliche Irritationen und Ängste ausgelöst und bislang erfolgreich praktizierte Handlungskonzepte in Frage gestellt werden.

Durchgängig werde ich mich damit auseinandersetzen, wie Krisen dazu herausfordern, unterstützt durch andere die eigene Entwicklung voranzutreiben. Alle bewußte und unbewußte Arbeit an der eigenen Identität gilt der Zweiheit in der Einheit: Ich bin Objekt aller nur erdenklichen Anforderungen von außen und verinnerlichter Handlungsmaßstäbe. Zugleich muß ich mich als Subjekt mit diesen Vorgegebenheiten ständig auseinandersetzen, um in Anpassung und Widerstand eigene und von mir selbst verantwortete Handlungsentscheidungen treffen zu können.

Allem Anschein nach sind es nicht die «himmlisch schönen Tage», sondern die in Krisen erlebten Bedrohungen der Identität, die die menschliche Entwicklung fördern: «Der Mensch verwirklicht seine eigentliche Existenz nur in der Krise und nur durch die Krise. Und weil diese eigentliche Existenz nur im Prozeß und nie als Ergebnis zu erringen ist, so heißt das: Der Mensch existiert nur, sofern er in der Krise steht. Die kritischen Augenblicke sind die einzig zählenden... des

menschlichen Lebens. Existieren heißt in der Krise stehen»
(Bollnow 1966, 12).

Krisen sind Phasen und Formen der Konfliktbewältigung
auf psychischer wie sozialer Ebene. Sie können als Chance
interpretiert werden, angesichts einer Bedrohung der «Normalität» durch das Erleben und bewußte Verarbeiten der Verunsicherung zu einer neuen Standortbestimmung und Zu-
kunftsperspektive zu gelangen. Kein Leben verläuft ohne
Entwicklungskrisen und Anpassungsprobleme. Sie sind der
Preis persönlichen und sozialen Wachstums, das nicht nur
Fortentwicklung von Selbstvertrauen, sozialer Kompetenz,
Widerstandskraft und Genußfähigkeit bedeutet, sondern vor
allem zu vertieften Einsichten in die Voraussetzungen und
Bedingungen des Lebens, die Reichtümer und Begrenzungen
seiner selbst wie der sozialen Umwelt führt: Wir erkennen
Begrenzung und Sterblichkeit als unausweichliche Lebensbedingungen. Wir entdecken und entwickeln zugleich neue
Möglichkeiten, zusammen mit anderen die eigene Fähigkeit
zu Freude, Gemeinschaft, Liebe und politischem Handeln zu
fördern. In Krisen wird uns die Dialektik des Lebens wie unter einem Brennspiegel deutlich: sich nach Geborgenheit und
Beständigkeit zu sehnen, sich aber gleichzeitig Veränderung
und Erneuerung zu wünschen, vorangehen zu wollen, damit
aber anderes zurücklassen zu müssen, nach Ruhe zu verlangen und doch in der unruhigen Veränderung das Leben pul-
sieren zu sehen.

Mal werden Krisen dadurch ausgelöst, daß ich mich durch
die Anforderungen der Umwelt emotional und sozial völlig
überfordert fühle. Mal entstehen sie so, daß mir Fortschritte
im eigenen Nachdenken und ein sich wandelndes Selbstverständnis die bisherigen sozialen Beziehungen als Gefängnis
erscheinen lassen. Die durch solche Konflikte bewirkte Verunsicherung wächst, wenn – mir zunächst noch unbewußt –
bislang ungelöste Konflikte aus Kindheit und Jugend «aufge-
rührt» werden. Von der Störung zur Krise und von dort zur
Erkrankung gibt es fließende Übergänge, wobei Sie heraus-

finden werden, daß Krisen in der Regel ebenso wie Krankheiten von Menschen beeinflußte Ereignisse sind, deren Bedingungszusammenhang auf einer ganzen Reihe von ineinander verschränkten Ebenen (des Körpers, des sozialen Umgangs, der Rekonstruktion der Lebensgeschichte, der Empfindungen, des Bewußtseins und Handelns) zu analysieren ist.

Jeder benötigt Krisen unterschiedlicher Dauer und Intensität, um sich fortzuentwickeln, auch wenn jede Krise Gefährdung bis hin zur (Selbst-)Vernichtung bedeutet. In der durch Krisen hervorgerufenen Angst sieht Kierkegaard sogar die Vollkommenheit menschlicher Natur: Je tiefer sich der Mensch ängstige, um so größer sei er (vgl. Bollnow 3/1965, 35).

Ängste an sich herankommen zu lassen, sie auszuhalten, in einer Krise nicht zu verzweifeln, sich nicht selbst aufzugeben, sondern sie trotz aller existentiellen Bedrohung als Chance der Fortentwicklung zu sehen, das muß und kann erlernt werden. Dieses Lernen unter Leidensdruck kann einem von niemandem stellvertretend abgenommen werden. Als bewußte Selbst- und Neuorientierung kann es Erfolg haben, so daß die Selbstwertgefühle am Ende gestärkt sind und die Lebensgestaltung weitaus bewußter als vorher geschieht. Dieses Lernen kann aber auch den erhofften Fortschritt verfehlen, weil die zerstörerischen Auswirkungen der Krise stärker sind als die verfügbaren Selbstheilungs- und Überlebenskräfte und weil die benötigte soziale Unterstützung durch andere nicht rechtzeitig und intensiv genug zustande kommt.

Welches die Bedingungen eines Lernens in Krisen und aus Krisen sind, wie es gelingen könnte, aus der zunächst als äußerst belastend empfundenen Krisendynamik heraus die Lebenspraxis umzugestalten, das soll in diesem Buch in fünf Schritten entfaltet werden. Zunächst geht es um eine Einführung in das Problemfeld «Lebenskrisen» (*Teil 1:* Erscheinungsformen und Wesen der Krise; Krisenphasen und unerledigte Konflikte von früher als Erschwernisse der Krisenbewältigung). Einer Einführung in die Verstehensbedingungen der Krisenbewältigung (*Teil 2*) folgt ein gestuftes Arbeitsprogramm für bewußte Identitäts- und Realitätsarbeit (*Teil 3*): Vermittels angeleiteter Selbstreflexion können Sie eine aktive Rolle bei der Lösung Ihrer Krise übernehmen. Sie können lernen, die Bedingungen der Krise zu erforschen und Verantwortung für deren Einmündung in einen neuen Entwicklungsschritt zu übernehmen. Sie entscheiden selbst, wie intensiv Sie Ihre Auseinandersetzung mit der Konfliktkonstellation führen und wen Sie zur Unterstützung gewinnen wollen (*Teil 4*). Spätestens im abschließenden *fünften Teil* des Buches, den Beiträgen der Erwachsenenbildung zur Selbstbestimmung gewidmet, können Sie erkennen, daß mein durchgängiges Interesse dem alltäglichen Lernen Erwachsener gilt.

Der Wortsinn von «er-wachsen» deutet zwar auf Ausgewachsensein, auf das Erreichen eines Abschlusses, doch ist das Erwachsenenalter in Wirklichkeit vom ständigen Wechsel zwischen Stabilität und Veränderung, von der plötzlichen Störung ruhigen Gleichklangs durch oft kaum zu bewältigende Situationen und Konflikte bestimmt. Werden solche Störungen nicht als Krankheiten pathologisiert, sondern als zum Leben gehörende unausweichliche Entwicklungsphasen bewußt dazu genutzt, etwas über sich selbst und über die Beziehungen zur Umwelt herauszubekommen, können Wachstumsschritte eingeleitet werden, die ohne diesen Leidensdruck nicht zustandegekommen wären. Wir können lernen, unseren sozialen Beziehungen aus einer intensiven Selbstreflexion heraus eine neue Qualität zu geben und bislang nie in Erwägung gezogene Formen sozialen und politischen Engagements zu erproben.

Meine Überlegungen, Denk- und Arbeitsanregungen sind *ein* Werkzeug, dessen Sie sich bedienen können, wenn Sie mit Ihren Bedürfnissen und Handlungsmöglichkeiten vereinbar sind. Hinzu treten all Ihre eigenen Kräfte, Ideen, Lesefrüchte und plötzlichen Einsichten in Gesprächen. Auf der Suche nach Problemlösungen werden Sie in sich Fähigkeiten entdecken, die Sie vorher nicht vermutet hätten. Sie werden auf ein wenig genutztes Potential an Einsatz- und Veränderungsbereitschaft sowie auf viele in Ihrer persönlichen und weiteren sozialen Umgebung vorhandenen Möglichkeiten emotionaler, sozialer und fachlicher Unterstützung stoßen.

Werden Sie nicht ungeduldig in der Bearbeitung Ihrer Probleme. Krisenbewältigung bleibt immer ein offener Prozeß, dessen Verlauf, Ende und schließliches Ergebnis nicht exakt voraussagbar sind. Dieser schmerzhafte Prozeß entscheidet aber mit über Ihr weiteres Leben. Grund genug, die mit ihm verbundenen unangenehmen Gefühle als unabdingbar zu akzeptieren, die notwendige gedankliche Arbeit mutig anzugehen und sich der sozialen Unterstützung derer zu versichern, deren Mitgefühl und helfenden Rat Sie brauchen.

In der Beratungspraxis gilt die Regel, daß Beratung nur dort angezeigt sei, wo die Probleme ein mittleres Maß nicht überschreiten und wo in der Person und der Umwelt des Ratsuchenden genügend Ressourcen zur Problemlösung vorhanden sind. Das heißt für mich, daß ich mich in diesem Buch auf Störungen, Reifungskrisen und psychosoziale Krisen in einer «leichten Form» beziehen werde. Ich will und kann nicht die Verantwortung dafür übernehmen, Ratsuchende mit großen Problemen, ausgeprägten depressiven Krisensyndromen und klinischen Auffälligkeiten zum Experimentieren auf eigene Faust zu ermuntern. In schweren Fällen schaffen es nur wenige, eine Krise aus eigener Kraft zu überwinden. Die benötigte Unterstützung sollte in solchen Fällen bei Fachleuten aus den helfenden Berufen mit umfassenden theoretischen und praktischen psychotherapeutischen Kenntnissen und Erfahrungen gesucht werden.

Dieses Buch ist nicht in erster Linie für den theoretisch interessierten Leser geschrieben. Er sollte sich anderer Quellen bedienen, will er sich einen Überblick über die derzeitige Forschungssituation verschaffen. Der Text entstand aus der Auseinandersetzung mit eigenen Krisenerfahrungen, bei der mir die Lektüre von Aufsätzen und Büchern und der Gedankenaustausch mit Kollegen und Freunden sehr geholfen haben. Um ihn nicht durch allzu viele Anmerkungen unleserlich zu machen, habe ich die Literaturverweise knapp gehalten. Sie finden sie in der Bibliographie, die ich zugleich als Danksagung an die Kollegen betrachte, aus deren Erfahrungen und Einsichten ich gelernt habe.

Die Hoffnung auf eine magische Anleitung zum Glücklichsein, auf Zauberformeln und sichere Tips kann dieses Buch nicht einlösen. Ich frage Sie lediglich als Leser, was *Sie selbst* – auch als «gesunder» Mensch – tun wollen und tun können, um sich Ihrer eigenen Kräfte und sozialer Unterstützung zu vergewissern.

Auch wenn ich Ihnen nichts verspreche, ist doch eines sicher: Wenn Sie dieses Buch intensiv lesen, wenn Sie die Informationen und Arbeitsanregungen auf sich selbst und Ihre Situation beziehen oder sie verwerfen, kommentieren und ersetzen, schreiben sie es neu. Im wörtlichen Sinne.

Halb Verlust, halb Neubeginn

Entstehung und Verlauf

von Krisen

«Fragt uns, wenn ihr wollt, nach den Ursachen
der Krise. Aber verlangt keine Rezepte von uns,
denn alle Kranken, und nicht nur die eingebildeten
Kranken, sind Komplizen ihrer Krankheit.»

Umberto Eco

KRISE ALS ÜBERFORDERUNG

Als wissenschaftliche Bezeichnung für sich selbst regulierende, Informationen übertragende und verarbeitende Systeme in Organismen und in der Technik führte N. Wiener 1948 den Ausdruck «Kybernetik» (griech. *kybernetike techne:* Steuermannskunst) ein:

Bis ins einzelne gleichen sich biologische und technische Systeme in der «Eigenschaft, durch Rückkoppelungsvorgänge bestimmte Gleichgewichtszustände gegenüber äußeren Einflüssen aufrechtzuerhalten oder darüber hinaus durch Selbstorganisation ihre Struktur und Anpassungsfähigkeit zu erhöhen, zu lernen, sich zu entwickeln, sich selbst zu reproduzieren» (Fuchs u. a. 1975, 390).

In einer ganzen Reihe wissenschaftlicher Disziplinen wurden dynamische Systeme entdeckt und als – theoretische oder wirkliche – spannungsvolle Ganzheiten beschrieben. In ihnen korrespondieren einzelne Elemente und Untersysteme miteinander und mit dem Ganzen in Wechselwirkungen, reagieren auf Einwirkungen von außerhalb des Systems und weisen ein oder mehrere Wirkungsnetze auf.

Die untersuchten Systeme sind aus Gründen der Selbsterhaltung einerseits auf ruhigen Gleichklang, andererseits auf Fortentwicklung angewiesen. Ruhe und Bewegung, Gleichgewicht und Ungleichgewicht sind die Pole dieser kreisförmigen Prozesse. Bezieht man diese Entdeckungen auf unseren Zusammenhang, so ist leicht zu erkennen, daß jeder von uns nicht nur ein sich selbst regulierendes System ist und mehrere solcher aufeinander bezogener Systeme an und in sich selbst

(Kreislauf, Nervensystem, Wärmesystem, Immunsystem) beobachten kann, sondern zugleich in eine Vielzahl sich selbst regulierender gesellschaftlicher Systeme (Familie, Beruf, Nachbarschaft) eingespannt ist. Wir alle sind in der Lage, in uns vertrauten Situationen des Alltags routiniert, wenn auch mit unterschiedlichen Graden persönlicher und sozialer Freiheit, auf die jeweiligen Anforderungen zu reagieren. Wir bedienen uns dieses Guthabens an Formen und Spielarten alltäglicher Problemlösungen oft genug, ohne darüber nachzudenken – wenn wir zum Beispiel morgens aufstehen, uns waschen, die Zähne putzen, frühstücken, zur Arbeit gehen, Auto fahren, telefonieren, Einkäufe erledigen. Unser Wohlbefinden ist weitgehend von dieser Grundfähigkeit abhängig, anfallende Anpassungsleistungen ohne größere Komplikationen sozusagen automatisch zu bewältigen. Die Zahl und Geschwindigkeit der auf uns einstürmenden Anforderungen ist durch den raschen sozialen Wandel und die sich ständig verändernden Lebensbedingungen ungleich höher als im Leben unserer Eltern. Der Stress der lebensverändernden Ereignisse nimmt ständig zu.

Es kommt allerdings immer auf den Einzelfall an, ob mit der abverlangten Anpassung Passivität oder Aktivität, Unterwerfung unter die Bedingungen, die die Umwelt uns aufzwingt, oder souveräne Beherrschung der Lebenslage gemeint ist. D. Claessens unterscheidet daher Anpassungsleistungen, mit der ich der Umwelt entgegenkomme, von solchen, durch die ich die Umwelt verändere. Im Begriff der Anpassung sei eine Steigerungstendenz mitgegeben: Sie reiche von der Angepaßtheit als «Anschmiegung an die Situation» bis zu ihrer Beherrschung in dem Sinne, daß man gegenläufige Strukturen entwickle, um dem vereinheitlichenden Druck der Umwelt dauerhafter als mit Hilfe der überkommenen Verhaltensmuster und Organisationsformen widerstehen zu können (Claessens 1971, 339).

Da der Mensch in den Regeln gesellschaftlichen Lebens nicht aufgeht, muß er die Regel verändern können. Ob sich aber nun der einzelne der Wirklichkeit anpaßt oder ob er sie zu verändern sucht, hängt nicht nur von der gesellschaftlichen Herrschaftsstruktur ab, sondern entscheidend auch davon, ob in der sozialen und politischen Lebensgeschichte des einzelnen Vertrauen auf die eigene Kraft und auf die Durchsetzungsfähigkeit politischer Kollektive zustande kommen konnte.

Die unaufhörlich erforderlichen passiv-konformen und aktiv-verändernden Anpassungsleistungen sind uns in ihrer schnellen Abfolge und Vielfalt meist gar nicht bewußt. Sie dienen in der wechselseitigen Abhängigkeit der Regelsysteme untereinander alle der Eigenerhaltung und Stabilisierung des Organismus. Dieses dynamische, sich ständig reaktivierende Gleichgewicht des lebendigen Organismus beschrieb der amerikanische Biologe Walter B. Cannon (1939) in den dreißiger Jahren als Aufrechterhaltung der «Homöostase», womit er einen stetigen Zustand ruhigen Wohlbefindens in der Balance körperlicher Funktionen meinte. Mit dem von Claude Bernard, einem französischen Mediziner aus dem 19. Jahrhundert, übernommenen Begriff der Homöostase wird jedem Organismus und jedem Individuum die Fähigkeit zugeschrieben, trotz aller inneren und äußeren Belastungen einen stabilen Zustand aufrechtzuerhalten. Je stärker diese Fähigkeit ausgebildet ist, desto besser ist der Gesundheitszustand. Der Begriff der Homöostase kennzeichnet das relative Gleichgewicht physischer und psychischer Kräfte im Menschen ebenso wie das Fließgleichgewicht zwischen Bedürfnissen und äußeren Anforderungen. Im folgenden Schaubild wird das spannungsvolle Gegenüber von Anpassungserwartungen der sozialen Umwelt und der Anpassungskapazität und -bereitschaft des einzelnen dargestellt. Das, was ich tun muß, und das, was ich tun kann beziehungsweise tun möchte, muß ständig ausbalanciert werden:

Der ruhige Gleichklang ständiger Wechselwirkung (Homöostase oder Fließgleichgewicht) des menschlichen Organismus mit der Umwelt wird dadurch aufrechterhalten, daß

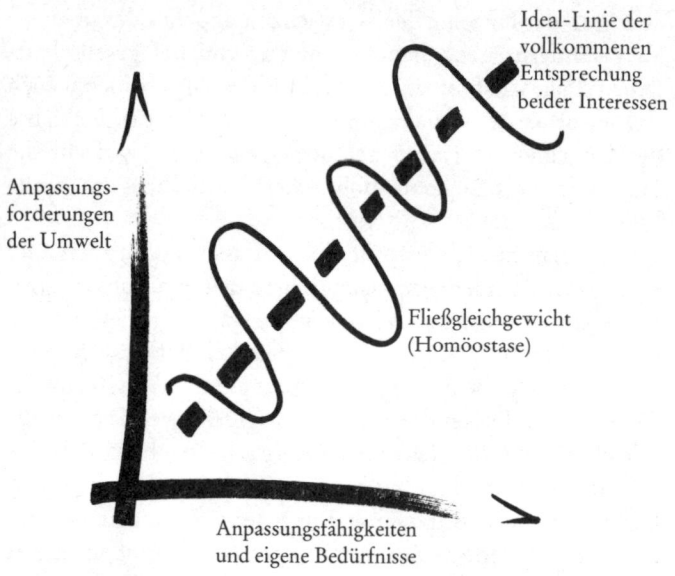

Ideal-Linie der
vollkommenen
Entsprechung
beider Interessen

Anpassungs-
forderungen
der Umwelt

Fließgleichgewicht
(Homöostase)

Anpassungsfähigkeiten
und eigene Bedürfnisse

diese ihm Möglichkeiten bietet, seine Bedürfnisse zu befriedi-
gen und sich darin zu entwickeln. Die Bedürfnisse ihrerseits
sind von den Umweltbedingungen, der Erziehung und den
Medien infiziert. Sie sind sozusagen die «Ausgeburt» der
Realität, nicht ihr striktes authentisches Gegenüber.

Gleichwohl geraten wir ständig in Konflikte mit den Erwartungen, die unsere Umwelt an uns stellt, da sie oft genug
mit unseren eigenen Vorstellungen, Wünschen und Bedürfnissen kollidieren. Entsteht ein Mißverhältnis zwischen den
Anforderungen und den der Person zur Verfügung stehenden
Kapazitäten zur Problemlösung und Anpassung, wird der ge-
wohnte Ablauf wichtiger Funktionen und Rhythmen gestört.
Es kann sein, daß diese Störung wieder ausgeglichen wird. Es
kann aber auch sein, daß die Fähigkeit, Veränderungen ruhig
zu beantworten und neue Aufgaben gelassen anzugehen, mit
einemmal zur Gänze verloren scheint. Dieser Ausnahmezu-

stand wird als Krise erlebt: Alle Erfahrungen eines Menschen und die erlernten Aktions- und Reaktionsweisen reichen nicht mehr aus, die belastende Lebenssituation zu bewältigen.

Eine moderne Variante dieses Anpassungs- und Homöostasemodells bietet M. Csikszentmihalyi (1985) mit dem Begriff «flow-Erlebnis» (englisch *to flow* = fließen, strömen). Damit beschreibt er ein spielerisches Sich-selbst-Erleben bei Aktivitäten, in denen sich die Handlungsanforderungen der Umwelt und die eigenen Fähigkeiten zum Handeln vollkommen entsprechen (die ideale Mittellinie des vorangegangenen Schaubildes). So konzentrieren zum Beispiel Bergsteiger, Schachspieler, Tänzer in der Diskothek oder Chirurgen ihre Aufmerksamkeit ganz auf ein eingeschränktes stimulierendes Handlungsfeld. Sie vergessen im «flow» persönliche Probleme, verlieren den Sinn für die Zeit und für sich selbst. Sie fühlen sich kompetent. Sie beherrschen die Situation und erleben ihre Umwelt als harmonisch, schöpfen Freude aus der Aktivität, die alle Kräfte abverlangt, und machen sich in dem Moment keine Gedanken darüber, ob ihr Tun produktiv ist oder von anderen belohnt werden wird.

M. Csikszentmihalyi macht deutlich, daß der «flow»-Zustand nicht vollständig von der objektiven Natur der Herausforderungen auf der einen und der Fähigkeiten der beteiligten Person auf der anderen Seite abhängt, sondern in hohem Maße auch davon, wie sie diese beiden Gegebenheiten wahrnimmt. Es könne also jemand bei ein und demselben Niveau von Handlungsmöglichkeiten abwechselnd Angst, Langeweile und «flow» erleben.

Das folgende Schaubild zeigt, daß sich Aktivitäten, die «flow»Erlebnisse vermitteln, darin gleichen, daß sie Möglichkeiten zu Handlungen in einem Bereich jenseits von Langeweile und Angst bieten.

Schätzt eine Person die Handlungsanforderungen als so schwierig ein, daß sie glaubt, ihre Fähigkeiten reichen nicht

Umwelt: Handlungsgelegen-
heiten (beziehungsweise
-anforderungen)

Angst

Sorge

Flow (Spiel, Kompetenz-Gefühle, Kreativität etc.)

Langeweile

Angst

Eigene Fähigkeiten zum Handeln

(nach Csikszentmihalyi 1985, 75)

aus, erlebt sie die resultierende Spannung zunächst als Sorge, dann als Angst. Übersteigen andererseits ihre Fähigkeiten die vorhandenen Handlungsmöglichkeiten, stellt sich Langeweile als Gefühl der Unterforderung ein. Auch hier ist das Extrem von Angst bestimmt: Eine Person mit beträchtlichen Fähigkeiten und geringen Möglichkeiten, diese auch anzuwenden, wird vom Zustand der Langeweile in den der Angst geraten.

In diesen Denkmodellen, die ein Versagen im gewohnten Problemlösungsverhalten schematisch erklären sollen, wird

nicht deutlich, daß die Inanspruchnahme menschlicher Fähigkeiten und Fertigkeiten durch die Umwelt nicht so problemlos
geschieht, wie einer Maschine durch Knopfdruck Leistungen
abverlangt werden. Die von außen oder selbst gesetzte Anforderung erzeugt vielfältig gegliederte emotionale, gedankliche
und körperliche Reaktionen. Bei allem abgeforderten Handeln ist Lust und Unlust im Spiel, werden die eigenen Bedürfnisse manchmal berücksichtigt, zumeist mißachtet. Mal fehlt
die Kraft zur bereitwilligen Anpassungsleistung, mal kommt
es zur Verweigerung. Vor allem dann, wenn das geforderte
Verhalten zu weit vom eigenen Lebenskonzept wegführt, reagiert der Betroffene mit Spannung und Unlust. Kommt keinerlei Anerkennung durch die Umwelt mehr zustande und
werden die Grundbedürfnisse nach Sicherheit und Geborgenheit nicht mehr befriedigt, entsteht das Gefühl einer psychosozialen Existenzbedrohung (Krise).

In diesen Modellen kommt auch nicht zum Ausdruck, von
welchen Interessen her in unserer Gesellschaft ständig mit
Druck und Zwang Anpassungsleistungen gefordert und Abweichungen von der Norm, der lautlosen und konfliktfreien
Anpassung, in vielfältigen feinen und groben Formen bestraft
werden: Der Erzieher definiert Nonkonformität als Unge-
horsam, der Psychologe spricht von einer Anpassungskrise,
der Soziologe von Sozialisationsdefiziten, der Richter von
Delinquenz, der Psychiater von Geisteskrankheiten. «Allen
diesen Interventionen, ob sie heilen, pflegen, beraten, strafen, lehren oder trösten wollen, ist gemeinsam, daß sie zur
Abwehr von Gefahren Störungen beseitigen und Normalität
wiederherstellen sollen» (Wambach 1981, 728). M. M. Wambach verweist darauf, daß sich seit der Durchsetzung des kapitalistischen Marktes und der Fabrikindustrie die Normali-
sierung und Kontrolle der Menschen als Probleme verstärkt
gestellt haben: Das Interesse galt der Schaffung eines gefügi-
gen Arbeitskräftepotentials, um den Zugriff auf Körper, Zeit,
Leistung und Reproduktionsprozeß unter Profitmaximen
kalkulierbar zu machen.

Ich will niemanden zur passiven Anpassung an unterdrükkende Umweltbedingungen um den Preis der Selbstaufgabe überreden. Ich möchte lediglich auf die Mechanismen der Ausgleichsprozesse zwischen Mensch und Umwelt aufmerksam machen, vermittels derer der einzelne in seinem Fühlen, Denken und Handeln überlebt. Insbesondere im Arbeitsleben und seinen sozialen Bezügen sind wir ständig gezwungen, auf wechselnde und damit jeweils neue Umweltgegebenheiten zu reagieren. Das benötigte Gleichgewicht zwischen dem gesellschaftlich Erwünschten und den eigenen Bedürfnissen, Fähigkeiten und Verhaltensgrundsätzen kommt nicht mechanisch zustande. Es ist oft genug das Ergebnis mühsam hergestellter Zugeständnisse. Engen uns aber die wirtschaftlichen und sozialen Bedingungen, die Forderungen und Erwartungen unserer Umwelt über jedes erträgliche Maß ein, antworten wir auf diese Überforderung mit einer Krise.

Es geht darum, die Krise als unumgänglichen, die ganze Person und alle sozialen Beziehungen betreffenden Lernprozeß zu sehen, in dem wir unter Leidensdruck, aber unterstützt durch andere, Kräfte des Widerstands und des eigenständigen Überlebens entwickeln müssen. In aktiver Auseinandersetzung mit dem erlebten Konflikt sehen wir diesen als Interessen-Auseinandersetzung, in der es uns nur dann gelingt, uns zu behaupten, wenn wir die eigenen Interessen klar zum Ausdruck bringen und neue Ziele entwickeln, die die Umgestaltung einengender Lebensbedingungen einschließen. Es wird sicherlich nicht gelingen, für den nächsten Tag einen Neuanfang zu planen und dann auch einzulösen, aber schon die Überlegungen dazu sind erste Schritte der Krisenbewältigung.

KRISE ALS SCHMERZHAFT ERLEBTE
ÜBERGANGSPHASE

«Krise» bezeichnet im klassischen Sinne, nach dem Verständnis des griechischen Arztes Hippokrates (5. Jahrhundert vor Chr.), den Höhepunkt und gleichzeitig die Wende eines krankhaften Geschehens zum Guten. Der neuzeitliche Krisen-Begriff dient in fast allen Verwendungssituationen zur Beschreibung eines Vorgangs, bei dem es in einem Prozeß langsamer und ruhiger Entfaltung (des Lebens, der Wirtschaft, politischer Machtkonstellationen) plötzlich innerhalb kurzer Zeit zu einem entscheidenden Moment kommt, in dem im extremen Fall die Entscheidung über Sieg oder Niederlage, Leben oder Tod, Gewinn oder Verlust fällt, ohne daß das erhoffte oder befürchtete Ergebnis schon eingetreten wäre. In dieser Phase muß es sich erweisen, ob die Selbsterhaltungskräfte des Organismus oder des sozialen Systems zur Wiederherstellung der Gesundheit beziehungsweise der Stabilität ausreichen. Dabei wird heute in der Ökonomie (zum Beispiel: Krise des Weltwährungssystems, Krise der Lohnarbeit) wie in der Psychotherapie der Krisen-Begriff auch zur Erklärung von Entwicklungsverläufen benutzt, in denen die Veränderungen längere Phasen der Unentschiedenheit oder des Reifens (allmähliche Wende) benötigen.

So wird in den Lehren von den Wirtschaftszyklen schon seit dem 19. Jahrhundert die Krise als notwendige Durchgangsphase gedeutet, in der sich das gleichsam organische Gleichgewicht von Angebot und Nachfrage auf höherer Stufe wieder neu auspendeln kann. In der neueren Psychologie und Psychiatrie gelten Krisen als Perioden starker Verletzlichkeit,

voll von außergewöhnlichen Möglichkeiten, sich weiterzuentwickeln und als Persönlichkeit zu reifen. Sie treten im normalen Leben auf und lassen sich als emotionales Geschehen
ebensowenig grundsätzlich vermeiden wie Konflikte. Immer
schon haben Künstler, Schriftsteller und Wissenschaftler den
menschlichen Lebenslauf als ein gegliedertes Ganzes dargestellt. In der frühen Kinder- und Entwicklungspsychologie
entstanden auf Grund der Beobachtung von Schüben in der
kindlichen Entwicklung verschiedene Phasen- oder Stufen-
lehren. Ihre Autoren interessierten sich nicht so sehr für die
Übergänge von einer Stufe zu anderen, sondern nur für die
jeweils erreichten, regelmäßig verlaufenden Lebensabschnitte. Mit der Frage, was den Übergang von einer Stufe
zur nächsten auslöst und wie er zu erklären ist, befaßten sich
nur wenige Forscher.

Für H. Künkel (1939, 10) hat jedes Lebensalter seine eigene
Aufgabe. Es stellt jeweils eine Entwicklungsstufe für sich dar
und ist Ausdruck einer ganz besonderen Seite der menschlichen Natur. Der Lebenslauf kommt als rhythmische Stufen-
folge mit Höhe- und Tiefpunkten zustande, weil sich jedes
Lebensalter an einem bestimmten Zeitpunkt als verbraucht
erweist. Daher müssen die Übergänge von einem Lebensalter
ins andere notwendigerweise krisenhaft verlaufen.

Im Rahmen seiner Untersuchungen zur Lebensstruktur
stellte D. Levinson fest, daß im Lebenszyklus stabilen Phasen, die jeweils von spezifischen Entwicklungsaufgaben bestimmt sind, krisenhaft erlebte Übergangsphasen folgen, in
denen von neu auftauchenden Aufgaben her die bisherige Lebensstruktur in Frage gestellt und verändert wird. Ein solcher
Umbruch in der Entwicklung gibt dem betroffenen Menschen mehrere Aufgaben auf: «eine Zeit in seinem Leben zu
beenden: die damit verbundenen Verluste zu akzeptieren; die
Vergangenheit zu überprüfen und zu bewerten; zu entscheiden, welche Aspekte der Vergangenheit er behalten und welche er verwerfen soll; und über die Wünsche und Möglichkeiten für die Zukunft nachzudenken» (Levinson 1979, 84).

Die amerikanische Journalistin Gail Sheehy, die 115 Lebensläufe von Menschen zwischen 18 und 55 Jahren wissenschaftlich auswertete, zog aus ihren Studien den Schluß, daß Zeiten der Krise und Ratlosigkeit im Erwachsenenalter nicht nur unvermeidbar, sondern sogar wünschenswert seien, weil es ohne sie keine Entwicklung gäbe. Wie in der Kindheit bringe jede Stufe nicht nur neue Entwicklungsprobleme mit sich, sondern erfordere den bewußten Verzicht auf Verhaltensweisen, die bisher bestimmend gewesen seien. Jedes neue Stadium bedeute den Verlust eines Zaubers, den Verzicht auf eine gehätschelte Illusion von Sicherheit und auf ein angenehm vertrautes Selbstgefühl. Aber nur so gelinge es uns, unsere Persönlichkeit zu entfalten (Sheehy 1978, 30f).

Entwicklungspsychologen betonen heute durchgängig die Notwendigkeit von Krisen für einen positiven Entwicklungsverlauf. Die Hinwendung zu einer ungewohnten Handlungsweise, zu einem neuen Konzept bedeutet nicht die Entscheidung zwischen Heil und Unheil, sondern zwischen mehreren denkbaren Entwicklungsmöglichkeiten. Krisen sind nach diesem Verständnis nötig, um sich Hilfsquellen für das weitere Wachstum, für die fortschreitende Differenzierung der Lebensgestaltung zu eröffnen.

In der jüngsten Forschung gerät mehr und mehr der Umstand in den Blick, daß sich die in der Krise leidvoll erlebte emotionale oder soziale Überforderung zumeist aus der Auseinandersetzung mit einem kritischen Lebensereignis ergibt. Kritische Lebensereignisse («life events») sind Vorfälle, Erlebnisse und Situationen, die dem einzelnen als «günstige oder ungünstige Bündel sozialer Umstände» begegnen, «die psychologisch bedeutsam sind und sich in vielen Fällen durch ihre Effekte (zum Beispiel psychiatrische Krankheiten, Stress) nachweisen lassen» (Petermann 1981, 53). Diese Ereignisse muten dem Betroffenen in der Regel Leiderfahrungen und Veränderungen des Rollenverhaltens zu.

Eine Studentin: «Als ich 13 Jahre alt war, starb meine Schwester an Krebs. Sie war zwei Jahre älter als ich. Neben meinen Eltern war sie die wichtigste Bezugsperson für mich. Meine Freizeit verbrachten wir zum größten Teil gemeinsam. Sie bot mir Schutz, wenn mir irgendwelche Situationen Angst einjagten. Ich fand sie immer wesentlich selbstsicherer als mich. So hatte ich die Möglichkeit, mich hinter ihr zu ‹verstecken›. Von anderen wurde ich damals als schüchtern und zurückhaltend erlebt. Nach dem Tod meiner Schwester hatte ich zuerst das Gefühl, der Boden werde mir unter den Füßen weggerissen. Tiefe Trauer und Unsicherheit lähmten mich. Für mich boten sich zwei Möglichkeiten: zum einen konnte ich mich nun voll auf meine Eltern fixieren, zum anderen konnte ich selbst die Zügel meines Lebens in die Hand nehmen. Ich entschied mich für das letztere, ob bewußt oder unbewußt, kann ich nicht mehr sagen.

Zusehends entwickelte ich mich zu einem immer selbständiger werdenden Mädchen. So schmerzlich der Tod meiner Schwester für mich war und ist, ich hätte mich nicht, ohne diesen Einschnitt in meinem Leben, so schnell zur Selbständigkeit entwickelt. Ich hatte so viel Sicherheit, weil ich mich hinter ihr verstecken konnte, so daß ich meine eigene Unsicherheit nicht zu überwinden brauchte.

Die Krise als Chance zur Weiterentwicklung. An dieser Erfahrung sehe ich die These für mich bestätigt. Andere Erfahrungen, die ich machte, zeigten mir, daß ich mich nur weiterentwickeln kann, wenn mein Leben Erschütterungen erfährt.»

Amerikanische Ärzte stellten fest, daß Patienten mit den unterschiedlichsten Erkrankungen bei Krankheitsbeginn mit überfordernden Lebensereignissen konfrontiert waren. Man vermutete daher, daß solche krisenhaft erlebten Ereignisse einen Einfluß auf den Entstehungsprozeß von Krankheiten haben könnten, und begann, diese Zusammenhänge zu erforschen. Es kristallisierten sich vor allem zwei Typen von kritischen Lebensereignissen heraus, die das Gleichgewicht zwischen dem einzelnen und seiner Umwelt durcheinanderbringen und überfordernde Anpassungsleistungen abverlangen:

Der Alterungsprozeß zwingt zur Übernahme neuer, wenn auch vorhersehbarer und zumutbarer Rollen (zum Beispiel die einer Schwiegermutter, dann oft die einer Großmutter). Viele erleben das Wechseln von einer Altersgruppe zur nächsten als Periode krisenhaften Übergangs (*normative Krisen*).

Davon werden unerwartete, *scheinbar zufällige «nicht-normative»* Krisen unterschieden, die zum Beispiel durch den Bruch einer Freundschaft, durch eine Scheidung, den Tod eines Familienmitglieds, das Erreichen der Lebensmitte, vorübergehende Arbeitslosigkeit, eine Kränkung, spezifische Erlebnisse mit Vorgesetzten und Kollegen, durch beruflichen Auf- oder Abstieg ausgelöst werden.

Inzwischen untersuchen Psychologen und Soziologen unter dem Schlüsselbegriff «kritische Lebensereignisse» alle dynamischen Aspekte in der Lebensbewältigung von Menschen, also alle Formen von Lebensstress, der zu folgenreichen Entscheidungen drängt und damit Wandel provoziert. Entwicklungsprozesse werden vorübergehend gestoppt und verzögert, in anderen Fällen beschleunigt oder abrupt in eine andere Richtung gelenkt, je nach Intensität der entstehenden Dynamik von sozialen Umorientierungen und Übergängen von einer Rolle zur anderen.

Solche Lebensereignisse stellen «Markierungspunkte» im Lebenslauf dar.

Der Erforschung relativ gut zugänglich sind die *«normativen»* Krisen, das heißt die sozial oder biologisch bedingten Krisen als Übergangsphasen zwischen bestimmten Stadien des Lebenslaufs. Die Ablösung der Kinder, das Ausscheiden aus dem Berufsleben – das sind Lebensereignisse, auf die man sich in einem bestimmten Alter einstellen kann und muß. Die hier erforderlichen Rollenveränderungen muß der einzelne nicht allein bewältigen.

Wir sehen uns in unseren Wachstumszyklen immer neuen Altersschichten und -gruppen zugewiesen, deren Aktivitäten alle auf ein ganz bestimmtes, in diesem Alter als angemessen und normal geltendes Verhalten hin orientiert sind.

Man stellte fest, daß in jeder Gesellschaft fest umrissene Vorstellungen davon existieren, was für ein bestimmtes Alter verpflichtend, was gestattet und was nicht erlaubt ist. Auch fand man heraus, daß Gleichaltrige den einzelnen bei der Bewältigung dieser normativen Übergänge unterstützen, denn jeder trifft in solchen Übergangsphasen auf Altersgenossen, die versuchen, mit ähnlichen Situationen fertig zu werden. Hier ist wechselseitige Beratung üblich und möglich, die die Irritation und Angst vor dem Neuen, die häufig auftretenden Selbstzweifel mindert. Man fand heraus, daß solche Übergangsphasen für eine kurze Zeit starke Entwicklungsreize auf den Betroffenen ausüben, vor allem dann, wenn er in dosiertem Maße mit Umorientierung und neuen Belastungen konfrontiert wird, das heißt wenn ein angemessenes Verhältnis zwischen neuen Anforderungen und vorhandenen Bewältigungskapazitäten besteht. Wir können unausweichliche Umstellungen und Rollenveränderungen in unserer Vorstellung vorwegnehmen, im «Probe-Fühlen und -Denken» durchspielen und vorbereiten.

Diese Kulanzzeit in den Umgewöhnungs-, Lern- und Reifungsprozessen fehlt, wenn es von einem Moment zum anderen zu einer scheinbar *«zufälligen» Krise* (zum Beispiel schwere Depression, ausgelöst durch eine Kränkung am Arbeitsplatz) kommt. Da der bisherige Status quo verlorengegangen ist (Verlustschmerz) und die notwendige Neuorientierung angst macht, entsteht mit der Krise als «Rhythmus-Störung» (Zwingmann 1962, XII) «ein psychischer Ausnahmezustand... In ihm werden die latenten Grundkonflikte eines Menschen durch äußere Anlässe zum offen erlebten und angstbesetzten Problem, oder aber es sind unvermittelte Ereignisse wirksam, die den Rahmen des Gewohnten sprengen, nicht mehr direkt verarbeitet werden können und das bisherige Selbstverständnis des Betroffenen bedrohen» (Winkler 1978, 73). Der Betroffene muß sich von vertrauten Handlungsmustern trennen. Er steht vor der Aufgabe, mit der Bedrohung umzugehen, die neu zugemutete Formen der Verantwortung und bislang nicht erlebte Entwicklungen auslösen. Er muß neue Beziehungen zu Menschen und Ideen eingehen, sich in einem neuen Sinngefüge orientieren. Bei all dem ist der bestimmende Faktor nicht einfach die objektive Schwierigkeit der Situation, sondern das je besondere Gewicht, das der Betroffene ihr beimißt. Von dieser Einstufung des kritischen Ereignisses – ob er es etwa, um nur zwei Extreme zu nennen, als niederdrückende Belastung erlebt oder als Herausforderung begrüßt – hängen seine Reaktion, der Umfang seines Engagements, das Maß der Verunsicherung und die Möglichkeiten ab, die er sieht, die Bedrohung in einem absehbaren Zeitraum zu mindern und abzuwenden.

Sind kritische Lebensereignisse Phasen eines Ungleichgewichts in dem bis dahin funktionierenden Gefüge von Mensch und Umwelt (Person-Umwelt-System), so wird in der Krise eine Neuorganisation dieses Zusammenhangs erforderlich. Dafür ist entscheidend, ob die Quelle für das Ungleichgewicht eher in der Umwelt, im Betroffenen selbst oder aber in einem komplizierten Wechselspiel dieses ganzen Systems liegt.

Krisen sind in jedem Fall Signale für notwendige Veränderungen. Sie zeigen an, daß es bei dem Betroffenen innerlich schon die Bereitschaft zu einer Wandlung gibt, daß aber die Ängste, die mit der Aufgabe des Gewohnten und Sicheren immer verbunden sind, zunächst noch überwiegen. Die Angst gehört ebenso wie die Freude zum Leben. Ein mittleres Maß an Beunruhigung und Sorge angesichts ungewohnter oder überfordernder Situationen hat eine stimulierende Wirkung (Lampenfieber von Schauspielern), läßt uns wachsam werden und Vorsorge treffen («Angst macht Beine»). So spricht der amerikanische Psychologe I. Janis (1969) von Angstarbeit, mit der sich der Körper auf gefährliche Situationen und einen bevorstehenden Schock vorbereite und sich schütze. Sogar das Stress-Symptom der Angst sei ein Zeichen von Gesundheit. Es sei lediglich im Zuviel wie im Zuwenig von Übel. Während zuwenig Angstarbeit bedeute, daß der Streß geleugnet und der Körper nicht entsprechend vorbereitet werde, erzeuge zuviel Angstarbeit Überreaktionen und Schädigungen. Angst erhöhe im Normalfall unsere Fähigkeit, kommenden Belastungen entgegenzutreten. Hat die Angst normalerweise einen biologischen Katalysator-Effekt, indem sie den Organismus hormonell auf eine anstehende Sonderleistung vorbereitet, kann unkontrollierte Angst zu Lasten des Körpers gehen, vor allem dann, wenn seine physischen und psychischen Energiereserven aufgebraucht sind. Dann zeigen die Angstsignale an, daß von außerhalb Hilfe und Unterstützung kommen müssen.

Die erlebte Angst erfüllt ganz unterschiedliche Funktionen in der Krise und für die Krisenbewältigung: Sie kann zum einen zu Hoffnungslosigkeit und Apathie führen, während anderseits ohne Leidensdruck unsere Mitarbeit an der Lösung und Heilung nicht zustande kommt. Sobald der Leidensdruck weicht, ist zumeist auch die Triebkraft dahin, sich auf entscheidende Veränderungen, ein neues Verhaltenskonzept einzulassen.

Was wir im Moment der Krise als Orientierungsverlust und tiefgreifende Verunsicherung im Hinblick auf Selbstvertrauen, Lebensziele, Verhaltensweisen und Wertvorstellungen erleben, ist die unumgängliche, auf heilsame Entwicklung ausgerichtete emotionale Reaktion darauf, daß wir alte, Sicherheit gebende Verhaltensweisen aufgeben und ein neues Handlungskonzept entwickeln müssen. Scheitert die jetzt dringend benötigte Neuorganisation des Fühlens, Denkens, Wollens und Verhaltens, dann wird nicht die Entwicklung und Reife der Persönlichkeit, sondern deren Desorganisation vorangetrieben, was sich in vermehrter Angst, Ratlosigkeit und der Flucht in die Krankheit äußert.

KRISENPHASEN

Um das diffuse Geschehen und Erleben der Krise besser verstehen und einschätzen zu können, wurden immer wieder Versuche gemacht, Krisenverläufe zu strukturieren, bei all ihrer Verschiedenartigkeit ähnliche und gleichbleibende Elemente ausfindig zu machen. Der Amerikaner Gerald Caplan skizzierte in den vierziger Jahren vier Phasen, deren Dauer in jedem einzelnen Fall sehr unterschiedlich ausfallen kann. Die Kernphase, erlebt als akutes Ungleichgewicht, kann sich über einen Zeitraum von wenigen Tagen bis zu sechs Wochen erstrecken.

Der Normalfall besteht nach Caplan darin, daß Menschen in jeder Situation, die ihnen vertraut erscheint, gut angepaßt und routiniert den jeweiligen Anforderungen genügen. Kommt es zu einer drastischen Veränderung der vom Gleichklang bestimmten Lebenssituation, sind die Anforderungen größer oder komplizierter als gewohnt, stellen sich in der ersten Phase Gefühle der Unsicherheit und Überforderung ein.

Erste Phase: Angesichts einer zugespitzten Belastungssituation, ausgelöst durch bedrohliche Ereignisse, wendet der Betroffene erprobte und daher typische Problemlösungsstrategien an

Da das Maß der zu bewältigenden Probleme größer ist als die Summe der zur Verfügung stehenden Kräfte, entsteht Spannung, die sich in Krisensignalen, zum Beispiel Ängsten und vagen Gefühlen, bedroht zu sein, äußern. Es herrscht ein

Alarmzustand: Die Homöostase, das ausgewogene Wohlbefinden («Ich fühle mich wirklich gut und rund»), gerät durch den Druck, den ein bedrohliches Ereignis auslöst, in Gefahr. Der Betroffene gerät «in einen Zustand der Verletzlichkeit» (Golan 1983, 21), er fühlt sich belastet und tut das, was er in solchen Fällen immer zur Klärung und Lösung von Problemen zu tun pflegte. Mit jedem mißlungenen Versuch, mit Hilfe dieses üblichen Repertoires an Verhaltensweisen für schwierige Situationen über die Runden zu kommen, steigen Spannung und Beunruhigung an. Der Betroffene ist immer weniger in der Lage, eine Lösung zu finden, je öfter er mit seinen herkömmlichen Strategien scheitert.

Zweite Phase: Die Erfahrung, gegenüber den auftretenden Problemen zu versagen

Die zweite Phase wird als Zuspitzung aller bedrohlichen Elemente der ersten Phase erlebt. Der Widerstand gegen die Bedrohung «greift» nicht. Der Betroffene gesteht sich und eventuell auch anderen ein, daß er «nicht klarkommt». Die äußere Konfliktsituation hat sich nicht verändert. Obwohl er immer neue «Notfallmaßnahmen» ergreift, kann er die schon zum Dauerzustand gewordene Angst nicht in einem überschaubaren Zeitraum verringern. Der erlebte Druck ist von andauernder Intensität. Die innere Belastung wächst. Er erlebt sich als hilflos und unfähig. Auf Grund der starken emotionalen Verunsicherung sind kaum noch Perspektiven für ihn erkennbar. Er wird immer mutloser und weiß nicht, was er von sich aus zur Lösung des Problems beitragen könne. Je länger diese Verwirrung anhält, desto bedrohlicher werden die Ängste. Das Gefühl, versagt zu haben, sich nicht mehr zurechtzufinden, nimmt überhand.

Dritte Phase: Einsatz von Verhaltensweisen für den Notfall

Hält das Problem an, läßt es sich nicht verdrängen noch umgehen, nötigt das hohe Maß an Spannung und Unbehagen den Betroffenen dazu, alle äußeren und inneren Reserven zu aktivieren. Die Angst vor Veränderungen erscheint ihm gegenüber dem Leidensdruck mit einemmal weniger groß, so daß er jetzt auch zu ungewohnten Verhaltensweisen greift, um das Problem zu lösen. In Auseinandersetzung mit dem Bedingungszusammenhang der Krise beginnt er, die belastende Situation und seine Verstrickung in sie neu zu definieren. Die Bedrohung fundamentaler Bedürfnisse, der Selbständigkeit und des Wohlergehens mobilisiert Widerstandskraft. Er sieht sich herausgefordert, die Krise zu meistern und an dem Konflikt zu wachsen.

Nach Caplans Beobachtung ist dies die Phase, in der «der Riemen fester geschnallt wird»: Jetzt muß der Betroffene alle Kraftreserven nutzen und den Verhaltensspielraum ausweiten, um seine Integrität zu erhalten. Er muß das Problem aus einer neuen Perspektive heraus, beziehungsweise realistischer als bisher betrachten und angehen. Mit immer neuem Probierverhalten nach dem Muster «Versuch und Irrtum» im Denken und Handeln versucht er, den Problemdruck zu mindern oder zu beseitigen.

Vielleicht kann er das Problem in dieser Phase lösen. Gelingt ihm dies, gewinnt er in der Regel an Stärke. Hoffnung und Erwartungen kehren zurück. Es bildet sich wieder ein emotionales Gleichgewicht heraus. Ein neues Selbstverständnis entsteht, verbunden mit einem neuen Verständnis der Rollen, die er in seinen sozialen Beziehungen ausfüllen muß oder in anderer Weise als bisher gestalten möchte.

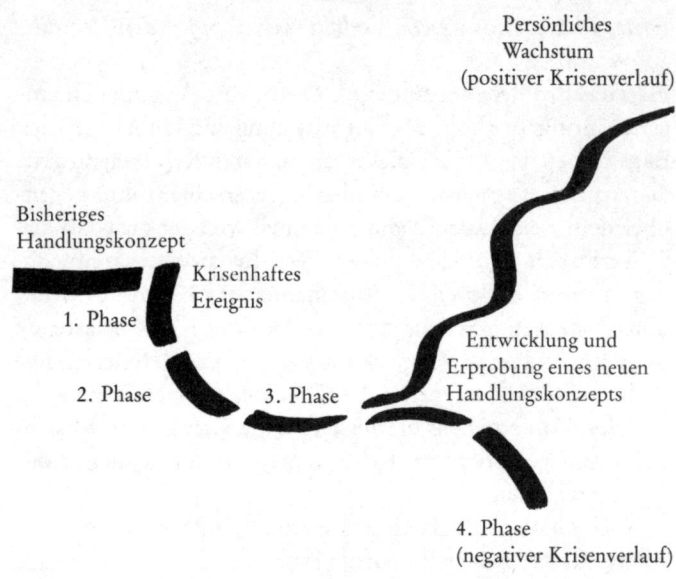

Persönliches
Wachstum
(positiver Krisenverlauf)

Bisheriges
Handlungskonzept

Krisenhaftes
Ereignis

1. Phase

2. Phase   3. Phase

Entwicklung und
Erprobung eines neuen
Handlungskonzepts

4. Phase
(negativer Krisenverlauf)

Vierte Phase: Erschöpfung, Rat- und Hilflosigkeit

Bestehen die bedrängenden Probleme weiter, ist in der dritten
Phase der Übergang zu neuer Stabilität nicht gelungen und
lassen sich die angstauslösenden Situationen trotz aller Anstrengungen nicht vermeiden, verschlechtert sich das Wohlbefinden massiv. Der Betroffene sieht sich beim letzten Versuch,
die immer komplexer werdende Verwirrung und Desorganisation des Lebenszusammenhangs zurückzudrängen. Mißlin-
gen alle Versuche, sich aus dem Kontakt mit der schmerzlich
erlebten Realität zurückzuziehen, genügt ein auslösender
Faktor, um die individuellen Möglichkeiten gänzlich versagen
zu lassen. Es kommt zu völliger Rat- und Hilflosigkeit, zu
einem extrem bedrohlichen Ungleichgewicht, oft gekoppelt
mit Verschlossenheit, Erschöpfungszuständen und dem
schließlichen Zusammenbruch der Persönlichkeit.

44

In dieser Phase kann Hilfe nur noch von nahestehenden Personen oder professionellen Helfern kommen, die entweder den drohenden Zusammenbruch noch abzuwehren vermögen oder nach seinem Eintritt sofort tätig werden, um zur Beruhigung beizutragen und so die akute Krise zu wenden.

Caplans Modell eines typischen Krisenverlaufs basiert auf der Annahme, daß in jeder Phase bei dem Betroffenen noch aktivierbare Eigenkräfte vorhanden sind, die einen Sieg der Selbstheilungskräfte über die zerstörerischen Tendenzen ermöglichen.

Aber was ist in den Fällen, in denen jemand aus einer Krise in die nächste fällt? Was ist, wenn der Vorrat der Eigenkräfte so verbraucht ist, daß von ihnen keine Unterstützung mehr zu erwarten ist? Was ist, wenn das Gefühl bestimmend wird, daß nichts, aber auch nichts, was man selbst unternimmt, etwas bewirkt?

Es ist leicht formuliert, dieser Teufelskreis müsse in konstruktiver Weise durchbrochen werden, von dem Betroffenen selbst, mit Hilfe von Freunden, anderen Betroffenen (Selbsthilfegruppen) oder Fachleuten. In vielen Fällen gelingt dies jedoch nicht.

Es gibt Krisen mit tödlichem Ausgang.

Hypotheken des Erwachsenseins – Unerledigte Konflikte aus Kindheit und Jugend

Eine Krisensituation ist weder eine Krankheit noch eine krankhafte Form des Erlebens und Erfahrens. Es handelt sich vielmehr um eine reale Auseinandersetzung mit Rollenveränderungen und überfordernden Erwartungen, die die Umwelt an den einzelnen stellt. Zusätzlich werden in der Krise als einer Phase starken emotionalen Drucks und gleichzeitig verminderter Kraft, ihren Kern zu erkennen, unerledigte oder unvollständig gelöste Konflikte aus früheren Entwicklungsphasen wieder zum Leben erweckt.

Das Ereignis, das zur Krise führt, ähnelt sehr oft frühkindlichen Erfahrungen, die Furcht ausgelöst haben. Dadurch vermag es alte Angstgefühle, die verdrängt oder verdeckt waren, wiederzubeleben. Der Erwachsene, dem Selbständigkeit und Autonomie zugeschrieben werden, ist ein großgewordenes Kind. Er hat sich in allem, was er tut, bewußt und unbewußt mit seiner «verbliebenen Kindlichkeit» (Meili-Lüthy 1982, 71) auseinanderzusetzen. In welcher psychischen Verfassung auch immer wir uns gerade befinden, sie ist von unserer Lebensgeschichte, vor allem von ihrem empfindlichsten und am stärksten von äußeren Einflüssen geprägten Abschnitt, den frühen Kinderjahren, nicht zu trennen. Sind die Erinnerungen an die Kindheit von Verletzungen und Ängsten, Liebesentzug und Bestrafungen bestimmt, dann gehören diese Konflikte und Erfahrungen zu den festen Bestandteilen des Ichs. Sie werden durch aktuelle Ereignisse immer wieder neu belebt. Diese Nachwirkungen aus der Kindheit geben dem Erwachsenenleben Kontur, Form und Farbe, in häßlicher wie in schöner Weise. Die «Macken», die andere bei Ihnen und Sie bei anderen feststellen, sind also Schleifspuren von Lebenskämpfen, Narben von seelischen Verletzungen und schweren Kränkungen, oft genug zugefügt von den eigenen Eltern. So hat zum Beispiel der Grad der Verletzbarkeit im Erwachsenenalter mit kindlichen Erlebnissen von Abhängigkeit, Überbehütetsein, übertriebener Moralerziehung und Erziehung zur Unselbständigkeit zu tun, aber auch damit, wieweit es dem einzelnen im späten Jugendalter (Adoleszenz) gelungen ist, seine Identität zu sichern: Gelingt die wechselseitige Ablösung von Eltern und Kindern als zweite Ent-Bindung, dann ermöglichen sich alle Beteiligten gegenseitig eine neue Freiheit. Sie bahnt gereiften Formen wechselseitiger Abhängigkeit und einer Familiendynamik den Weg, die es allen Mitgliedern ermöglicht, mehr Selbständigkeit zu entwickeln und eigene Gewohnheiten auszubilden. Ist diese gegenseitige Ablösung in der Adoleszenz nicht gelungen, vergiftet die Enttäuschung über die vorenthaltene Selbständigkeit alle weiteren Begegnungen.

Nicht gelöste Konflikte dieser Art kommen von Zeit zu Zeit hoch, erhalten ihren festen Platz in der Vorstellung des Erwachsenen von sich selbst und zwingen zur lebenslangen Auseinandersetzung mit diesen selbstzerstörerischen Erbteilen. Ich glaube, E. H. Erikson (7/1981) hat recht, wenn er behauptet, daß wir mit der Meisterung jeder psychosozialen Krise, der wir im Laufe unseres Lebens ausgesetzt sind, die Voraussetzung dafür schaffen, auch in späteren Entwicklungsstadien produktiv mit Krisen umgehen zu können.

Krise als Bedenkzeit

Verstehensbedingungen der

Krisenbewältigung

«... dies ist ja das Wesen der Zeit, daß
wir uns fortwährend entwerfen, aus den Augen
verlieren, auf neue Art wiederfinden, ein Prozeß, in
dem uns die Untersuchung all dieser Einzelheiten
auferlegt ist...»
Peter Weiss

Schau, das ist Freddi.
Er kennt wirklich die besten Plätze zum Trübsalblasen.

In der Krise werden wir das Gefühl nicht los, Objekt eines unerklärlichen Geschicks zu sein, das uns von außen zustößt. In Wirklichkeit sind wir selbst mehr Subjekt, Quelle und Instrument der erlebten Veränderungen im Fühlen, Denken und Verhalten, als wir ahnen. Ohne unsere bewußte oder unbewußte Mitwirkung geschieht nichts, weder beim Zustandekommen der Krise noch bei deren Überwindung. Wir bewältigen die Krise in der Auseinandersetzung mit uns selbst und mit der sie erzeugenden Lebenssituation. Das heißt, wir müssen uns wohl oder übel mit der Krise und ihren Bedingungen vertraut machen. Mit etwas vertraut zu sein, wird umgangssprachlich als «Verstehen» bezeichnet: «Ich verstehe etwas... Ich verstehe ihn... Ich verstehe mich auf etwas...» Wollen wir dieses Vertrautsein, zum Beispiel in der Beziehung zu einem anderen Menschen, als besonders intim kennzeichnen, sagen wir: «Wir verstehen uns gut.» Verstehen heißt zugleich erklären können. Es hat zu tun mit Erfahrungen als gestaltgewordenen und reflektierten Erlebnissen. Der Versuch, den strukturellen Zusammenhang zu erklären, in dem die einzelnen Erlebnisse stehen, ist nur möglich auf Grund eines Vorverständnisses, was immer schon Verstanden-haben bedeutet: Der Standpunkt des Beobachters, seine Auffassung von der Realität, sein Weltbild, seine sozialen Deutungsmuster bestimmen seine Erkenntnisse.

Um die soziale Wirlichkeit einschließlich meiner selbst verstehen und um in ihr handeln zu können, bedarf es abgeklärter Orientierungskriterien, die dazu verhelfen können, unsere Wahrnehmungen zu ordnen und zu interpretieren. Um solche Orientierungskriterien geht es in diesem zweiten Teil des Buches.

Verstehen kann jeder nur für sich selbst, aber alles individuelle Verstehen setzt kollektive Lernprozesse in der Form voraus, daß wir uns mit gegensätzlichen Wahrnehmungen, Argumentationen und abweichenden Bewertungen des Wahrgenommenen auseinandersetzen. Dies geschieht am besten im Gespräch. Aus dieser Einsicht heraus habe ich die folgenden Informationen, Überlegungen und Anregungen so zusammengestellt, daß zunächst einige Grundbegriffe zur gedanklichen und emotionalen Aneignung von Krisen erläutert werden (zweiter Teil). Es schließen sich Arbeitsvorschläge zur Selbstreflexion (dritter Teil) an. Sie müssen sich entscheiden, mit welchem Aspekt Ihrer Krise Sie sich in einer angeleiteten Selbstreflexion intensiv auseinandersetzen wollen. Diesen ersten Schritt sollten Sie stets in Form der «Selbstaufschreibung» in Einzelarbeit machen, um dann in einem zweiten Schritt die gewonnenen Einsichten und aufgebrochenen Fragen mit Freunden, Fachleuten oder einer geeigneten Selbsthilfegruppe zu besprechen (vierter Teil).

LERNEN IN KRISEN

Lernen als Aneignung der Wirklichkeit

Eine Gruppe von Erwachsenen notierte in einem Seminar auf die Fragen «In welchen Situationen habe ich erfolgreich gelernt?» – «In welchen Situationen kann ich heute gut lernen?» an einer Wandzeitung folgendes: «Handeln lernen (zum Beispiel im Streik) – Um zu überleben (Anpassung) – Wo ich Anerkennung finde – Ich muß meine Erfahrungen einbringen beziehungsweise anhängen können – Kollektives Lernen – Wo ich positive Veränderungen sehen kann – Aus eigenem Interesse – Aus Neugier – Nach eigenem Lehrplan (außerhalb der Institution Schule) – Anderen etwas beibringen müssen, was man selbst noch nicht kann – Um in jeder Beziehung frei zu sein – Spontan, in einer befreiten Situation – In Ernstsituationen – Aus Erfahrungen anderer etwas lernen – Wo ein Produkt entsteht – Aus Angst vor der Prüfung – Wenn ich verliebt bin – Korrektur: Ich habe etwas falsch gemacht – Aus Spaß / Freude – Anschauungsbezogen – Durch Nachmachen – Durch Mitmachen – Wo ich das Erlernte in Frage stellen kann – Durch Aktionen – Aus Wut und Zorn – Wenn mich ein Thema, eine Aufgabe reizt und interessiert – Wenn man sich die Lernumgebung auswählen darf – Ich muß nachfragen können – Unter Erfolgsdruck (das Maul zu voll genommen) – Um Täuschen zu lernen – Was die Eltern und Lehrer nicht wollten – Im Kochkurs, weil ich was Nützliches lernte – Bei kollektiven Aktionen durch Selbstorganisation – Wo ich Fertigkeiten auf Grund von eigenem Interesse erwerben konnte (Autofahren als Freiheitszuwachs) – Leistungsansporn auf Grund von Frustrationen – Durch Unterhaltung (soziale Kommunikation) – Durch Träume – Durch Erinnerung – In einer aufgeknackten Situation...»

Diese spontanen Äußerungen machen deutlich, daß Lernen mehr ist als die Reaktion auf Belehrtwerden. Wir durchdringen lernend unsere Welt und legen über die Wahrnehmungen, Erlebnisse und sinnlich erfahrbaren Gegenstände das Raster einer erschließenden und erklärenden Begrifflichkeit, das es uns erlaubt, über die realen Dinge wie über die vom Bewußtsein produzierten Inhalte gedanklich zu verfügen.

Die zitierten Assoziationen zum alltäglichen Lernen erinnern uns daran, daß Lernen mit Empfindungen und der praktischen Bewältigung der verschiedensten Situationen, mit Bedürfnissen nach Identifikation und Anerkennung durch andere, mit der Neuigkeit von Dingen und sozialen Beziehungen und vielen anderen Aspekten zu tun hat. Die jeweiligen gesellschaftlich bedingten Lebensverhältnisse sind für unsere Fähigkeit, uns lernend zu entwickeln, ebenso entscheidend wie der im Laufe unseres Lebens erreichte Entwicklungsstand des Bewußtseins von uns selbst und unserer Verwobenheit in die Welt, die uns umgibt. Lernen geschieht immer in der Dialektik des Angepaßtwerdens durch die Umwelt (Aneignung von vorgeschriebenen Fähigkeiten, Fertigkeiten und Wissensbeständen) und des gleichzeitigen Gegensteuerns. Uns ist die Welt, in die wir hineingeboren wurden und in der wir überleben wollen, als Gegenüber aufgegeben. In ihr müssen wir einen Platz finden, uns an ihr reiben, uns in ihr behaupten. So lernen wir.

Das stets ganzheitliche Lernen umfaßt Fühlen, Denken, Wollen und Verhalten. Der Lernende ist in der Herausbildung eines Bewußtseins seiner selbst und in der Interpretation der Gesellschaft angewiesen auf bewährte Verhaltensweisen und gesicherte Erkenntnisse (gesellschaftliches Wissen), ohne aber daran gebunden zu sein, sie vollständig zu übernehmen und blind nachzuvollziehen. Die Aneignung von Traditionen und die Notwendigkeit, sie auf Grund neuer Einsichten und objektiver Veränderungen in Frage zu stellen, fordern uns ständig Entscheidungen darüber ab, was wir wahrnehmen und was wir einfach übersehen wollen. Wir müssen eine Einstellung dazu gewinnen, wie wir gesellschaftliche Entwicklungen und eigene Lernprozesse bewerten wollen, ob wir uns der permanenten Auseinandersetzung mit der sich verändernden Welt um uns herum und mit unseren eigenen Bedürfnissen bewußt stellen oder sie in Teilen verdrängen wollen. Das Lernen, Verlernen, Umlernen wird in seinen Möglichkeiten und Begrenzungen immer durch wechselnde Bezugspersonen und soziale Institutionen vermittelt, die diese Prozesse anregen (Eltern, Lehrer, Vorgesetzte, die eigenen Kinder), sie lenken, kontrollieren und bewerten (Zeugnisse, Verurteilungen abweichenden Verhaltens). Dabei hängt es jeweils von den Wertmaßstäben und Interessen der herrschenden Gruppen ab, was sich in organisierten Bildungsprozessen an menschlichen Handlungsmöglichkeiten herausbilden soll und was ruhig verkümmern darf (so zum Beispiel die Fähigkeit, nein zu sagen, selbstbestimmt zu leben, Konflikte durchzustehen, politischen Widerstand zu leisten, zu phantasieren und Regeln zu verletzen).

Lernen in der Krise

In der Krise stockt die alltägliche Lernroutine. Je nach Krisenkonstellation sind Veränderungen der äußeren Lebensbedingungen (im Beruf, in der Partnerschaft) mit den bislang gültigen, fest etablierten Deutungsmustern nicht mehr erfaßbar, oder aber die persönliche Umwelt eines Menschen faßt dessen Entwicklung als Angriff auf und beantwortet sie mit Unverständnis und Aggressionen. Der Konflikt erfordert beschleunigte Lernprozesse, in denen es darum gehen muß, wie die augenscheinlich notwendigen Anpassungsleistungen auszusehen haben und wer sie zu erbringen hat. Die zur gefühlsmäßigen und gedanklichen Verarbeitung des Konflikts benötigte Kraft ist aber dadurch gebunden, daß die akute Bedrohung des Fließgleichgewichts psychisch wie physisch abgewehrt werden muß. Die intensiv erlebte Überlastung stört, ja unterbricht ganz selbstverständliche Wahrnehmungs-, Denk- und Veränderungsprozesse. Die Reaktionsfähigkeit erscheint behindert und gelähmt. Selbst kleine Entscheidungen erlebt der Betroffene mit einemmal als Zumutungen. Seine Gedanken kreisen ständig um den vermeintlichen Kern des Problems, ohne daß diese gedankliche Aktivität zu einem rettenden Einfall führt und die erhoffte Wende zum Besseren eintritt. Wird sein Leidensdruck immer stärker, sieht er sich gezwungen, die Lebenssituation anders als bisher zu analysieren und neu zu definieren. Er sieht sich vor die Aufgabe gestellt, ein anderes Verhaltenskonzept zu entwickeln oder die konflikthaften, belastenden Verhältnisse gemeinsam mit anderen zu verändern.

Das Lernen in der Krise muß ohne direkte Belehrung auskommen. Niemand kann es uns in einer solchen Situation abnehmen, selbst nach angemessenen Problemlösungsstrategien zu suchen. Aber wir brauchen soziale Unterstützung. Zu stark ist die Verunsicherung hinsichtlich der Tragfähigkeit eigener Kraft und kollektiven Handelns.

Für den konstruktiven Umgang mit Krisen scheinen vier Bedingungen wichtig. Sie liegen auf unterschiedlichen Ebenen, sind aber miteinander verzahnt:

o Zum einen muß es um die gedankliche Auseinandersetzung mit den zugrundeliegenden aktuellen und den mit ihnen zutage tretenden «alten» Konflikten gehen (Teil 3).

o Zum zweiten gilt es, ein neues Handlungskonzept zu entwickeln (Teil 3).

o Zum dritten sind sowohl für die schmerzhafte Analyse des Ursachengeflechts der Krise als auch für den «Aufbruch zu neuen Ufern» des Fühlens, Denkens, Wollens und Handelns soziale Unterstützungssysteme erforderlich (Teil 4).

o Zum vierten geht es darum, aus der Isolation herauszukommen, die die einseitige Beschäftigung mit sich selbst in der Krise bestimmt, und sich darüber klarzuwerden, daß man nicht einseitig auf andere Menschen angewiesen ist, sondern in einem wechselseitigen Abhängigkeitsverhältnis mit ihnen steht. Dieser Schritt führt zu erweitertem sozialen Lernen (Teil 4).

Hier stocke ich beim Schreiben: Muß nicht der in diesem Buch formulierte Anspruch an den Betroffenen, mit seinen Beschwerden nicht sofort den Experten aufzusuchen, sondern sich erst einmal seines eigenen Verstandes ohne fremde Leistung zu bedienen, als zu hoch erscheinen?

Ja und nein!

Einerseits hängt alles von seiner Entschlossenheit ab. Auch im Falle einer Krankheit vermögen weder der behandelnde Arzt noch von ihm verordnete Medikamente mehr, als die Selbstheilungskräfte des Patienten zu unterstützen. Der Psychoanalytiker hilft dem Ratsuchenden, sich selbst zu erkennen. Der Gruppentherapeut tut nicht mehr, als mit gleicher Zielrichtung die in der Gruppe vorhandenen positiven Kräfte zu mobilisieren. In der Selbsthilfe-Gesprächsgruppe ist jeder Ko-Patient und Ko-Therapeut zugleich.

Andererseits scheint es so zu sein, daß für die eigene Such- und Denkarbeit ein Mindestmaß an Selbstregulationsfähigkeit vorhanden sein muß, eine Reserve an Kraft. Denn derjenige, der sich nicht nur mit den Erscheinungsformen seiner Krise, sondern mit deren Wesen (Bedingungszusammenhang) auseinandersetzen will, muß zunächst einmal – und davon handelt der dritte Teil – das Risiko auf sich nehmen, noch tiefer ins Dickicht hineinzugeraten und noch stärker als bisher verunsichert zu werden.

Rabbi Chajjim erzählte einmal: «Es hat sich einst einer im tiefen Wald verirrt. Nach einer Zeit verirrte sich ein zweiter und traf auf den ersten. Ohne zu wissen, wie es ihm ergangen war, fragte er ihn, auf welchem Weg man hinausgelange. ‹Das weiß ich nicht›, antwortete der erste, ‹aber ich kann dir die Wege zeigen, die noch tiefer ins Dickicht führen, und dann laß uns gemeinsam nach dem Weg suchen.› – Gemeinde», so schloß der Rabbi seine Erzählung, «suchen wir gemeinsam den Weg!» (Aufschlüsse 1977, 9)

Wachstumsschmerzen und neuer Beginn

Das Lernen, das dem Betroffenen in der Krise abverlangt wird, erschöpft sich nicht in der Abwehr aktueller Bedrohung. Als erstes aktivieren die beunruhigenden neuen Anforderungen den Überlebenswillen und schon verfügbare Bewältigungsprogramme im Fühlen, Denken, Wollen und Handeln in koordinierter Form. Da bei deren Versagen gänzlich neue, realistische Seh- und Verhaltensweisen ausgebildet werden müssen, kommen intensive Entwicklungsprozesse in Gang, die ohne die erschwerten Bedingungen der Krise nicht oder sehr viel zögernder zustandegekommen wären.

Auch wenn sie emotionale und soziale Belastung und Gefährdung bedeuten, eine Zeit der Unsicherheit und schmerzlich erlebter Spannungen bescheren, sind unvermittelte oder entwicklungsbedingte Krisen als Phasen intensivierter Veränderung im Leben des einzelnen wie im Zusammenleben von sozialen Gruppen unvermeidlich und nötig. Sie verhindern, daß der ruhige Gleichklang des Lebens zum Stillstand kommt. Stillstand bedeutet Rückschritt. Ruhe kann tödlich sein – Friedhofsstille.

Der Psychoanalytiker Otto Rank (1966) schildert das menschliche Leben als eine endlose Kette von Trennungen, die ständig neue Verwundungen erzeugen. Immer wieder muß sich der einzelne Mensch von Anschauungen, Werten, Normen und von den Menschen, die sie repräsentieren, befreien. In diesem ständigen Prozeß der Auseinandersetzung und des Kampfes ist er immer wieder gezwungen, bestehende Bindungen aufzulösen und hinter sich zurückzulassen. Aus der Abhängigkeit von überwundenen Entwicklungsphasen muß er immer wieder die Freiheit zu neuen Entscheidungen, neuen Bindungen, neuen Handlungskonzepten gewinnen. Der Grundkonflikt ist bei jedem dieser Schritte der gleiche: Entsprechend dem Grad unserer Entwicklung lösen wir uns von Personen, Einstellungen und Verhaltensmaßstäben, die uns früher Halt gegeben haben. Die Trennung fällt uns schwer: Das Neue liegt immer in weiter Ferne, und wir können es nur unter Preisgabe eigener Persönlichkeitsanteile erreichen. Es fällt uns nicht einfach zu, sondern wir müssen es uns häufig in mühevoller Lernarbeit aneignen. Das, was wir zunächst als Überforderung und Bedrohung erleben, stellt sich bei günstigem Verlauf als Chance der Selbstprüfung, als Quelle für neue Erfahrungen, für Neubewertungen, als Eröffnung einer befriedigenderen Lebensgestaltung und einer Neuorientierung in Zielen und Planungen dar.

Es sei ein Vergleich erlaubt: Krankheit ist ein wichtiges Element in den Bemühungen des Körpers um die Wahrung seiner Homöostase. Immer dann, wenn irgend etwas die Abwehrkräfte unseres Körpers überrumpelt oder wenn Teile unseres Körpers in ihrer Abwehrfunktion ausfallen, setzt der Krankheitsprozeß als Auseinandersetzung zwischen einander entgegengesetzten Kräften der Bedrohung und des Schutzes ein. Ebenso wie sich in der erfolgreichen Abwehr einer Infektion im Blut Anti-Körper bilden, stellen überstandene Krisen «einen Immunitätsprozeß ersten Ranges dar. Bewältigte Krisen prägen die Persönlichkeit, sie machen den Menschen widerstandsfähig und weniger anspruchsvoll, geben ihm eine Vergleichsbasis, schützen ihn vor schweren Verstimmungen bei Fehlkalkulationen und bilden die Voraussetzung für Zuversicht, Ruhe und Abgeklärtheit im Alter, sie geben ihm Reife und Tiefe» (Zwingmann 1962, XIII).

Dies ist freilich kein automatischer Vorgang: Im günstigen Fall wird die Mobilisierung aller Kraftreserven belohnt, indem neue Interessen, Verhaltensweisen und Aufgaben das Verlorene ersetzen. Im ungünstigen Fall bleiben diejenigen, die auf keinerlei Ressourcen zur Krisenbewältigung zurückgreifen können, verbittert und resigniert zurück. Ihre Wachstumschancen haben sich sogar vermindert.

Die von Person zu Person unterschiedlichen wirtschaftlichen, sozialen, kulturellen Ausgangsbedingungen sind entscheidend, ebenso die in Anspruch genommene Unterstützungsleistungen durch Dritte, seien es Freunde oder Fachleute.

«Was, wurde ich schon öfters gefragt, hat sich denn in deinem Leben wirklich geändert?» schreibt August E. Hohler (4/1983, 11). «Ja, was? Meine Überzeugungen sind eher stärker geworden, aber ich bestehe weniger darauf, recht zu haben. Ich möchte mehr wissen, lernen, erfahren, aber es macht mir fast nichts mehr aus, daß Dinge geschehen, die ich nicht verstehe. (Der Kopf ist keineswegs unser einziges Erkenntnisorgan; es gibt Geheimnisse, Zusammenhänge, Zusammenklänge – ‹Zufälle› –, von denen er keine Ahnung hat.) Schließlich glaube ich, daß meine Empfänglichkeit insgesamt größer geworden ist: für das Glück, aber damit auch für die Verzweiflung, für die Freude, aber auch für den Schmerz.»

IDENTITÄTS- UND REALITÄTSARBEIT

Dem Grundbedürfnis des Menschen, sich in wechselnden Situationen und in allen seinen Verhältnissen als mit sich selbst in Übereinstimmung zu erfahren, stehen vielfältige erschwerende Bedingungen gegenüber. Die Besitzverhältnisse, in denen wenige über die Produktionsmittel, die allermeisten aber nur über die eigene Arbeitskraft verfügen, kennzeichnen die Horizonte der Diskussion über «Identität» ebenso wie die politischen, sozialen und kulturellen Folgewirkungen der NS-Zeit. Die Bundesrepublik Deutschland ist durch den hohen Ausländeranteil mit spezifischen Subkulturen ansatzweise zu einer multinationalen Gesellschaft geworden. Ausländerkinder der dritten und vierten Generation sprechen von klein auf die deutsche Sprache und entwickeln ähnliche kulturelle Gewohnheiten wie die gleichaltrigen Deutschen.

Die Diskussion über den Begriff «Identität» hat den Widerspruch zu berücksichtigen, daß trotz demokratischer Verfassung der einzelne politisch ohnmächtig ist. Tag für Tag kann jeder in seinem gesellschaftlichen Umfeld die Erfahrung machen, daß der individuelle Protest gegen gesellschaftliche Ungerechtigkeiten und Fehlentwicklungen in subtilen bis groben Formen bestraft wird. Allein die Vorstellung, bei nicht genehmem Verhalten Arbeit und Brot verlieren zu können, erzieht erwachsene Menschen pausenlos. Die Erinnerung an wirtschaftliche und soziale Entbehrungen der Generationen vor uns und der Blick in ärmere und unterentwickelt gehaltene Länder lassen Kritik, Protest und Aufbegehren als letztlich nicht opportun erscheinen. So ist Identitätsarbeit immer Realitätsarbeit, genährt von der Diskrepanz zwischen dem, wie wir uns die Wirklichkeit wünschen, und dem, wie sie tatsächlich ist und uns in vielfältiger Weise alltäglich bedrängt, in Form von Personen und Institutionen, in der Anforderung, die eigenen Mängel, Fehler, Begrenzungen zu akzeptieren wie das Älterwerden und die Gewißheit, sterben zu müssen. Unsere täglichen Erfahrungen mit der Realität rigider Interessendurchsetzung und unsere lebenslange Aufgabe, Identität dadurch herzustellen und zu wahren, daß wir Verantwortung für das eigene Leben übernehmen, sind nur schwer miteinander in Einklang zu bringen. Dadurch entstehen Ängste. Das Leben erscheint als Gefängnis: «Wir sind in ein Gefängnis gesperrt, geschaffen von uns selbst und von anderen, durch Routine oder Selbstbewußtsein. Wir sind gefangen und wollen hinaus» (Cohen/Taylor 1977, 195). Wir teilen mit Gefangenen «das Gefühl, daß unsere Identität nur dann befriedigend und vollkommen ist, wenn wir uns von der Realität, wie wir sie erleben, distanzieren. Die bloße Fähigkeit, zwischen unserer Erfahrung der Welt (der beherrschenden Realität) und unserem Identitätsgefühl zu unterscheiden, ist eine wesentliche Quelle des Unglücks, denn dies ist ein Eingeständnis, daß die Welt nicht unser eigen ist. Es besagt, daß wir Identitätsarbeit gegen die oder trotz der institutionellen Bedingungen der Gesellschaft leisten müssen» (Cohen/Taylor 1977, 25).

Die alles beherrschende Realität der Lebensbedingungen, die den Privilegierten das Gefühl vermittelt, die Welt gehöre ihnen, und den Nicht-Privilegierten einen unaufhörlichen Kampf ums Überleben zumutet, läßt Identitätsarbeit als Realitätsarbeit immer nur unter den jeweils herrschenden materiellen Bedingungen zu: Dem Wunsch, sich als unverwechselbares Individuum darzustellen, können der Sozialhilfeempfänger, der Dauerarbeitslose, die Asylbewerberin – Menschen, die fast ausschließlich damit beschäftigt sind, sich in der Realität so einzurichten, daß sie nicht von Hoffnungslosigkeit überschwemmt werden – nur in einer ganz eingeschränkten Form entsprechen. Privilegierte Angehörige der Ober- und Mittelschicht können dagegen eine Fülle von Ausbruchsversuchen aus der Realität des Alltags unternehmen, auch wenn diese Ausflüge meist nur in einem anderen Gefängnishof enden.

Versuchen wir, mit der Kategorie der Identität unsere Möglichkeiten zu erfassen, uns gegen soziale Zwänge zu behaupten, Selbstbestimmung gegenüber Fremdbestimmung zu erreichen, dann bleibt das subjektive Bewußtsein doch immer von den äußeren Gegebenheiten abhängig. Horst-Eberhard Richter betont, daß «das Innerliche nicht eine geschützte Höhle, sondern nur die eine von zwei durchgängig miteinander verbundenen Welten ist, so daß man, entflieht man einer äußeren Tyrannei nach innen, damit nur mitverantwortlich jene stabilisiert». Es sei «eine wahrhaft narzißtische Selbsttäuschung zu glauben, neben der Gesellschaft, in deren Prozesse man durchgängig verwickelt ist, eine gesonderte humanitäre Psycho-Kultur pflegen zu können» (Richter 1986).

Das heißt, daß wir uns hin zu Selbständigkeit und Unverwechselbarkeit immer nur entwickeln können, indem wir die Abhängigkeiten, in denen wir stehen, ablehnen und aufzuheben versuchen. Nur wenn wir uns die gegenständlichen und zwischenmenschlichen Lebensbedingungen, die wir als Anforderungen erleben, aktiv aneignen und in unserem Handlungsplan berücksichtigen, ist Entwicklung möglich. Aneignung der Wirklichkeit bedeutet sowohl gedankliche Durchdringung der Lebensbedingungen, kritische Erkenntnis des eigenen Handelns im Alltag wie die Arbeit an gesellschaftlichen Alternativen.» Im Aneignungsprozeß produziert der Mensch bewußt seine Lebensbedingungen und gestaltet sich zur Persönlichkeit» (Lüning 4/1986, 31). Dies alles gelingt uns nur in der gemeinsamen Anstrengung mit anderen.

Realitätsarbeit und Identitätsarbeit sind untrennbar miteinander verbunden. Störungen in einem Feld ziehen Störungen im anderen nach sich, Neuorientierungen in dem einen Bereich wirken sich auf den anderen aus. Realitätsarbeit als

Element der Identitätsarbeit erfordert, die Realität im Bewußtsein so zu ordnen, daß wir Strukturen und Entwicklungen erkennen und unsere Wünsche, Hoffnungen und Ahnungen von einer anderen Lebenswirklichkeit als eigene Realität akzeptieren lernen.

Identitätsarbeit kann gerade darin bestehen, dieser Gegenwelt in der Lebenspraxis Raum zu geben. Da die dazu notwendige Kraft im Augenblick der Krise vollständig gebunden zu sein scheint, gilt es, vermittels angeleiteter Selbstreflexion (vgl. Teil 3) den Sinn der Krise im Lebenslauf und -zusammenhang zu ermitteln.

Identitätsarbeit

Unter Identität versteht man gewöhnlich «Einerleiheit, Sichselbstgleichheit, völlige Übereinstimmung» und meint damit vor allem die Beziehung zwischen Dingen, Sachverhalten beziehungsweise Begriffen, Aussagen usw., die durch Übereinstimmung in allen Merkmalen charakterisiert ist (Klaus / Buhr 1972, 501). Ein bestimmter Tisch ist ein Tisch und bleibt so lange mit sich identisch, bis irgendwelche Veränderungen mit ihm vorgenommen werden. Dies ist zunächst einmal eine recht triviale Feststellung. Interessant wird es in dem Augenblick, in dem wir von dieser abstrakten Identität ($x = x$) zur konkreten Identität übergehen, indem wir nämlich an die Stelle einer Identitätsbeziehung der Form $x = x$ eine solche der Form $x = y$ setzen: Ein Mann trifft einen Schulfreund nach zwei Jahrzehnten wieder. Sie erkennen sich sogleich. Sie unterhalten sich eine Weile, und der Freund meint abschließend: «Du bist immer noch derselbe...!» Wie kann das sein? Der Schulfreund ist seit der letzten Begegnung älter geworden und dicker. Er hat seitdem viele Erfahrungen mit anderen und sich selbst gemacht, die ihn geprägt haben. Er hat seine Einstellungen (wenn auch, wie er meint, nur leicht) verändert. Er kleidet sich anders, ist anspruchsvoller geworden, hat neue Vorlieben und Abneigungen entwickelt. Er hat sich fortentwickelt und soll doch derselbe geblieben sein?

x = y, in dieser Bestimmung des Identitätssatzes ist die Dialektik des Identischen und Verschiedenen enthalten, die die konkrete Identität im Unterschied zur abstrakten widerspiegelt: «Der Begriff der konkreten Identität berücksichtigt die Veränderung aller Dinge, die Entwicklung neuer Qualitäten aus alten, das Wirken innerer Widersprüche usw. Sie ist eine Identität des Verschiedenen, der Gegensätze. Ein Ding bleibt als Subjekt der Veränderungen, die an ihm vor sich gehen, das gleiche; es ist abstrakt-identisch.

Indem es sich jedoch verändert, bildet es eine Einheit unterschiedlicher Bestimmungen, ist es konkret-identisch. Die konkrete Identität ist somit eine dialektische Einheit von Identität und Verschiedenheit. Sie schließt die abstrakte Identität nicht aus, sondern negiert sie dialektisch» (Klaus / Buhr 1972, 503).

Der Begriff der konkreten Identität ist für unseren Zusammenhang sehr hilfreich: Wie könnte ohne den Gedanken der dialektischen Einheit von Identität und Verschiedenheit von jemand gesagt werden, er bliebe in wechselnden Alltagssituationen mit sich selbst identisch? Wie könnte ohne den Gedanken der Entwicklung neuer Qualitäten aus alten einschließlich der dabei entstehenden Widersprüche von jemand gesagt werden, er sei in Jahren permanenter Persönlichkeitsentwicklung derselbe geblieben?

Die menschliche Entwicklung, die das ganze Leben lang andauert und mal in erregter Hast, mal in vermeintlichem Stillstand, mal in erkennbarer Entfaltung und Entwicklung, mal in schmerzlichem Rückschritt verläuft, kann als fortlaufender Prozeß der Individuation beschrieben werden, in dessen dynamischem Verlauf zwei einander widersprechende Grundbedürfnisse eine entscheidende Rolle spielen: gute

Beziehungen zu anderen Menschen zu haben, von anderen geliebt zu werden und gleichzeitig unverwechselbar zu sein.

Jeder von uns braucht Menschen, da jede Beziehung zwischen einzelnen Menschen eine Definition des eigenen Ichs durch den anderen und des anderen durch mich bedeutet: So kann eine Frau ohne Kind keine Mutter sein. Das Kind gibt ihr die Identität einer Mutter. «Ein Mann braucht erst eine Frau, um ein Ehemann zu sein. Ein Liebhaber ohne Geliebte ist nur ein Möchtegern-Liebhaber...» – «Alle ‹Identitäten› erfordern einen Anderen; einen Anderen in einer und durch eine Beziehung, mit der sich Selbst-Identität verwirklichen läßt» (Laing 1973, 88, 84). Jeder von uns ist auf den Respekt, die Zuwendung, Liebe und Anerkennung anderer angewiesen. Unsere eigene Sicherheit, unser Wohlbehagen, unsere Selbstsicherheit und Liebesfähigkeit anderen gegenüber, all dies hängt von der positiven Wertschätzung durch andere ab. Um sie zu erringen und zu erhalten, sind wir mitunter zu großen Opfern bereit, was dazu führen kann, daß wir uns nur noch an anderen orientieren. Diese Tendenz verschärft sich in Situationen grundsätzlich verwehrter Anerkennung in krisenhafter Form. Als Identität bezeichnet R. Sennet (1983, 129) daher den Schnittpunkt «zwischen dem, was eine Person sein will, und dem, was die Welt ihr zu sein gestattet». W. Schulz nimmt an, daß hinter aller unbewußten und bewußten Arbeit an der eigenen Identität «als dem unausgesetzten Versuch, alle äußeren und inneren Ereignisse, die mein Leben ausmachen, auf mich zu beziehen», der Wunsch und das Streben stehen, glücklich zu sein (Schulz o. J., 97, 99).

Stellt man sich die Stränge von Selbstdeutung und Weltbezug, die bei der Identitätsarbeit ineinander verschlungen sind, räumlich vor, dann kommt zum einen die *persönliche Identität*» in den Blick, die sich in einer unverwechselbaren Lebensgeschichte in Unterscheidung von allen anderen denkbaren Biographien äußert und (sozusagen in der Vertikalen) die Kontinuität im Wandel eines lebensgeschichtlichen

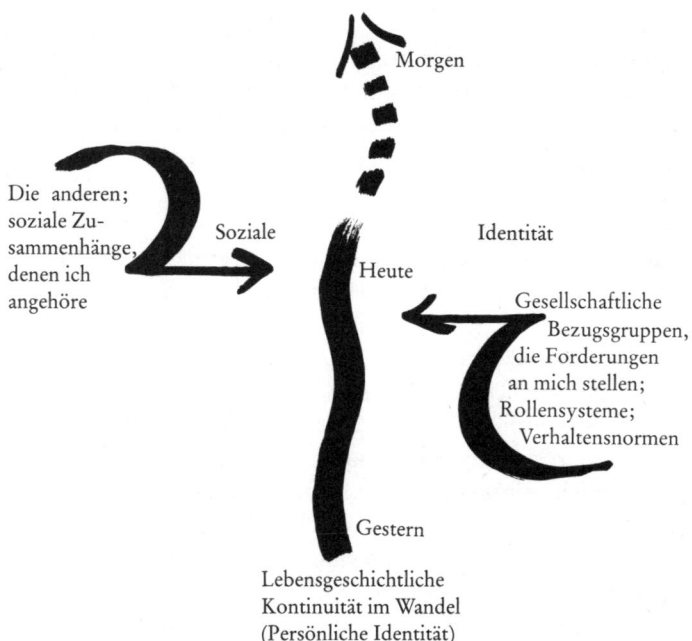

Morgen

Die anderen; soziale Zusammenhänge, denen ich angehöre

Soziale

Identität

Heute

Gesellschaftliche Bezugsgruppen, die Forderungen an mich stellen; Rollensysteme; Verhaltensnormen

Gestern

Lebensgeschichtliche Kontinuität im Wandel (Persönliche Identität)

Positive und negative Beeinflussungen durch die Umwelt

Morgen

Soziale Rollen in unterschiedlichen Lebensräumen

Gestern

Soziale Rollen

Werte, Normen, Zwänge; gesellschaftliche Belohnungen und Bestrafungen

Zusammenhangs sichert. Zum anderen geht es um die «soziale Identität» in der Zugehörigkeit des einzelnen zu verschiedenen Bezugsgruppen. Sie garantiert (sozusagen horizontal) die Erfüllbarkeit der unterschiedlichsten Ansprüche all derjenigen sozialen Zusammenhänge und Rollensysteme, denen der einzelne angehört:

Die beiden Schaubilder, dem gleichen Sachverhalt gewidmet, können nur unzureichend verdeutlichen, daß mein Selbstbild in der Reflexion des Hier und Jetzt immer auf den neuesten Stand gebracht wird – dies zum einen durch die rückwärtsgewandte Interpretation des bisherigen Lebens nach meinem heutigen Maßstab, zum anderen durch die Auseinandersetzung mit widersprüchlichen Rollenzumutungen, mit denen ich zum Objekt von Erwartungen gemacht werde oder mich selbst dazu mache. Die unablässige Vermittlung zwischen dem Fühlen, dem Nachdenken und bewertenden Erwartungen anderer und meiner selbst läßt Phasen relativer Ruhe bis hin zu Selbstzufriedenheit ständig mit Perioden der Verunsicherung durch zufällige Begegnungen und aktuelle Überforderungen wechseln. Die ständige Veränderung bedeutet Leben, aber sie führt auch zu sozialer Gefährdung und kostet Kraft. Fehler zu machen ist zwar das Selbstverständliche, aus dem wir mehr lernen als aus gelungenen Planungen, aber Fehler werden geahndet.

Das Heute hat die größte Bedeutung: Im Hier und Jetzt müssen wir im Hinblick auf die Zukunft Entscheidungen treffen. Wir versuchen, aus der Vergangenheit zu lernen, um gegenwärtig und zukünftig bewußter handeln zu können.

In allen Interaktionen stehen wir immer gleichzeitig vor zwei Aufgaben: allgemeinen Erwartungen flexibel zu entsprechen und unsere Besonderheit und Einzigartigkeit zu belegen. Die «Ich-Identität» ist aus dieser Sicht die Fähigkeit, diese beiden Aspekte zu vereinbaren und sie in jeder Situation auszubalancieren. Ob dies gelingt, hängt entscheidend von lebensgeschichtlichen Prägungen und positiv verlaufenden sozialen Lernprozessen in Kindheit und Jugend ab.

68

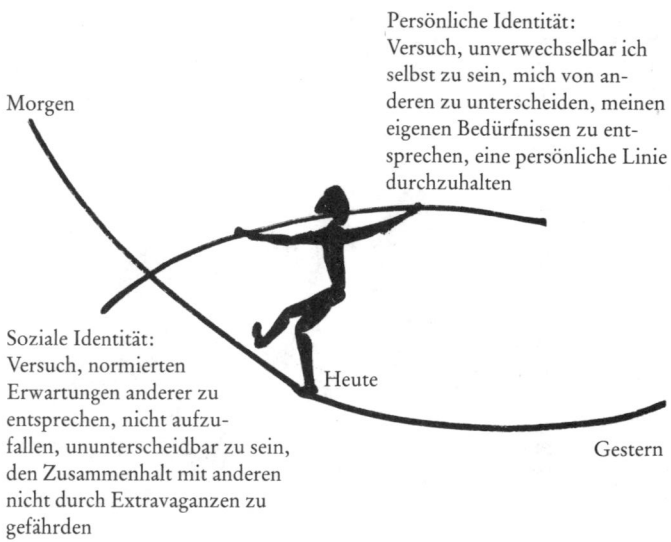

Morgen

Persönliche Identität:
Versuch, unverwechselbar ich
selbst zu sein, mich von anderen zu unterscheiden, meinen
eigenen Bedürfnissen zu entsprechen, eine persönliche Linie
durchzuhalten

Soziale Identität:
Versuch, normierten
Erwartungen anderer zu
entsprechen, nicht aufzu-
fallen, ununterscheidbar zu sein,
den Zusammenhalt mit anderen
nicht durch Extravaganzen zu
gefährden

Heute

Gestern

Die Entscheidungen darüber, in welche Richtung (so zu sein
wie die anderen oder unverwechselbar zu sein) ich tendieren
soll, sind stark situationsbezogen und abhängig von den jeweiligen Gewaltverhältnissen einerseits, den beteiligten Personen anderseits: Mal entspreche ich «zu 150 Prozent» den
Rollenerwartungen anderer, auch wenn ich das eigentlich gar
nicht will. Mal entziehe ich mich ihnen so extrem, daß ich
mich völlig isoliere und mein Verhalten von den anderen nicht
mehr akzeptiert wird.

Die gestrichelte Linie im übernächsten Schaubild, gleich
weit entfernt von beiden Extremen, wäre der ideale Mittelkurs
im Versuch, die soziale und die persönliche Identität miteinander zu verbinden. Das heißt, ich komme meinen «Gegenspie-
lern» nur so weit entgegen, daß ich die eigene Unverwechselbarkeit nicht aufgeben muß. Im Normalfall jedoch kommt das
Fließgleichgewicht zwischen den entgegengesetzten Erwartungen so zustande, daß ich nach einer sehr heftigen und die persönliche Identität überfordernden Anpassungsleistung eine

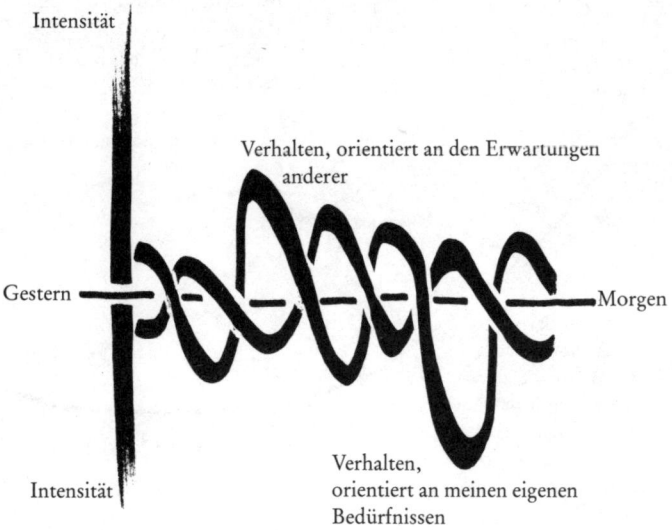

Intensität

Verhalten, orientiert an den Erwartungen anderer

Gestern ———————————————————— Morgen

Verhalten,
orientiert an meinen eigenen
Bedürfnissen

Intensität

Rückkehr «zu mir selbst» benötige, um mich zu schützen und um mich wieder zu kräftigen. So muß die Wellenbewegung (den Erwartungen anderer entsprechen, Rückkehr zu mir selbst – Fremdbestimmung, Selbstbestimmung) im folgenden Schaubild als Versuch der Ausbalancierung gedeutet werden.

Im Hinblick auf all die unterschiedlichen sozialen Rollen im Erwachsenenleben hat die Ich-Identität nach Peter Dreitzel die Funktion einer «Vermittlungsinstanz, eines Integrationszentrums verschiedener rollenspezifischer Verhaltensstile» (Dreitzel 1972, 239). Dabei spielt die Zusammensetzung der Rollenmenge des einzelnen eine ausschlaggebende Bedeutung. Je weiter die soziale Distanz zwischen verschiedenen Rollenidentitäten geht, desto größer ist die Gefahr einer Spaltung der Persönlichkeit. Schließlich kann sich der Mensch nicht mit jeder Rolle in gleicher Weise identifizieren, zumal dann nicht, wenn durch ihre Übernahme eigene Bedürfnisse massiv unterdrückt werden.

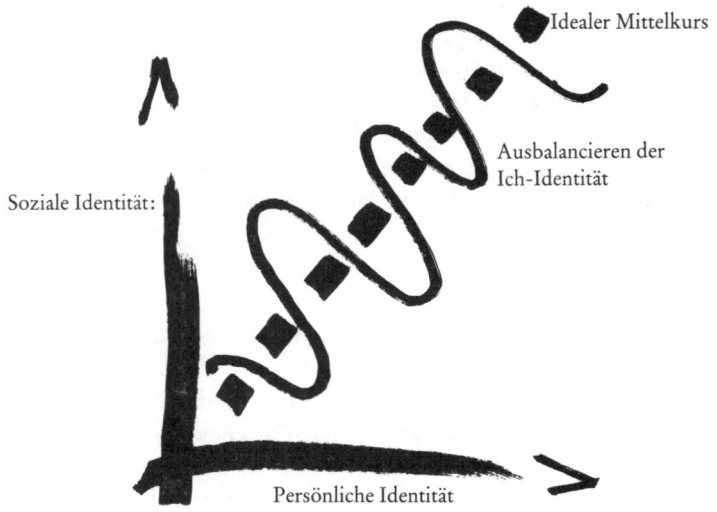

Idealer Mittelkurs

Ausbalancieren der
Ich-Identität

Soziale Identität:

Persönliche Identität

All diesen verbalen und graphischen Definitionsversuchen ist gemeinsam, daß Identität keine feste Größe ist, die man ein für allemal in seinem Leben wie einen akademischen Titel erwirbt. Identitätsgestaltung (dieser Begriff erscheint mir angemessener als «Identitätsfindung») ist vielmehr «eine nicht abschließbare und stets neu zu erbringende Leistung des einzelnen oder eines Kollektivs» (Huber/Krainz 1981, 475), die darauf gerichtet ist, in wechselnden Konstellationen immer wieder neu die Ich-Identität auszubalancieren.

Durch die Identitätsarbeit schaffen wir jeweils etwas noch nicht Dagewesenes. Wir arbeiten angesichts wechselnder Handlungs- und Gesprächspartner, immer neuer Erwartungen und Anforderungen unsere Lebensgeschichte jeweils neu auf. Diese Aufarbeitung hängt ab von unserem Selbstbild, das einer ständigen Veränderung unterliegt. Peter Dreitzel (1972, 240) verweist darauf, daß jeder Wandel im persönlichen Rollensystem (Umzug, Berufswechsel, neuer Freundeskreis) und in der zeitlichen und räumlichen Dimension des sozialen Rollenspiels die Selbstinterpretation eines Menschen verändert. In jedem neuen Milieu gelten neue Regeln und Wertmaßstäbe. Um sich nicht zu zersplittern, passen wir unsere Ich-Identität unbewußt den Verhältnissen an. Wir neigen in solchen Situationen dazu, unsere Vergangenheit und unsere Zukunftsvorstellungen leicht umzuinterpretieren – ein Mechanismus, der uns hilft, unsere Kontinuität angesichts neuer Bezugspersonen und -gruppen zu wahren.

Mit diesem Schaubild soll – wenn auch auf eine sehr einfache schematische Weise – verdeutlicht werden, daß das Selbst «eine dialektische Größe, Zweiheit und Einheit zugleich» ist (Schulz o. J., 95). Es ist gleichzeitig Objekt der Anforderungen anderer wie Subjekt eigener Entscheidungen, in der Selbstreflexion zugleich Betrachtender und Betrachteter. Daher kommt die vielgerühmte Selbstfindung nicht über die Interpretation dieses Sachverhalts hinaus.

G. Jervis betont, daß Selbstbewußtsein nicht nur bedeutet, daß wir uns normalerweise in jedem Moment unserer selbst

Das Selbst, die Zweiheit in der Einheit: Objekt von Anforderungen anderer und zugleich Subjekt eigener Entscheidungen und (teilweise) selbstbestimmter Lebenspraxis

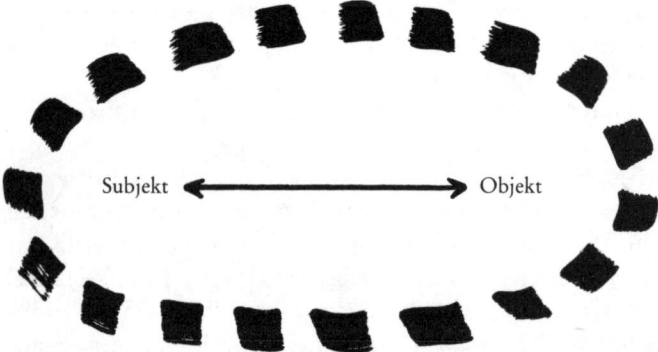

und der uns umgebenden Welt bewußt sind, sondern daß Selbstbewußtsein auch mit unserem Selbstbild beziehungsweise der Wahrnehmung unserer Identität zusammenhängt und die Verarbeitung vieler miteinander verbundener Dinge beinhaltet: «Bewußtsein darüber, ein von allen anderen verschiedenes, aber gleichzeitig allen anderen ähnliches Individuum zu sein; Bewußtsein darüber, die anderen im wesentlichen auf die gleiche Weise zu sehen, wie diese einen selbst sehen; wenigstens annähernde Bewußtheit über das Bild und die Einschätzung, die die anderen von einem haben; Kohärenz und Klarheit bezüglich der Definition der eigenen Rolle in der Gesellschaft; Klarheit über Grundmerkmale der eigenen Persönlichkeit; Selbstwertgefühl und Vertrauen in den eigenen Wert; Bewußtsein und kohärentes Bild des eigenen Körpers, der Fähigkeit, ihn als genau definiertes Instrument eigener Verfügung zu erleben; Gefühl des individuellen und unantastbaren persönlichen Eigentums an den eigenen Gedanken, der eigenen Vorstellungskraft und den eigenen Gefühlen, die von denen anderer klar unterschieden sind» (Jervis 3/1980, 357).

In Krisensituationen kommt das Gefühl, mit sich selbst und der Welt um einen herum im Einklang zu sein, nicht mehr zustande. Ich fühle mich sozial alleingelassen und unfähig, entscheiden zu können, was jetzt zu tun ist. Entweder sind die Anforderungen der Art, daß ich ihnen unter Wahrung der Ich-Identität nicht entsprechen möchte, aber unter Zwang entsprechen muß, oder ich habe mich in meiner persönlichen Identität in eine Richtung entwickelt, die keine Balance mit den Erwartungen meiner Umwelt mehr erlaubt. Die bewußte oder unbewußte Arbeit daran, die Krise so zu lösen, daß ein neues stabiles Gleichgewicht zwischen den gesellschaftlichen Erwartungen und Ansprüchen einerseits, meinen Bedürfnissen und Fähigkeiten andererseits zustande kommt, wird immer in zwei unterschiedlichen Dimensionen der Selbstvergewisserung stattfinden müssen. Zum einen muß die individuelle Vorgeschichte der Krise erhellt werden.

Zum anderen gilt es, die Beziehungen zu anderen zu klären, was nicht ohne Berücksichtigung der politischen, sozialen und kulturellen Lebensbedingungen möglich ist. Diese sind aber ihrerseits auch alle in Bewegung und von vielfältigen Brüchen und Krisen bestimmt. Selbstbezug und Selbstdeutung können von der Wahrnehmung der mich bestimmenden Realität und ihrer Deutung nicht getrennt werden. Objektive gesellschaftliche Bedrohungen lassen sich nicht auf der Ebene psychischer Anpassung lösen, allenfalls aus dem Bewußtsein verdrängen. Da gesellschaftliche Krisen im Hinblick auf subjektiv erlebte Krisen die Ausweglosigkeit verstärken, gilt es, die Realitätsarbeit noch einmal gesondert und in ihrem Einfluß auf die Identitätsarbeit zu betrachten.

Realitätsarbeit

Identität ist nicht faßbar. Sie wird in einem kreativen Akt jeweils neu erarbeitet und bleibt doch eine gedankliche Annahme, letztlich eine Fiktion. Die Realität meines vergangenen wie gegenwärtigen gesellschaftlichen Lebens dagegen ist bestimmbar. Daher richtet sich Identitätsarbeit als Realitätsarbeit immer auf alle realen Bedingungen meines Lebens in ihrem geschichtlichen Werden.

Das Nachdenken über die Realität verläuft in ganz unterschiedlicher Intensität, bestimmt von unseren Bedürfnissen, Interessen und Wahrnehmungsgewohnheiten. Diese wiederum sind abhängig von unserer materiellen und sozialen Lebenssituation und den Bildungschancen, die uns zugestanden und von uns in Anspruch genommen wurden. Realitätsarbeit gilt im Zusammenhang der Identitätsarbeit immer den Anforderungen des Tages und der Sorge um das Morgen.

Einen qualitativen Sprung macht die Realitätsarbeit dann, wenn wir nicht nur darüber nachdenken und reden, wie Mängel zu beseitigen und Veränderungen zum Besseren herbeizuführen sind, sondern wenn wir diese Veränderungen durch Selbstbehauptung und Interessen-Organisation (Bildung einer Stadtteilinitiative gegen die giftigen Emissionen eines Chemiewerks) praktisch angehen. Realitätsarbeit heißt heute unter anderem Auseinandersetzung mit den sich ständig verschärfenden zerstörerischen Entwicklungen auf dem Planeten Erde:

o Das Reaktorunglück in Tschernobyl hat andeutungsweise erkennen lassen, was von einer «friedlichen» Atomkatastrophe in der Bundesrepublik Deutschland, in der DDR oder in Frankreich zu erwarten ist.

o Der chemisch versauerte und radioaktiv verseuchte Boden wird nicht mehr alle heutigen Pflanzen wachsen lassen.

o Durch einen Computer-Fehler bedingt – im Spätsommer 1984 verlautete, daß Tausende modernster amerikanischer Waffen mit einem defekten Mikro-Chip ausgerüstet wurden – kann es zu einem atomaren Holocaust kommen.

o Die Atomwaffen – das hat sich in den letzten Jahren deutlich gezeigt – dienen keineswegs nur der Abschreckung, sondern sind für einen militärischen «Erstschlag» einsetzbar. Gleichzeitig sind die konventionellen Waffen so fortentwickelt worden, daß ihre Zerstörungskraft nicht mehr wesentlich von der der Nuklearwaffen abweicht.

o Die anhaltende strukturelle Arbeitslosigkeit läßt erkennen, daß die technologische Entwicklung mit dem Recht auf Arbeit kollidiert: Bei fortschreitender Rationalisierung und Automatisierung aller Produktionsbereiche können wir nie wieder mit einer Situation rechnen, in der Vollzeitarbeit für alle möglich ist. Dauerarbeitslosigkeit bringt das Selbstwertgefühl auf den Nullpunkt. Die anhaltende Spannung, die durch Abhängigkeit von der Sozialhilfe und drohende Obdachlosigkeit hervorgerufen wird, findet ihren Ausdruck in Depressionen und körperlichen Erkrankungen. Die sozialen und emotionalen Kosten dieser Entwicklung haben deren Opfer zu tragen.

o Zu einem Zeitpunkt, da wir uns angesichts der zerstörerischen Entwicklungen grundsätzlich umorientieren müssen, stellt sich heraus, daß die etablierten Parteien und ihre Spitzenpolitiker jahrelang von Industrieunternehmen und mächtigen Verbänden mit Schmiergeldern versehen wurden.

o Das System der parlamentarischen Demokratie, in der die jeweils herrschenden Parteien in erster Linie am Erhalt und Ausbau ihrer Macht, nicht aber an Strategien zur Lösung von Überlebensfragen (Entgiftung der Umwelt, Neuverteilung der Arbeit, Abrüstung, Entschuldung der sogenannten Dritten Welt) interessiert sind, scheint defekt zu sein. Die vielfältig miteinander verknüpften und einander bedingenden Krisen eskalieren. Die sozialen Spannungen zwischen den wenigen Inhabern und Nutznießern ökonomischer und politischer Macht und der übrigen Bevölkerung werden sich verschärfen.

Daß so viele gesellschaftliche Kreisläufe in eine Krise geraten sind, schlägt auf den einzelnen Bürger und sein Bedürfnis nach Sicherheit und Anerkennung negativ zurück. Er ist ständig mit der Aufgabe konfrontiert, diese Bedrohungen als einzelner zu verkraften und auszugleichen. Wenn sich alle Lebensbedingungen so schnell verändern wie zur Zeit, wenn berufliche Qualifikationen von heute auf morgen entwertet werden und ganze Generationen von Hauptschul- wie Universitätsabgängern ohne Lehr- und Arbeitsstelle bleiben, sind die betroffenen Menschen überfordert, die von der Gesellschaft abverlangte Realitätsarbeit zu leisten. Das Ergebnis: Apathie, Resignation einerseits, Aggression anderseits. Die allgemeine Krisenstimmung («no future») hat ihre bestimmenden und verstärkenden Rückwirkungen auf den Verlauf und die mühsame Bewältigung vermeintlicher individueller Krisen.

Bewußte Identitäts- und Realitätsarbeit

Für das alltägliche Handeln ist Identitäts- und Realitätsarbeit als Selbstreflexion und Reflexion der Lebenswirklichkeit, als Selbstdeutung und Weltdeutung zugleich nötig. Entscheidend ist, daß die Aufmerksamkeit sich nicht nur auf die Wahrnehmung der eigenen Befindlichkeit reduziert. Die Ausblendung der materiellen Außenbedingungen, die die Entstehung der Krise bestimmt haben und sie in ihrem Fortbestand nähren, engt auch die Lösungsmöglichkeiten ein. Es entsteht nämlich der irrige Eindruck, wir könnten die Krise quasi durch eine willentliche Bewußtseinsänderung als innerseelische Anpassung an die tagtäglich erlebte politische Ohnmacht lösen («Wenn du glücklich sein willst, sei es und du bist es!»). Identitäts- und Realitätsarbeit müssen, damit sich nicht ständig die alten, krisenerzeugenden Denkschemata und Interpretationsmuster wiederholen, neuen Fragen ausgesetzt werden (vgl. Teil 3).

Alles Lernen in der Krise, jeder Entwicklungsschritt benötigt andere Menschen. Das Alltagsbewußtsein, die bislang gültigen Alltagstheorien haben die Krise mit erzeugt und erweisen sich deshalb als «impotent», die Krise zu lösen. Es sind fremde Fragen nötig, andere Leute, die meinen selbstverständlichen Gepflogenheiten des Erklärens und Argumentierens widersprechen. Wenn ich mich dann darauf einlasse, von mir zu erzählen, muß ich strukturieren, rekonstruieren und argumentieren. Ob das Gespräch zu zweit oder zu mehreren in einer Gruppe stattfindet, fast immer kann ich die Erfahrung machen, daß andere in ihrer Auffassung ganz erheblich von meiner Sicht der Dinge abweichen. Ich muß mir darüber klar werden, warum ich ihren Aussagen zustimme oder sie verneine. Dieser Argumentationsdruck löst bei mir fundamentale Lernprozesse aus.

SOZIALE DEUTUNGSMUSTER

Ob die Identitäts- und Realitätsarbeit gelingt oder nicht, hängt davon ab, mit welchem Selbstbild wir die alltäglichen Aufgaben zu bewältigen versuchen und von welchen Deutungsmustern wir bei der Wahrnehmung und Interpretation der Realität leiten lassen. Das Nachdenken über uns selbst wird dadurch erschwert, daß wir uns selbst zum Gegenstand des Erkennens machen müssen. Diese Zweiheit in der Einheit prägt unsere Selbstreflexion und führt dazu, daß bestimmte Erkenntnisse nur schwer zugänglich sind oder gar nicht zustandekommen («blinde Flecken»).

Deutung und Bedeutung von Krisen

Nicht die kritischen Lebensereignisse als solche führen direkt zu Krisen und Erkrankungen, entscheidend ist vielmehr die Art und Weise, wie wir diese Erlebnisse wahrnehmen und erleben, welche Bedeutung wir ihnen zuschreiben. Die hier wirksam werdenden Wahrnehmungs- und Verarbeitungsformen sind Ergebnis unserer Lebensgeschichte: In Übernahme und eigener Verarbeitung, Modifikation und individueller Stilisierung haben wir uns aus den Denkweisen und Handlungsmodellen, die unsere Umwelt (Eltern, Schule, Freundeskreis, Arbeitswelt, Medien) uns anbietet, ein eigenes Lebenskonzept entwickelt. Es besteht zu großen Teilen aus dem, was «man» von uns schon immer erwartet hat. Mit Hilfe dieses grundlegenden Konzepts meistern wir unser Alltagsleben. Tritt eine kritische Situation ein, die die Bewältigungskapazitäten und das Alltagswissen übersteigen, macht es einen großen Unterschied, ob wir uns grundsätzlich nicht in der Lage sehen, das Problem zu lösen (Defizit an Kompetenzen) oder ob wir nur momentan nicht dazu fähig sind (Kompetenzstörung). In beiden Fällen sehen wir jedoch das Problem auf Grund unserer gewohnten Beurteilungskategorien als lösbar an, nur eben nicht durch uns selbst (Erlebnis des Versagens). Die Erfahrung, eine an sich lösbare Aufgabe nicht lösen zu können, mündet in Verwirrung, Niedergeschlagenheit und Resignation.

Eine kritische Lebenssituation kann aber auch unter anderen Bedingungen entstehen: Eine Person ist in ein Problem verstrickt, von dem sie auf Grund erlernter kultureller Sehweisen annehmen muß, daß sie selbst für die Entstehung und Regelung dieses Problems verantwortlich ist. Es zu lösen, übersteigt jedoch ihre Kompetenzen. Hier entsteht eine Krise, es sei denn, die Person erkennt, daß das Problem unter einer anderen Definition zu lösen ist. Ist sie nach dieser Erkenntnis mit der Aufgabe überfordert, das Problem gedanklich umzustrukturieren, ist ein zweites Moment für die Entstehung einer Krise gegeben. Zum dritten kann eine Krise entstehen, wenn die Person nicht über die Kompetenz beziehungsweise die soziale Macht verfügt, so zu handeln, wie es die notwendig gewordene neue Problemdefinition verlangt. In allen drei Problemlagen entsteht für die Person eine ausweglose Situation, die sich in seelischen und körperlichen Zeichen der Hilflosigkeit, des Ausgeliefertseins äußert.

Kurzum: Der eigentliche Kern einer als Krise erlebten Situation wird von mehreren Betroffenen ganz unterschiedlich wahrgenommen und gedeutet, abhängig von ihren jeweiligen Erfahrungen mit sich und anderen, abhängig von ihren Bedürfnissen, Interessen und Lebenszielen und davon, wie sie die Handlungsspielräume hinsichtlich der Durchsetzung ihrer Interessen einschätzen.

Wie kommen nun so unterschiedliche soziale Deutungsmuster zustande? Während bei den Tieren die Erfahrungen der jeweiligen Gattung arttypisch im Erbgut so verankert sind, daß sie sich kraft ihres ererbten instinktiven Verhaltens biologisch zweckmäßig verhalten können, muß jeder heranwachsende Mensch von seiner Umwelt alles erst lernen, was er zum Zusammenleben mit anderen und zu seiner persönlichen Entwicklung benötigt. So haben wir uns von Geburt an die Grundstrukturen des Alltagslebens um uns herum angeeignet. Wir wären überfordert, wollten wir die für unser Überleben notwendige Interpretation der gesellschaftlichen Prozesse, in die wir eingewoben sind, mit ausschließlich individuellen, privaten Deutungen bestreiten. Um so komplexe gesellschaftliche Probleme wie die strukturelle Arbeitslosigkeit erklären und darauf in irgendeiner Weise reagieren zu können, ist jeder von uns genötigt, auf schon vorhandene, von vielen als gültig anerkannte soziale und politische Deutungsmuster zurückzugreifen.

Dies gilt auch für die Deutung von Lebenskrisen. Wie ich die erlebte Bedrohung, meine Handlungsmöglichkeiten und die Aussicht einschätze, die Situation zu bewältigen, hängt von Perspektiven ab, die zu meiner Geschichte kollektiver Beeinflussungen durch ein bestimmtes soziales und kulturelles Milieu (wirtschaftliche Lebensumstände, Bildungsgrad der Eltern, Intensität von anderen Einflüssen wie Schule, Freundeskreis etc.) gehören.

Die sozialen Deutungsmuster, derer ich mich bei meinen Wahrnehmungen und ihrer Interpretation bediene, sind nicht in einem zweck- und interessenfreien Raum entstanden. Mein Bewußtsein hat sich herausgebildet im Hinblick auf ganz bestimmte gesellschaftliche Prozesse und Situationen in ganz bestimmten Zeiträumen. Bewußtseinsveränderung und Bewußtseinserweiterung haben sich immer in Auseinandersetzung mit schon gedeuteter Realität vollzogen. Diese Interpretationen der sozialen Realität waren und sind immer interessengeleitet, das heißt, sie sind nur im Zusammenhang verschiedener Argumentationen zu verstehen, mit denen die ganze Gesellschaft oder bestimmte Gruppen die Verhältnisse interpretieren. Mit sozialen Deutungsmustern ist sozusagen festgelegt, wie Probleme zu sehen und zu bewältigen seien.

Die durch die gesellschaftlichen Lebenszusammenhänge, etwa die Erziehung, vermittelten Interpretationen stellen handlungsleitende Regeln dar. Sie sind zum festen Bestandteil eines Alltagswissens geworden, das nur zu einem kleinen Teil auf persönlichen Erfahrungen beruht. Offen bleibt in einer problematischen Situation, welchen Gebrauch wir von den schon verinnerlichten und den sich neu bietenden sozialen Deutungsmustern machen, inwieweit wir unser Handeln von ihnen bestimmen lassen. Wir werden – nehmen wir die Vorstellung von einer Balance zwischen sozialer und persönlicher Identität ernst – versuchen, unerwartete und widersprüchliche Anforderungen der Umwelt so zu verarbeiten, daß unseren Bedürfnissen nach Sicherheit und Harmonie Rechnung getragen wird und ein für uns selbst widerspruchsfreier Bezug zustande kommt.

Bestandteile der sozialen Deutungsmuster

Will ich meinen Deutungsmustern analytisch auf die Spur kommen (Was machen sie mit mir? Was mache ich mit ihnen? Wo helfen sie mir? Wo behindern sie mich? Sind sie bewußt veränderbar?), muß ich lernen, ihre Bestandteile zu unterscheiden. Sie gliedern sich auf in

o Gesellschaftsbilder
o alltagspraktische Orientierungen
o subjektive Verarbeitungsstrukturen.

Mit *Gesellschaftsbildern* sind Theorien, Vorstellungen von gesellschaftlichen Zusammenhängen mit hohem Allgemeinheitsgrad (zum Beispiel bezogen auf Weltmarktprobleme oder strukturelle Arbeitslosigkeit) gemeint. Auch wenn sie keinen direkten Einfluß auf unser Alltagsleben nehmen, sind sie gleichwohl zu seiner Erklärung nötig. Im Laufe unseres Lebens übernehmen wir immer mehr vorgeprägte Gesellschaftsbilder als interessengeleitete «Argumentationszusammenhänge, in denen gesellschaftliche Gruppen und Klassen ihre Wirklichkeit interpretieren» (Zoll 1984a, 8). Wir bilden diese aber nicht einfach als detailgenaue Kopien in uns ab, sondern eignen sie uns in einem jeweils individuellen Verarbeitungsvorgang an und fügen sie in einer zunächst nur für uns selbst plausiblen Weise in unser Weltbild ein.

Die Gesellschaftsbilder sind der theoretische Hintergrund (Alltagstheorien von gesellschaftlichen Strukturen und Prozessen), vor dem *alltagspraktische Orientierungen* als «handlungsleitende Regeln» das Verhalten in Alltagssituationen bei der beruflichen Arbeit, in der Familie und in sonstigen sozialen Bezügen (Nachbarschaft, Freundschaften, Politik) bestimmen (Zoll 1984a, 8). Die alltagspraktischen Orientierungen sind stark von unseren Sicherheitsbedürfnissen bestimmt. Sie verlocken uns dazu, immer wieder der Beschäftigung mit der Wirklichkeit auszuweichen: Ich weiß letztlich, daß ich sterben muß. Ich lebe aber meinen Tag, meine Woche, plane den Monat und das Jahr so, als würde der Tod in einer grauen, unendlich fernen Zukunft auf mich warten.

Als entscheidende Aneignungsinstanz und als Zentrum der durch unsere Deutungsmuster bestimmten Entscheidungen wird immer wieder die *subjektive Verarbeitungsstruktur* genannt. Damit sind zum einen Lernvorgänge, zum anderen verinnerlichte Kategorien gemeint, die darüber bestimmen, wie und was wir wahrnehmen, welche Informationen wir auswählen und uns aneignen. Die Art meiner Wahrnehmung, die Qualität der Auslese, mit der ich ganz bestimmte vorgefundene Erklärungsmuster übernehme, andere weglasse oder verwerfe, die unbewußte oder bewußte Strukturierung, Bewertung und aktuelle Handhabung von Gesellschaftsbildern und Orientierungsregeln – all dies hängt von meinen individuellen Verarbeitungsmustern ab. Meine Aneignungsgewohnheiten sind zeitlebens erlernte Wahrnehmungs- und Bewertungskategorien, die für die Auseinandersetzung mit den gesellschaftlichen Anforderungen entscheidend sind. Sie bewirken, daß ich mir im Wechsel von Widerstand und Anpassung, Ablehnung und Zustimmung in erster Linie solche Deutungen der Wirklichkeit aneigne, die mir plausibel sind.

Deutungsmuster, mit denen ich nichts anfangen kann, weil sie sowohl meiner Einschätzung wie meinen Bedürfnissen und Interessen zuwiderlaufen, muß ich gleichwohl als Definitionspraktiken und Stereotypen anderer kennen und in ihrer Tragweite für mich einschätzen können. Schließlich werden sie häufig genug von Personen und Gruppen vertreten und praktiziert, von denen ich direkt (Familie, Beruf) oder im allgemeinen Sinne (Regierung, Behörden, Polizei, Justiz) abhängig bin.

Zur psychischen Funktion der sozialen Deutungsmuster

In Krisen spielen alle drei Bestandteile von sozialen Deutungsmustern eine wichtige Rolle. Dies sei daran verdeutlicht, welche Mechanismen der Verdrängung von existentiellen Ängsten im Falle struktureller Arbeitslosigkeit wirksam werden: Der Lohnabhängige muß die Arbeitslosigkeit als außerordentliche Bedrohung empfinden, nicht nur im Hinblick darauf, daß er keine Arbeit mehr hat, sondern auch deshalb, weil sie seine Identität als produktiv Arbeitender grundsätzlich in Frage stellt.

Die Gewerkschaftszeitung *metall* forderte 1985 Kinder zwischen acht und vierzehn Jahren auf, zu schreiben, was ihnen zum Thema «Arbeit» einfiel. Die *Frankfurter Rundschau* veröffentlichte am 27. 12. 1985 einen der bei *metall* eingegangenen Kinderbriefe:

«Liebe Redaktion!

Ich heiße Patricia und bin acht Jahre alt. Mami sagte ich soll etwas über Arbeit schreiben. Schreibe über meine Arbeit was ich so in der Fabrik mache! Aber wenn ich sie frage was sie so macht dann sagt sie immer nur, ich muß viele Einzelteile zusammenbauen so daß es ein Ganzes, etwas Fertiges gibt. Ich sitze mit anderen Frauen am Band und das läuft ganz schnell. Wir bauen Stoßdämpfer für Autos, sagt sie. Und wenn ich noch mehr frage schickt sie mich dann doch immer weg weil sie müde ist und dann schläft sie immer ein.

Ich habe dann Papa gefragt was denn nun Arbeit ist, nicht nur Staubsaugen und Arbeit ist auch nicht nur Aufkehren und so was. Denn das weiß ich ja selbst, denn das mache ich ja auch. Papa sagte mir dann: Arbeit ist eine Beschäftigung für die man Geld bekommt. Und hat man keine Arbeit so hat man auch kein Geld und man ist plötzlich der letzte Dreck. Papa ist 42 Jahre alt und immer krank. Aber für so wenig krank gibt es keine Rente für ihn sagen die Ärzte und für so viel krank gibt es keine Arbeit für ihn sagen die Chefs zu meinem Papa immer. Mein Papa hat schon oft seine Arbeit wegen Krankheit verloren, hat er zu mir gesagt. Nun ist mein Papa immer zu Hause aber er spielt nicht mehr mit uns und geht auch nicht mehr mit uns weg weil er sich vor den Leuten schämt, sagt er.

Und die Mama schläft immer den ganzen Tag und wir gehen ganz selten aus. Und meine Freundin kommt nun auch nicht mehr, da meine Eltern jetzt oft streiten und da hat sie immer Angst und ich und meine kleine Schwester Vanessa haben auch Angst und sind oft traurig und weinen.

Ich möchte einmal Zoodirektor, Krankenschwester oder Arzthelferin werden denn ich lag ja schon mal im Krankenhaus und habe auch den Schwestern geholfen. Die Arbeit hat mir sehr gefallen und Mami sagte auch, das ist ein schöner Beruf. Das alles ist mir jetzt über Arbeit eingefallen. Ich wollte noch meinen Lehrer fragen über Arbeit, der sagt immer: Ich habe mit euch viel Arbeit! Aber Papa hat gesagt, der Brief muß heute noch in den Briefkasten geworfen werden.

Also viele Grüße von eurer Patricia.

Patricia Kroll, acht Jahre, Donnersdorf»

Die Unsicherheit der Lohnarbeiter-Existenz («Ich habe nur meine Arbeitskraft anzubieten. Sonst nichts! Will sie niemand kaufen, kann ich mich von der Arbeit nicht mehr ernähren.») wird durch die strukturelle Arbeitslosigkeit radikal offengelegt und verstärkt. Da diese Erkenntnis grundlegende Existenzängste auslöst, neigen wir dazu, sie zu verdrängen, indem wir die objektive Krise verleugnen, bagatellisieren oder zu einem von Personen abhängigen Problem machen. Die vereinfachende, oberflächliche Wahrnehmung von Krisen ist daran zu erkennen, auf welch stereotype Weise Betroffene ihre Ursachen zu erklären versuchen.

Eine Bremer Forschungsgruppe um R. Zoll (vgl. Zoll 1984a und 1984b) befragte Arbeiter aus der Metallindustrie zum Zusammenhang von Arbeiterbewußtsein und Wirtschaftskrise. Die erhaltenen Antworten können sieben unterschiedlichen Gruppen von Reaktionen zugeordnet werden:

o Etwa 25 Prozent der Befragten sehen die Ursachen von Krise und Arbeitslosigkeit in der ökonomischen Struktur des westlichen Wirtschaftssystems begründet (Überproduktion, Zinsniveau und andere Faktoren). Sie greifen häufig auf Argumente zurück, die in den Massenmedien vorgetragen werden, und machen Lösungsvorschläge, die das System nicht grundsätzlich in Frage stellen.

o Etwa 10 Prozent führen die Wirtschaftskrise und die strukturelle Arbeitslosigkeit auf das unvereinbare Gegenüber von Kapital und Arbeit als dem Grundprinzip des kapitalistischen Wirtschaftssystems zurück. Nur die Aufhebung dieses Systems lasse Lösungen zu. Beide Gruppen thematisieren und analysieren bewußt Erscheinungsformen und Wesen von Krise und Arbeitslosigkeit.

○ Die Antworten der fünf anderen Gruppen zeigen, daß die durch die existentielle Bedrohung in der Wirtschaftskrise ausgelösten Ängste in der Mehrzahl mit Erklärungsmustern beschwichtigt werden, die die objektive Gefährdung auf ein psychisch erträgliches Maß reduzieren: Entweder ergeben sich die befragten Arbeiter in ein vermeintlich unabwendbares Schicksal («Man kann sowieso nichts machen»; etwa 12 Prozent), oder sie machen, sich selbst anklagend, Vorschläge zur Sanierung des bestehenden Wirtschaftssystems in Form individuellen oder kollektiven Verzichts («Der Arbeiter hat zu gut gelebt»; etwa 12 Prozent). Andere leugnen schlichtweg die Krise («Ich kenne keinen Arbeitslosen»; etwa 10 Prozent) oder suchen nach falschen politischen Entscheidungen in der Vergangenheit («Zuviel Staat» – «Versäumnisse der Politik»; etwa 10 Prozent). Die zweitgrößte Gruppe (etwa 20 Prozent) schreibt den ausländischen Arbeitern und den deutschen Arbeitslosen selbst («Ausländer raus» – «Die Arbeitslosen wollen nur nicht arbeiten») die Schuld für die Misere zu.

Nur ein kleinerer Teil der Befragten brachte also die grundlegenden wirtschaftlichen und politischen Konflikte zur Sprache, um aus der Analyse der strukturellen Bedingungen von Arbeitslosigkeit die eigene Situation und die notwendige politische Arbeit (gewerkschaftliche Forderung nach Arbeitszeitverkürzung) richtig einschätzen zu können.

Dieser Befund ist leicht erklärbar:

○ Die in der strukturellen Arbeitslosigkeit abverlangte Anpassungsleistung ist unzumutbar: Die Vorstellung, man dürfte auf absehbare Zeit nicht mehr im vollen Umfang der eigenen Leistungsfähigkeit arbeiten, beinhaltet die Erwartungen, daß zum einen Lohn und Brot vorenthalten bleiben und daß sich zum anderen keine Möglichkeit mehr eröffnet, in einer gesellschaftlich anerkannten Form durch nützliche Leistungen die eigene Persönlichkeit zu produzieren.

o Das System kollektiver Versorgung («Netz der sozialen Sicherheit») erweist sich als lückenhaft und diskriminierend: So erhielten zum Beispiel im ersten Halbjahr 1986 von den offiziell registrierten 2,3 Millionen Arbeitslosen nur 0,9 Millionen Arbeitslosengeld, 0,6 Millionen mußten sich mit Arbeitslosenhilfe begnügen und 0,8 Millionen gingen völlig leer aus (*Darmstädter Echo* vom 16. 8. 1986).

Deutung von Krankheit und Krise

Individuelle Krisen lösen gewöhnlich ähnliche Handlungsweisen aus wie objektive Bedrohungen. Zumeist reagieren wir mit beschwichtigendem Zureden: «Du wirst schon nicht gleich daran sterben…» Die Bagatellisierung der Krise zur vorübergehenden Störung des gewohnten Lebensablaufs und der oft voreilige Versuch, einen medizinischen Fall daraus zu machen (Stillegung durch Psychopharmaka), lassen die Eigenkräfte gar nicht erst zum Zuge kommen.

Wie komme ich also vom Zustand dumpfer Betroffenheit und passiven Ausgeliefertseins zur aktiven Auseinandersetzung mit der Krise? Dazu ist ein kleiner Umweg nötig: Ich möchte mich in diesem Kapitel mit der Frage nach der in unserer Gesellschaft üblichen Deutung von Krankheiten befassen, zu denen Krisen irrtümlicherweise oft gerechnet werden.

Krise und Krankheit

M. Muck (1974, 12) beantwortet die Frage «Was ist Krankheit?» so: «Subjektiv ist Krankheit eine sich in Körperfunktionen, Verhalten oder Befinden niederschlagende Störung, die als übermächtig erlebt wird.» Von dieser Definition her betrachtet erscheinen die Übergänge zwischen Krisen und Krankheiten fließend: Manche Störungen des ruhigen

Gleichklangs im Alltag und des als normal angesehenen Verhaltens im Zusammenhang von Lebens- und Produktionsbedingungen bezeichnen wir als Krisen, andere als Krankheiten. In beiden Fällen entstehen Leidensdruck und das Gefühl, von etwas Fremdem überwältigt zu werden. Beides ist oft nur schwer unterscheidbar, zumal Krankheiten in Krisen und Krisen in Krankheiten münden können.

In welchem Umfang und mit welchen Folgen bringen wir uns gemäß den geltenden sozialen Deutungsmustern von Krankheit um die eigene Verantwortung für unseren Gesundheitszustand und wie könnte es uns gelingen, in dieser Hinsicht selbstverantwortlicher zu handeln?

Überforderungssituationen können sich in Krankheiten Ausdruck verschaffen: Da der Körper in einer Krise die soziale Bedrohung gewöhnlich als physische Bedrohung wahrnimmt, bietet sich als Selbstschutz, als Fluchtmöglichkeit und Scheinlösung der ständigen Spannungen in jeder der anfänglich genannten Krisenphasen die Krankheit an. In der Antike hatten die Ärzte noch ein tiefes Wissen um solche Bedingungszusammenhänge. Für sie waren körperliche Störungen eng mit den Gefühlen und den persönlichen Beziehungen des Menschen verbunden. Krankheit galt als «Anzeichen dafür, daß im gesamten Leben des Patienten und in seiner Stellung in der Gemeinschaft irgend etwas aus der Ordnung geraten» war, «eine Reaktion auf die Lebensumstände» (Jaffe 1983, 27).

Heute sehen Mediziner die Störung in der Regel als rein körperliches Geschehen an, interpretieren sie als *Krise im Körper*. Anstatt aus der psychoanalytischen Erfahrung zu lernen, daß das Erkranken eine besondere Folge von Konfliktverhalten sein kann, um von daher den Menschen in seinem ganzen Lebenszusammenhang zu betrachten, machen sie seine einzelnen Organe und Krankheiten zum Gegenstand einer technisierten ärztlichen Reparatur. Der Betroffene deutet gemäß dem gängigen Krankheitsverständnis die Krisensignale (zum Beispiel Herzbeschwerden, Verspannungen, Verdauungsstörungen, Geschwüre, Schmerzen) nicht als Botschaften des Körpers, sondern als Einfälle «fremder Mächte». Er glaubt, deren Minderung und Heilung ganz und gar in die Hände von Experten, eben der Ärzte, legen zu müssen.

Sucht er einen Arzt auf, wird die Störung – darauf verweist G. Jervis – unweigerlich «medizinisiert», das heißt als physische Krankheit behandelt. Da die Störung mit Unsicherheit und der in unserer Wettbewerbsgesellschaft typischen Furcht vor physischer und sozialer Invalidität verbunden ist, muß die Medizinisierung die Störung vergrößern. Anstatt daß sich der Arzt mit Zeit, Geduld und Sympathie auf den Erkrankten einläßt und dessen Störung als widersprüchlichen Ausdruck einer gesamten Lebenssituation beurteilt, genügt er seiner Pflicht nach gängigem Verständnis und untersucht den Patienten auf den Zustand seiner Organe. Bleibt die Untersuchung ohne Befund, muß der Patient den Arzt davon überzeugen, daß er wirklich leidet und daß die Störung unter ärztliche Kompetenz fällt. So beginnt die Leidensgeschichte vom «erschöpften» Körper, die von Kräftigungsmitteln, immer stärkeren Beruhigungsmitteln, einem neuen Arzt, erneuten Untersuchungen und vielleicht der Einweisung in ein Krankenhaus oder eine psychiatrische Klinik bestimmt ist. Der Patient wird immer passiver und unfähiger, sich der Entstehungsbedingungen der Störung bewußt zu werden und selbst Verantwortung für seine Genesung zu übernehmen. Auf diese Weise werden Kranke produziert und in ihrem Zustand festgehalten. Der Betroffene entfernt sich vom Verständnis und von der Lösung seiner Schwierigkeiten immer mehr. Dabei ist seine Störung entstanden «als Art und Weise, widersprüchliche Aspekte des Lebens zu interpretieren, zu handhaben und zu ertragen, als Interpretation der Beziehung seiner selbst und des eigenen Körpers zur Arbeit, als Konsequenz der gesellschaftlichen Unterdrükkung, die auf denjenigen einwirkt, der in mehr oder weniger wirrer Weise Unbehagen und Verweigerung ausdrückt; schließlich entsteht sie als medizinische Rationalisierung dieser Schwierigkeiten...» (Jervis 3 / 1980, 326).

Auf Grund ihrer naturwissenschaftlich orientierten Ausbildung wissen die meisten Ärzte sehr viel über direkte organische Störungen, sind aber zumeist überfordert, wenn es darum geht, der Erkrankung nach Art und Zeitpunkt eine Bedeutung in der Lebensgeschichte des Patienten, einen «biographischen Sinn» zu geben. Ein solcher Sinn ist sicherlich nie exakt nachzuweisen, doch darf dies keine Rechtfertigung dafür sein, daß der Erkrankte in einer normalen Behandlung wenig Anregungen dazu erhält, ihm nachzuspüren, um herauszufinden, auf welche bislang unbewußten Konflikte der körperliche Defekt hindeuten, für was er gewissermaßen die Erscheinungsform sein könnte.

Krankheit – Defekt oder ganzheitliches Geschehen

Aus der naturwissenschaftlichen Medizin wurde «der denkende und fühlende Einzelne ganz im bürgerlichen Sinn: als Eigentümer seines Körpers» verbannt (Horn u. a. 1983, 25). Mehr noch, die naturwissenschaftliche Medizin hat die unbeabsichtigte, in ihren Auswirkungen verheerende Tendenz, kranken Menschen ein Gefühl von Unwert zu vermitteln (von Weizsäcker 1949, 341). Unter diesem Aspekt ist Kranksein Nicht-Normalsein. Die Krankheit wird zum Defekt, zur Funktionsstörung erklärt.

Mittels bewährter Instrumentarien wie EKG, Röntgen- oder Laboruntersuchungen wird dieser Defekt lokalisiert, durch Operationen, Bestrahlung und chemische Beeinflussungen soll er dann beseitigt werden.

Vor allem die Psychoanalyse hat Wege aufgezeigt, diese Engführung zu überwinden. Sie interessiert sich dafür, in welchem Umfang der einzelne daran beteiligt ist, Störungen und Krankheiten im Geflecht beruflicher oder sonstiger sozialer Zwänge zu entwickeln. Der Betroffene setzt sich in einem Konflikt mit Hilfe der ihm geläufigen Deutungsmuster und seiner erlernten emotionalen und sozialen Verhaltensweisen mit gesellschaftlichen Anforderungen auseinander. In einer Situation, die ihn überfordert, wird sein Zustand kritisch, ganz gleich, ob er den Konflikt in einer Erkrankung «verkörpert», ihn damit aber nicht löst, oder ob er erfolgreich und gestärkt aus der Auseinandersetzung mit ihm hervorgeht.

Eine Studentin: «Das Thema Identitätskrise und Krankheit als Scheinlösung beschäftigt mich im Moment am meisten. In den letzten Jahren habe ich nicht zuletzt durch das Studium gelernt, genauer in mich hineinzuhorchen. Ich überlege mir, wann ich flüchte, wovor ich flüchte und wie. Irgendwann stieß ich dabei auf die Frage, warum ich wann krank bin oder mich krank fühle. Heute, da ich mich bemühe, mir über die Ursachen von Unwohlsein klarzuwerden, merke ich immer deutlicher, daß jede Krankheit, an die ich mich erinnere, auch psychischen Ursprungs war. Dies fängt an bei Magenverstimmungen, Fieber oder Kopfschmerzen und reicht bis zu Sportverletzungen, zu denen es kommt, weil mein Körper verkrampft ist und ich mich nicht entspannen kann. Es hing immer mit irgendeinem ungelösten‹Problem› zusammen, das ‹in der Luft lag›. So bemerkte ich, daß ich jedesmal zwei Tage, bevor ich zu meinen Eltern fuhr, Magenschmerzen bekam, die sich bis zu Krämpfen steigerten. Im ersten Moment erschrak ich, ich wußte nicht, wie ich damit fertig werden sollte, ich ließ mich noch mehr gehen. Heute weiß ich: Es hing damit zusammen, daß meine Eltern Erwartungen an mich haben, die ich nicht erfüllen kann. Ich wollte ihnen immer gerecht werden, konnte diesen Anspruch aber nie mit meinen Vorstellungen von meinem Leben vereinbaren. So versuchte ich, bei Wochenendbesuchen möglichst alle ihre Erwartungen zu erfüllen. Dabei mußte ich natürlich auch einige Dinge verleugnen, die zu meinem Leben gehören, die ich gern tue.

Ich erkannte die Krankheit als Zeichen, daß ich in irgendeiner Weise Stellung beziehen mußte. Stück für Stück versuche ich nun, meinen Eltern gegenüber ehrlich zu sein, mich nicht mehr zwanghaft in ihre Erwartungen pressen zu lassen. Was ich früher nicht gedacht hätte: Unser Verhältnis hat sich dadurch gebessert. Ich fahre nun viel gelöster nach Hause, und die Wahrheit zu erfahren ist für meine Eltern zwar manchmal enttäuschend, doch ist ihnen auch Vertrauen wichtiger. Ich versuche jetzt immer, solche Anzeichen ernst zu nehmen. Bisher hat es mir zumeist geholfen, die Krankheit anzunehmen und aktiv die Ursachen zu ergründen. In der Regel verschwanden kleinere Erkrankungen von selbst wieder. Sie sind für mich inzwischen ein untrügliches Zeichen geworden, eine Warnung, daß ich an mir arbeiten und aktiv jegliche Krise angehen muß, daß ich Lösungsmöglichkeiten finden muß, um solche Scheinlösungen, die zu einem Teufelskreis werden können, zu bekämpfen.»

Die psychoanalytisch beeinflußte psychosomatische Medizin sieht die organische Störung, aber auch die sogenannte funktionelle Erkrankung «als mißlungene lebensgeschichtliche Selbstaneignung des Körpers». Mit einer solchen Sicht wird das Individuum aus seiner Gefangenschaft im Rahmen der naturwissenschaftlichen Medizin befreit, wo seine Rolle auf «eine merkwürdige passivische Bereitschaft zur Mitwirkung am Gesunden» beschränkt wird (Horn u. a. 1983, 31).
Neuerdings vermehrt sich die Zahl derjenigen, die davon ausgehen, daß bei *jeder* Krankheit «biologische, psychische und soziale Faktoren, wenn auch in unterschiedlicher Ausprägung» zusammenwirken (Wirsching/Stierlin 1982, 14). Einen wichtigen Beitrag zur Psychosomatik kann heute, in Abkehr vom einlinigen Kausalitätsdenken, die allgemeine Systemtheorie leisten. Von ihren Grundgedanken her läßt sich über das Zusammenspiel seelischer und körperlicher Funktionen folgendes sagen: Beide bilden eine Ganzheit, ein offenes, transaktionelles System, das durch einen ununterbroche-

nen, viele Ebenen einbeziehenden, hin- und herpulsierenden Fluß von Informationen und Energie gekennzeichnet ist. Die Dynamik der sich wechselseitig bedingenden Prozesse bezieht die feinsten körperlichen, das heißt intrazellulären Prozesse ebenso ein wie das soziale Feld, in dem sich die Person bewegt. Dabei ist kein Element dieses hochdifferenzierten Systemzusammenhangs bedeutsamer als irgendein anderes. Entsteht auf einer Organisationsebene eine Störung, können alle anderen Ebenen in Mitleidenschaft gezogen werden. Das heißt, daß man die für die Gesundheit charakteristische dynamische Stabilität und ihre Störungen nur verstehen kann, wenn man alle Ebenen berücksichtigt. Die öko-systemische oder ganzheitliche Betrachtung erfaßt nicht mehr ausgegrenzte psychosomatische Erkrankungen, zum Beispiel das Magengeschwür, Asthma und Bluthochdruck, sondern «mehr oder weniger stark ausgeprägte biologische, psychologische und soziale Teilfaktoren, die bei *jeder* Erkrankung zusammenwirken». Mehr und mehr Forscher erkennen heute «bei jeder denkbaren Krankheit ein ganzheitliches, unauflösbares psychosomatisches Simultangeschehen, mit sowohl somatopsychischen wie psychosomatischen Wechselwirkungen» (Wirsching/Stierlin 1982, 28). Dieses Verständnis von Krankheit stellt den Menschen mit seiner Lebensgeschichte und seinen sozialen Beziehungen in den Mittelpunkt der Diagnose des Arztes und seiner Überlegungen dazu, wie er die Selbstheilungsprozesse des Patienten fördern kann.

Krankheit als Konflikt

Die psychosomatische Medizin hat vor allem dazu angeleitet, «Krankheit als Konflikt» (Mitscherlich 1966) zu verstehen, für dessen Entstehung und Aufrechterhaltung die Art und

Weise entscheidend ist, wie ein Mensch seine Situation erlebt und versteht. Aus dieser Sicht erscheint «die Organkrankheit als... Stellvertreter eines ungelösten Konfliktes... eine Art Flucht aus dem Konflikt in die Krankheit» (von Weizsäcker 1949, 339): In einem Zustand, den der Betroffene als Ohnmacht empfindet, drücken sich aus der Lebensgeschichte herrührende oder aktuelle Konflikte in Erscheinungsweisen aus, die nach klassischem Verständnis als Krankheiten gelten. Aus dieser Perspektive ist Krankheit ein verkörperter Konflikt, geronnen und stillgelegt in der Begegnung und im Zusammenspiel von Patienten, die körperliche Symptome ausbilden, und einem Gesundheitswesen, das davon lebt, sie zu behandeln.

Schon Hippokrates sah in der Krankheit eine Anstrengung (bei ihm *ponos* = «Mühe» genannt) des Organismus, die Gesundheit mit eigenen Mitteln wiederherzustellen. Die heutige Psychosomatik erneuert und erweitert diese Sehweise: Sie sieht in Krankheiten psychosoziale Konfliktlösungsstrategien. In ihr verschränken sich «subjektiv-lebensgeschichtliche, intersubjektive (familiale, subkulturelle) und institutionelle (Arbeit / Medizin) Sinnebenen miteinander» (Horn u. a. 1983, 5). Der einzelne bringt in jeder Situation Formen der Problemlösung hervor, die den gesellschaftlichen Erfordernissen, in irgendeiner Form aber auch den persönlichen (bis hin zu den unbewußten) Interessen und Bedürfnissen entsprechen. Wenn wir Krankheit als Konflikt verstehen, dann können wir zum einen die unvereinbarten Interessen, die ihr zugrunde liegen, entdecken und rekonstruieren. Zum anderen können wir den Sinn von Krankheitsverhalten als Element einer psychosozialen Konfliktbewältigung entschlüsseln. Dabei werden wir auf Perspektiven der Veränderung stoßen, die nicht nur die eigene Person, sondern auch unser medizinisches Versorgungssystem betreffen.

Krankheit als Selbstheilung

Die Einsicht, daß sich das seelische und das körperliche Erleben einer Krankheit nicht voneinander trennen lassen, führt mich zu der Frage, wie wir über uns selbst nachzudenken und unsere Wahrnehmungen und Erfahrungen seelisch zu verarbeiten pflegen. Da die Krankheit eng mit der Lebensweise des Erkrankten zusammenhängt, sich also zum großen Teil aus seinem Handeln ergibt, ist er auch für sein Wohlergehen verantwortlich. Er ist gefordert, bewußt zum Subjekt seines Selbstheilungsprozesses zu werden. Diese Auffassung widersetzt sich der landläufigen Unterbewertung der eigenen Kräfte: So lernt der angehende Mediziner in der traditionellen Ausbildung vor allem, Krankheitszeichen zu erkennen, nicht aber die Stärken und Ressourcen des Patienten ausfindig zu machen und zu nutzen. Was nie gefordert und genutzt wird, verkümmert. Kein Wunder, daß die meisten Menschen das Bewußtsein dafür verloren haben, daß der Arzt und die von ihm empfohlenen Maßnahmen und Medikamente allenfalls die Selbstheilungskräfte des Kranken anregen und unterstützen können. In dem Krankenhaus-Kalauer «Wie geht es Ihnen heute?» – «Ich weiß es noch nicht, der Arzt war noch nicht da!» kommt zum Ausdruck, daß wir nicht gelernt haben, die Störung als etwas zu uns selbst Gehörendes positiv und produktiv anzunehmen. Anstatt nach den heilenden Kräften in uns zu suchen und ihnen zu vertrauen, sehen wir Krankheiten als vermeidbare Pannen, die der Arzt rasch beheben soll.

Erst in jüngster Zeit erkennen immer mehr Menschen, daß bei psychosozial bedingten Erkrankungen die kommerzielle Fünf-Minuten-Beratung in der Arztpraxis und die verschriebenen Medikamente fast gar nichts ausrichten. Sie erkennen in der Krise, daß das Leiden Gegenkräfte in ihnen mobilisiert. Sie suchen das Gespräch mit Freunden, lesen Bücher, in denen Menschen von ihren Erfahrungen mit schwierigen Situationen berichten. Viele lernen erstmalig in einer Krise, ihre Probleme in Worte zu fassen, dem Sinn der erlebten Störung nachzugehen, die eigene Schwäche anzunehmen und Widersprüche bewußt auszuhalten. Sie merken, daß bislang nicht genutzte eigene Kräfte verkümmert sind und daß es einige Zeit braucht, sie wiederzubeleben. Krisen und Krankheiten bringen oft einen produktiven, da selbstbestimmten Lernprozeß in Gang, der Arbeit, Geduld und Beharrlichkeit erfordert. Um diesen Entwicklungsprozeß durchzustehen, sind die Betroffenen auf die Unterstützung anderer angewiesen, vor allem deshalb, weil in der Krise die Kontinuität des Selbstverständnisses radikal in Frage gestellt wird und die drohende Preisgabe alles dessen, was die Person ausmacht, zu Entscheidungen zwingt, die für die Wendung der Krise unabdingbar sind, deren vorausgedachte Konsequenzen aber angst machen.

Entschlüsselung des Sinns einer Krankheit

Um selbstverantwortlich an meiner Gesundung mitzuwirken, muß ich meine Wahrnehmung qualitativ verändern: Schon Viktor von Weizsäcker (1949, 338 f) machte deutlich, daß jede Krankheit einen Sinn hat. Sie ist Ausdruck einer Lebenskrise, der sich der Mensch stellen muß und in deren Bewältigung er reifen kann. Er verwies darauf, daß in der organischen Krankheit auch der Körper «ein Wort mit*redet*»: «Seelisches drückt sich in der Körpersprache aus, Körperliches in der seelischen...»

Horn u. a. (1983, 32 f) sprechen davon, daß Kranke an einer Art «Politisierung ihrer Leiden» ein Interesse haben müßten. Damit sei die Rückübersetzung von Symptomen der Krankheit in die untereinander verquickten Ebenen der gesellschaftlichen Verhältnisse gemeint, die die Störung bedingen oder auslösen. Diese objektiven Entstehungszusammenhänge werden zumeist ebensowenig wie die subjektiven Erlebnisanteile des Erkrankten berücksichtigt. Viele Kranke schützen sich auf Grund ihrer inneren oder äußeren Lage davor, daß der in der Erkrankung versteckte Konflikt aufgedeckt wird. Dieser Widerstand geht eine unheilvolle Koalition mit dem Methodenritual in der herkömmlichen Medizin ein.

Die für die Entschlüsselung des Sinns von Erkrankungen erforderliche Auslegungskunst wird nirgends systematisch gelehrt und gelernt. So können wir noch keinen Blick dafür haben. Wahrnehmung ist immer selektiv und richtet sich danach, was wir bewußt oder unbewußt wahrnehmen wollen und verarbeiten können. So können wir auch die körperliche Krankheit als «kommunikative Äußerung» (Horn u. a. 1983, 46) ganz unterschiedlich deuten.

Es hat zwar eine «Übersetzung» vom psychosozialen Konflikt in ein körperliches Symptom stattgefunden, doch gibt das konkret feststellbare Erkrankungsgeschehen nicht so ohne weiteres seinen individuellen und sozialen Sinn preis. Diese Rückübersetzung aus der Symptomsprache in den persönlichen Sinnzusammenhang muß die Bedeutungen der Störung für die verschiedenen Lebensbereiche des Erkrankten berücksichtigen: Da ist das einzelne kranke Individuum mit seiner Lebensgeschichte und seiner besonderen körperlichen, seelischen und sozialen Situation. Da sind die Beziehungen, in denen diese Person lebt. Da ist die Familie. Da sind der Beruf und das medizinische Versorgungssystem.

Die Entzifferung der Organsprache, die Beobachtung, daß es sich auch bei mir so verhält, daß zum Beispiel «Herz und Kreislauf die körperlichen Ausdrucksorgane für unbewußt erlittene innere Angst» sein können (Brocher 1977,12), ergibt sich freilich nicht auf Anhieb. Da nach psychosomatischer Betrachtung Gesundheit und Krankheit grundsätzlich vor dem Hintergrund aller sozialen, psychosozialen und materiellen Beziehungen und Bedingungen gesehen werden, die den Alltag jedes Menschen prägen, erweitert sich die Krankheitsproblematik so stark, daß sie in mancher Hinsicht kaum mehr praktisch zu handhaben ist. Zu groß ist die Vielzahl bedeutsamer Faktoren, zu unbequem die Einsicht, daß jeder für sein Wohlbefinden selbst verantwortlich ist. Einfache Handlungsstrategien, die all die gewonnenen Forschungsergebnisse berücksichtigen und binnen kurzem Resultate versprechen, stehen kaum zur Verfügung.

Es bleibt nichts anderes übrig, als im praktischen Einzelfall die Einsichten der psychosomatischen Theorie wieder auf einfache Grundstrukturen zu reduzieren.

THEMATISIERUNG DER KRISE UND ENTSCHLÜSSELUNG IHRES SINNS

Alltagsbewußtsein

Meine Alltagsorientierung ergibt sich aus einem komplizierten Wechselspiel, in dem ich unaufhörlich meine Bedürfnisse mit den Anforderungen und Begrenzungen meiner Umwelt vermittle. Mit den meisten Anforderungen habe ich mich abgefunden. Es erscheint mir fast selbstverständlich, daß auf meine Bedürfnisse wenig Rücksicht genommen wird, wenn ich die Anforderungen im Beruf und im sozialen Umgang mit anderen zu erfüllen habe: «Mehr ist nun mal für mich selbst nicht drin...» Tag für Tag handle ich in dem Bewußtsein, mein Verhalten und Denken seien richtig, selbst dann, wenn ich etwas gegen meinen Willen und meine Überzeugung tun oder es hinnehmen muß, daß Dritte eine von mir als notwendig angesehene Handlung verhindern.

Indem ich im inneren Dialog Gespräche mit mir selbst führe, in denen ich mich gegen Dritte behaupte oder in dem ich dem Partner, Kollegen und Freunden gegenüber mein Handeln erläutere und verteidige, betreibe ich Selbstreflexion. Wir sind ständig gezwungen, in einem Prozeß der Selbstregulation unsere innere und die äußere Wirklichkeit in Beziehung zu setzen und diese Beziehung zu verarbeiten.

Identitäts- und Realitätsarbeit in Form der Selbstreflexion finden in der Gegenwart statt, oft genug nur einige Sekunden lang, die aber folgenreiche Wirkungen auf die Gestaltung unserer Zukunft haben können. Dabei beziehen wir immer die

Vergangenheit mit ein, um die von jetzt an zu bewältigenden Aufgaben lösen zu können. Mit meinen bislang erlernten und lebenslang verfeinerten Techniken der Selbstreflexion schaffe ich es zwar, mit der Realität außerhalb meiner selbst und mit den vielen Rollenanforderungen, die an mich gestellt werden, umzugehen, komme aber im Alltagsgeschäft viel zu selten zur wirklich gründlichen Verarbeitung meines Erlebens. Daher teilt diese permanente, weitgehend funktionale «Nebenbei-Reflexion» über weite Strecken «die Routine und Blindheit von Instinkthandlungen» (Schülein 1981, 943).

Entsteht nun in der Krise ein Problemdruck, kommt zunächst einmal das Alltagsbewußtsein «auf Touren». Es spult immer wieder die vertrauten Problemlösungen ab, auch wenn diese längst ihre befreiende und erneuernde Kraft verloren haben. So kommt es zum Beispiel in einer Beziehungskrise zum gegenseitigen Austausch von Vorwürfen, die sich inhaltlich ständig wiederholen, vermischt mit Selbstvorwürfen, ohne daß dieser ganze Aufwand an emotionaler und sozialer Energie verbesserte Bedingungen für die Beziehung schafft. Im Gegenteil: Die Basis des Miteinander wird noch weiter ausgehöhlt. Kränkungen schmälern den letzten Rest an Solidarität. Dies führt zu Resignation und zur scheinbar unausweichlichen Gewißheit, an dieser Beziehung sei «wirklich nichts mehr zu retten».

Emanzipative Selbstreflexion

Ist der Kreislauf von Schuldzuweisungen und Resignation dermaßen geschlossen, bedarf es konstruktiver Störungen von außen, um den sich selbst bestätigenden Regelkreis zu durchbrechen und dem Nachdenken der beiden Beteiligten auf der Suche nach neuen Formen der Gemeinsamkeit eine

Richtung zu weisen. Erkennen sie, daß ihnen ein solch hilfreicher Dienst von außen, zum Beispiel in einer Ehe- und Fa-
milientherapie, angeboten wird, und nehmen sie die dort zu
erwartende Infragestellung ihres Beziehungskonzepts und
ihres jeweiligen Verhaltens in Kauf, erwächst ihnen die
Chance, aus dieser angeleiteten Auseinandersetzung mit sich
selbst und mit ihren Umweltbedingungen verändert hervor-
zugehen. Sie lernen, den unbewußten Motiven, Wünschen
und Phantasien hinter ihrem Verhalten, ihren Empfindungen
und Denkweisen auf die Spur zu kommen und deren Bedeutung zu erkennen.

Die Ehe- und Familienberaterin greift nicht in die «ver-
korkste» Beziehung ein, um sie als Expertin auf wundersam
magische Weise neu zu kräftigen und zu beleben, sondern die
eigentliche Arbeit haben die beiden Ratsuchenden selbst zu
leisten. Die Expertin rät ihnen, die Krise bis zu ihrem Ende
durchzuhalten und als Chance zur Fortentwicklung ihrer Beziehung zu verstehen. Sie gibt lediglich Anregungen zu einer
qualitativ anderen Form der Selbstreflexion und lädt dazu
ein, den Sinn der Krise zu ermitteln und die sozialen Bedingungen des Handelns anders als bisher begreifen zu lernen.
Dem alltäglichen Strom der Gedanken setzt sie bestimmte
Hindernisse in Form wissenschaftlich gewonnener Fragen
und Einsichten entgegen, wodurch eine andere Dynamik,
eine andere Fließrichtung entsteht. Um bei diesem Bild zu
bleiben: Der Strom kann in dieser Engführung eine unerwartete Kraft entwickeln.

Stoße ich bei dem solcherart angeleiteten, neu strukturier-
ten Nachdenken über die Krise, in der ich mich befinde, auf
bestimmte gesellschaftliche, körperliche oder seelische Faktoren, die mein Leiden verursacht haben könnten, ergeben
sich auch rückwirkende Prozesse. Meine neuen Wahrnehmungen und Bewertungen und die sich daraus ergebenden
Handlungsalternativen drängen mich dazu, Vergangenes von
neuem und anders als bisher zu interpretieren. Indem ich
mich auf Deutungsmuster und Verhaltensweisen besinne, die

für mich heute nicht mehr gültig sind, kann ich erkennen, daß sie nicht als zufällige Irrtümer abzutun sind, sondern im jetzt rückwärts gedeuteten Zusammenhang ihren Sinn gehabt haben müssen. Indem ich mir und anderen das damalige Verhalten erläutere, lege ich ihm einen geschichtlichen Sinn bei, bin dadurch in der Lage, mich zu distanzieren, und kann mir darüber klarwerden, in welche Richtung meine heutige Entwicklung gehen sollte.

Anregungen zur gezielten Selbstreflexion brauchen sich aber nicht nur in einem eigens verabredeten therapeutischen Arrangement zu ergeben. Sie können auch von scheinbar zufälligen Informationen im Fernsehen oder in einer Zeitschrift, aus dem Gespräch mit Freunden oder aus Einsichten bei der Lektüre eines (zum Beispiel dieses) Buches ausgehen.

Im folgenden Teil wird eine ganze Reihe solcher konkreten Vorschläge zur gezielten Identitäts- und Realitätsarbeit in Form angeleiteter Selbstreflexion bereitgestellt. Sie bieten Ihnen die Möglichkeit, das alltägliche Nachdenken über sich selbst bewußt auf jene Stufe zu heben, die J. A. Schülein als «emanzipative Selbstreflexion» bezeichnet. Sie verändere die subjektive wie soziale Wirklichkeit qualitativ: «Der höhere Erkenntnisgehalt des Bewußtseins läßt die Möglichkeiten und Grenzen von Handeln deutlicher werden, Handeln wird kompetenter, wenn der Handelnde sich der subjektiven und objektiven Bedingungen bewußt ist, Interaktionssysteme werden transparenter (und weiten sich aus), wenn Regeln bekannt und aktiv beeinflußbar sind» (Schülein 1981, 945).

Die emanzipative Selbstreflexion richtet sich auf mich selbst und die soziale Wirklichkeit, deren Teil ich bin. Beides ist untrennbar miteinander verbunden. Es geht darum, Sinn herzustellen und mein zukünftiges Handeln zu bestimmen.

Der Sinn, den ich – als Ergebnis meines Nachdenkens – einer Äußerung, einem Ereignis, einer Handlung gebe, hängt immer mit der eigenen Identität zusammen: «Das hat keinen Sinn für *mich*.» Diese Auslegungsarbeit mit Hilfe angeleiteter

Selbstreflexion geschieht nicht um ihrer selbst willen, sondern ist darauf ausgerichtet, die Ausgangslage meines zukünftigen Handelns abzuklären und neu einzuschätzen.

Eines muß ich freilich einschränkend betonen: Auch die bewußte Selbstreflexion bleibt ein stets unabgeschlossener Prozeß, offen für alle möglichen Irrtümer, Mißverständnisse und Denkfehler. Ich bewege mich während des Nachdenkens nicht in einem von aller Erdenlast befreiten Vogelflug über der Lebenswirklichkeit, die ich analysiere. Die Wahrnehmung auch bislang wenig reflektierter Lebensbedingungen geschieht in den Grenzen erlernter sozialer Deutungsmuster. Dadurch, daß ich diese Begrenzung mitreflektiere, eröffnet sich mir die Möglichkeit, mein Verhalten in der Krise und mein Verständnis von ihr als geschichtlich bedingt und an den Interessen anderer orientiert zu erkennen. Diese kritischen Erkenntnisse schaffen Distanz und erlauben es, sich nach hilfreicheren Deutungsmustern umzusehen und bewußt ein anderes als das bisherige Handeln auszuprobieren.

Krise als Aufbruch
Ein Arbeitsprogramm zur
praktischen Krisenbewältigung

«Alles, was ich sage, sei Gespräch.
Nichts davon sei ein Rat.
Ich spräche nicht so kühn,
wenn man mir folgen müßte.»

Erasmus von Rotterdam

Ich-Identität, das ist die Wunschvorstellung, immer mit mir selbst übereinzustimmen, in welchen Situationen und Auseinandersetzungen auch immer. In Zustimmung und Ablehnung für andere interessant zu bleiben, ohne «meine Mitte» zu verlieren, dieses Idealbild meiner selbst kann ich immer nur punktuell verwirklichen.

In der Krise scheinen mir diese kreativen Möglichkeiten der Selbstbestätigung vollends genommen zu sein. Die mir abverlangten Anpassungsleistungen überfordern mich. Ich kann in meinem Verhalten keine Kontinuität mehr erkennen. Die Außenwelt erscheint bedrohlich, der Rückzug ins Innere macht nicht minder depressiv. Ich fühle mich ausschließlich zum Objekt gemacht. Mein Spielraum, als Subjekt handeln, entscheiden und dem Druck widerstehen zu können, erscheint (vgl. das Schaubild auf der nächsten Seite) fast auf Null reduziert: Wie kann es gelingen, als Subjekt des Fühlens, Denkens, Wollens und Handelns wieder stärker zu werden? Gibt es irgendeine Methode, mich mit garantiertem Erfolg von der Krise, die mich «im Griff» hat, zu befreien?

Das Wort «Methode» kommt vom griechischen *methodos* (= Weg). Wir wählen oder entwickeln *Methoden* immer im Hinblick auf ein bestimmtes, vorher ausgemachtes *Ziel*. Das Ziel muß erreichbar sein. Der Weg muß zu dem angestrebten Ziel führen und für uns begehbar sein.

In der Krise haben Sie sicherlich das Ziel, die sie bedrängende Unruhe so rasch und nachhaltig wie möglich hinter sich zu lassen und Ihre alte Entschlußkraft und Selbstsicher-

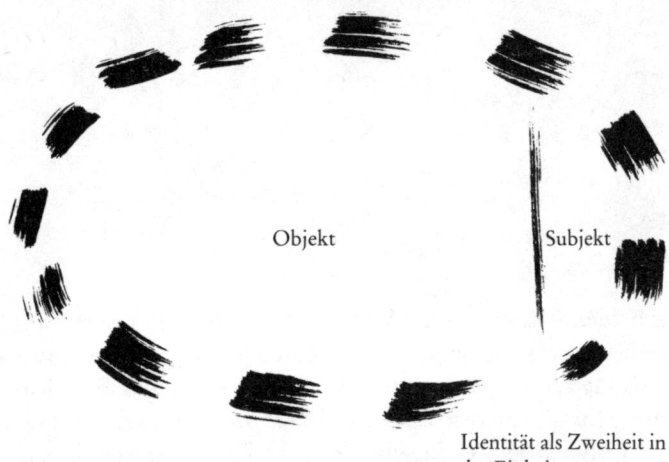

Objekt   Subjekt

Identität als Zweiheit in
der Einheit

heit wiederzugewinnen. So verständlich dieser Wunsch auch
ist, so unbekannt sind Bewältigungsstrategien, die automatisch dieses Ergebnis herbeizaubern. Alle Formen der Krisenbewältigung, die ich Ihnen im folgenden vorschlage, können
nur Wege in eine unbekannte Zukunft sein, Wege, die Sie erst
im Gehen kennenlernen, die Mühe machen und deren Wert
für die Klärung des aktuellen Konflikts mitunter nicht sofort
einleuchtet.

Mehr noch: Der Weg dahin, die Krise zu überwinden, ist
genauso wichtig wie das Erreichen des Ziels, geht es doch
darum, Schritt um Schritt mehr Subjekt des eigenen Wollens
und Handelns zu werden. Alle vorgeschlagenen Arbeitsformen setzen auf Ihre eigene Kraft im Zusammenhang emotionaler und sozialer Unterstützung durch andere. Es kommt
darauf an, sich die Krise und ihren Bedingungszusammenhang gedanklich anzueignen, um selbst wieder zum Subjekt
von Veränderungsprozessen zu werden, mit denen Sie Ihren
Wünschen und Bedürfnissen Rechnung tragen. Den Sinn der
Krise für Ihren Lebenszusammenhang kann Ihnen kein

Fremder sagen. Sie müssen ihn selbst herausarbeiten. Sie selbst müssen das Dunkel aufhellen und Klarheit in die Unbestimmbarkeit dessen bringen, was Ihnen in der Krise widerfährt.

Schlagen Sie doch bitte noch einmal das letzte Schaubild auf: Das Unterfangen, als handelndes Subjekt Ihren Spielraum zu vergrößern, beginnt damit, daß Sie die Krise und ihre Bedingungen mit einem Netz von Fragen überziehen, um sich in ein praktisch-tätiges, aktives, erkennendes Verhältnis zu der Sie bestimmenden Krisensituation und der Sie umgebenden Welt zu setzen. Die Krise wird zum Objekt von Nachforschung und Denkarbeit. In diesem Aneignungsprozeß können Sie einiges allein für sich herausfinden, sind Sie aber zugleich auf die Unterstützung anderer angewiesen. Schritt um Schritt geht es darum, die belastende Situation nicht

An Sich.

Sey dennoch unverzagt. Gieb dennoch unverlohren.
Weich keinem Glücke nicht. Steh' höher als der Neid.
Vergnüge dich an dir / und acht es für kein Leid /
hat sich gleich wieder dich Glück' / Ort / und Zeit verschworen.
   Was dich betrübt und labt / halt alles für erkohren.
Nim dein Verhängnüß an. Laß' alles unbereut.
Thu / was gethan muß seyn / und eh man dirs gebeut.
Was du noch hoffen kanst / das wird noch stets gebohren.
   Was klagt / was lobt man doch? Sein Unglück und sein Glücke
ist ihm ein ieder selbst. Schau alle Sachen an.
Diß alles ist in dir / laß deinen eiteln Wahn /
   und eh du förder gehst / so geh' in dich zu rücke.
Wer sein selbst Meister ist / und sich beherrschen kan /
dem ist die weite Welt und alles unterthan.

nur als veränderungsbedürftig zu erkennen, sondern das als wichtig Erkannte auch zu wollen und es handelnd durchzusetzen, gemeinsam mit anderen. Von Mißerfolgen können Sie nur dann sprechen, wenn Sie von vornherein die Leistungsziele zu hoch angesetzt haben. Die Aufgaben, die Sie sich stellen, sollten nicht zu leicht und nicht zu schwer sein. Sie können Ihr Anspruchsniveau Schritt um Schritt erhöhen.

SCHREIBEN, ZEICHNEN, SPRECHEN

Um den Leidensdruck in der Krise zu mindern, muß es zum einen darum gehen, *Verfahren der Entspannung* zu erlernen, sie beständig zu üben und anzuwenden. Dazu gehören etwa autogenes Training, andere Entspannungs- und Meditationstechniken, Sport und Betätigungen, die den ganzen Körper betreffen. Sie nehmen damit Ihre eigene Erfahrung ernst, daß körperliche Aktivierung und psychisches Wohlbefinden eng aufeinander bezogen sind. Zu solchen Verfahren finden Sie in jedem Buchladen vielfältige praktische Anleitungsliteratur.

Da es vor allem aber darum geht, die Krise in ihrem lebensgeschichtlichen und gesellschaftlichen Entstehungszusammenhang zu analysieren und herauszufinden, welche Veränderungen der Lebenspraxis sich aus dem intensiven Nachdenken über mich und die Realität um mich herum ergeben, sind *aufdeckende Verfahren der Selbstreflexion, Selbstanalyse und produktive Verfahren der Entscheidung für ein neues Handlungskonzept* nötig. Solche Arbeitsschritte sind methodisch recht gut planbar. Alle Anleitungen in den folgenden Kapiteln sind als Anregungen zu solcher Identitäts- und Realitätsarbeit gedacht, denn Identität drückt sich vor allem in dem Gefühl aus, «mir selbst gegenüber kein Fremder, sondern ein Mit-mir-bekannt-Gewordener zu sein» (Mitscherlich 10/1971, 129).

Die von mir vorgeschlagene Arbeit soll Entscheidungen und praktisches Handeln vorbereiten helfen. Sie sollten sich ganz bewußt Ihrer persönlichen Identität vergewissern, damit Sie sich von einer breiten Basis von Kenntnissen über sich selbst in unbekanntes Gelände vorwagen können. Der Blick zurück gilt der eigenen Kindheits- und weiteren Entwicklungsgeschichte, um die heutige Selbsteinschätzung um die Kenntnis ihrer Entstehung zu bereichern.

Neben die gezielte Beschäftigung mit der persönlichen Identität tritt die Wahrnehmung der unterschiedlichen Gruppen-Identitäten. Hier geht es um die eigene Kontinuität im Wandel der Zugehörigkeit zu unterschiedlichen sozialen Gruppen: zur Ursprungsfamilie der Eltern, Großeltern und Geschwister, zur heutigen eigenen Familie, zum Partner und zu Kollegen einschließlich der Normen, die in diesen verschiedenen Gruppen jeweils herrschen. Alle diese Gruppen, denen ich angehöre, repräsentieren nur wieder einen kleinen Teil der gesamten gesellschaftlichen Wirklichkeit in der Totalität von wirtschaftlichen, politischen, sozialen und kulturellen Abläufen und geschichtlich bedingten Veränderungen, in die ich eingewoben bin (soziale Identität).

Die Sprache als magisches Medium

Psychotherapeuten klagen heute über eine «neue Sprachlosigkeit». Sie beobachten, daß viele jüngere Leute – beispielsweise in einer Beziehungskrise – unfähig zu sein scheinen, die emotionalen Erlebnisse, die diese Störung in ihnen auslöst, miteinander zu besprechen. Eine solche Entwicklung ist für unseren Zusammenhang folgenschwer: Von klein auf sind fast alle Deutungsvorgänge in unserem Leben sprachlicher Art. Als Kinder erwarben wir mit der Sprache zugleich eine Systematik von Namen und Begriffen. Wir eigneten uns mit der Sprache gegenständliche Vorstellungen und soziale Deutungsmuster an, erlebten die Anforderungen der Umwelt in sprachlicher Form und gestalteten kraft unserer inneren und äußeren Anschauung ein Weltbild, das zwar ständigen Veränderungen unterlag, immer aber in sich komplett war. Die Zuwendung der Mutter und anderer Personen, die uns liebten oder uns ärgern wollten, uns bewußt oder unbewußt förderten, straften und behinderten, waren zum großen Teil sprachlicher Art.

G. Gawlik (1961, 920f) spricht daher von der Sprache als «fundamentaler Struktur des Menschseins». Sprache gehöre ebenso zum Wesen des Menschen wie die Vernunft. Sie könne davon gar nicht getrennt werden. Sprachloses Denken sei genauso eine Abstraktion wie Sprechen, bei dem nicht gedacht werde. Der Gedanke komme erst im Ringen um die sprachliche Form zu voller Klarheit. So bringen sich Denken und Sprechen gegenseitig hervor und verweisen aufeinander.

Alles Sprechen setzt einen verstehenden Hörer voraus. In der Sprache geben wir Versprechen und Befehle, äußern Wünsche und Bitten. Mit sprachlichen Mitteln lernen wir, zu täuschen und zu lügen. Zugleich und ebenso ursprünglich ist Sprache unser Medium, um unser Inneres zum Ausdruck zu bringen, um Gefühle, Stimmungen und Willensregungen zu offenbaren. Sie ist eine Form der Kundgabe, die von dem Druck des Erlebens befreit (Erzählen), nicht nur Ausdruck, sondern auch Bewältigung: Im Benennen der Dinge beantwortet der Mensch den Anspruch der Welt und bannt sie mit einer ans Magische grenzenden Kraft in die Vertrautheit und Verfügbarkeit.

Die Schrift steigert die Möglichkeiten der Sprache, sprengt die engen Grenzen, die durch die kurze Dauer des Lautes gesetzt sind. Darstellung durch Schrift befreit in gleicher Weise wie die Äußerung im Wort. Diesem Gewinn steht gegenüber, daß mit ihr die zusätzlichen Ausdrucksmöglichkeiten, die der mündlichen Rede zugehören (Tonfall, Sprechstärke, Mienenspiel, Gestik), verlorengehen. Dies nötigt beim Schreiben zu differenzierter sprachlicher Gestaltung: Alles, was in der mündlichen Rede durch die Situation gegeben und durch außersprachliche Mittel ausgedrückt war, muß in der Schrift allein durch Worte vermittelt werden – ein Anspruch, der zwangsläufig zur Vermehrung und Verfeinerung der sprachlich-begrifflichen Ausdrucksmittel führt.

Gespräche

Alle Arbeitsvorschläge in diesem Buch basieren auf dem Vertrauen in Ihre Möglichkeiten, zur Aufklärung, Deutung und Bewältigung der Krise durch Niederschriften und Gespräche Entscheidendes beizutragen:

o Ich werde Ihnen vorschlagen, in frei assoziierender oder themenzentrierter Arbeit unbewältigte Situationen durch angeleitete Selbstreflexion zu strukturieren und über Selbstaufschreibungen und Zeichnungen zu ersten Einsichten zu gelangen. In Zeichnungen und Niederschriften machen Sie das, was Sie belastet, anschaulich und bringen es «zur Sprache». Indem Sie sich über Erlebnisse und Entwicklungen bewußt werden, machen Sie sie zu Erfahrungen, mit denen Sie umgehen können.

o Die zeichnerischen und sprachlich-schriftlichen Erkundungen sind in allen Fällen nur Vorbereitung für ein Gespräch über das Problem. Wenn ich einem anderen über mein Problem berichten will, muß ich es für ihn und für mich selbst durchstrukturieren. Sprechend und argumentierend entwickle ich oft Lösungssätze.

Vielleicht gilt jetzt Ihr erster Gedanke möglichen Gesprächspartnern: Sie müssen Sie als Person achten, Ihnen offen und echt begegnen, bereit sein, sich in Ihren Konflikt einzufühlen und geduldig, aber gleichwohl aktiv zuzuhören, wenn Sie über Ihre Probleme sprechen. Andererseits erwarten sie von Ihnen, daß Sie an der Aufklärung der gesellschaftlichen Ursprünge Ihrer Störung mitarbeiten wollen. Alle diese berechtigten Erwartungen an den idealen Gesprächspartner werden Sie selten in einer einzigen Person erfüllt finden, so daß Sie mehrere Partner für Ihre unterschiedlichen Gesprächsbedürfnisse suchen müssen.

Vielfach entwickeln sich aber auch Mitmenschen erst in dem Augenblick zu geeigneten Gesprächspartnern, wenn *Sie* den Mut haben, sich dem anderen in einem spontan zustande kommenden Gespräch über Ihre Krise zu öffnen und rückhaltlos mitzuteilen. Schon im Aussprechen von Erlebnissen und Erfahrungen, die mich belasten, trenne ich mich von ihnen, verringere ich den Druck. Ich fühle mich erleichtert. Im Gespräch akzeptiere ich die eigenen Erfahrungen als zu mir gehörig und distanziere mich gleichzeitig von ihnen. Durch meine Offenheit entsteht ein Klima von Vertrauen, Nähe und Furchtlosigkeit zwischen den am Gespräch Beteiligten. Ich gewinne durch meine Selbstöffnung die Achtung und deutliche Zuneigung des anderen, da er auf mich und die geschilderten Probleme eingehen kann.

Im folgenden Teil des Buches finden Sie Arbeitsvorschläge dazu, wie Sie in sich selbst hineinhorchen und sich mit Ihrem Erleben, Ihren Gefühlen, Ihrer Lebensgeschichte, Ihren wechselnden Lebensbedingungen und heutigen Erfahrungen aktiv auseinandersetzen können. Sie stellen sich den Fragen am besten zunächst allein für sich und suchen danach das Gespräch mit anderen, mit denen Sie schwer einschätzbare Sachverhalte und Entscheidungsmöglichkeiten abwägen und diskutieren.

Zeichnen

Gehören Sie schon zu den Menschen, die, wenn sie anderen etwas erklären wollen, dies gern an Hand von Strichmännchen und einfachen Symbolen in Skizzen und Bildern tun? Wenn ich sage: «Das ist mir jetzt anschaulich geworden», dann meine ich: Ich habe diesen Sachverhalt verstanden. «Anschaulich» hat oft sehr viel mit «verständlich» zu tun. Wir können die zeichnerische Umsetzung geistiger Tätigkeiten (Strukturieren, Analysieren, Ableiten, Auswählen, Zusammenfassen, Vergleichen, Urteilen, Gliedern, Vereinfachen, Ordnen) in Zeichnungen und Bildern als zusätzliches Mittel in der Auseinandersetzung mit der Krise nutzen.

Probleme treten durch die bildliche Darstellung oft deutlicher als in Worten zutage. Sie machen sich selbst Zusammenhänge und Beziehungen sichtbar, Sie strukturieren komplizierte Zusammenhänge in einfachen Zeichnungen. Bei all dem kommt es überhaupt nicht auf ästhetische Vollkommenheit an, sondern es geht nur darum, mit den einfachsten zeichnerischen Mitteln (Strichen, Linien, Umrissen, Pfeilen, hinzugefügten Benennungen etc.) Abstraktes verständlich zu machen.

Selbstaufschreibung

Ich schlage Ihnen im folgenden unterschiedliche Formen angeleiteter Selbstreflexion als Selbstaufschreibung vor. Vermittels dieser schriftlichen Auseinandersetzung mit «fremden» Fragen können Sie eventuell die Konfliktkonstellation Ihrer Krise herausarbeiten und weiterführende Gespräche mit Dritten vorbereiten.

Blaise Pascal (1623–1662): «Man muß sich selbst kennen: dient das nicht dazu, die Wahrheit zu finden, so dient es zumindest dazu, unser Leben zu leiten, und Richtigeres gibt es nicht.»

Michel Eyquem Seigneur de Montaigne (1532–1592): «Mit der Selbstbeschreibung läßt sich keine andere Art der Beschreibung vergleichen, weder an Schwierigkeit noch an Nützlichkeit.»

Wilhelm Dilthey (1833–1905): «Die Berichte einer Psyche über ihre eigenen Angelegenheiten haben eine Gewißheit an sich, die der höchsten Gewißheit weit überlegen ist…»

Die Psychoanalytikerin Gertrude R. Ticho definiert Selbstanalyse als «Selbstbeobachtung, Selbsteinsicht und freien Zugang zum eigenen Unbewußten», als Voraussetzung für die «Fähigkeit… Signale eines unbewußten Konfliktes… wahrzunehmen, frei zu assoziieren… auf das Verständnis der Bedeutung eines unbewußten Konfliktes… warten zu können, ohne enttäuscht aufzugeben», um schließlich «der gewonnenen Einsicht zu folgen und eine Änderung an sich selbst herbeizuführen» (zitiert nach: Thomas 1986, 1–9, 15).

K. Thomas, der für die Patienten der Ärztlichen Lebensmüdenbetreuung Berlin die Selbstaufschreibung unter der Bezeichnung «Selbstanalyse» als Form der «heilenden Biographie» entwickelt und vielfach erprobt hat (Thomas 1986), sieht in diesem Verfahren wesentliche Vorteile. Fast immer sei der Betroffene zu sich selbst ehrlicher als zum Therapeuten. In der Selbstanalyse sei er auf die meist verkümmerte Fähigkeit zur Selbstbeobachtung angewiesen, die den analytischen Vorgang ausschlaggebend fördere. Es komme darauf an, möglichst spontan, ohne Rücksicht auf Logik oder gar wissenschaftliche Systematik alle Gedanken, Einfälle und Emotionen aufzuschreiben und Schlußfolgerungen daraus zu ziehen.

Thomas zufolge soll die Selbstanalyse vor allem zwei Personengruppen dienen: Zum ersten gesunden Menschen, denen sie durch eine vertiefte Selbsterkenntnis ein Stück weit dazu verhelfen kann, bewußter und intensiver an der Umwelt Anteil zu nehmen, Erlebnisse nachträglich besser zu verstehen, aus Fehlern zu lernen, ihren Lebensplan und Lebenssinn herauszuarbeiten. Zum zweiten sieht er in der Selbstanalyse für viele neurotisch kranke Menschen einen «Notbeistand».

Thomas rechnet die Selbstanalyse zur sogenannten Tiefenpsychologie, da sie in erster Linie den unbewußten Bereich seelischen Erlebens systematisch erforscht. Zum einen sei sie beheimatet «im gesunden Bereich in der vertieften Besinnung, Erinnerung, der Rechenschaft einer Lebensbilanz mit Folgerungen, Entschlüssen und Entscheidungen, mit Einsichten, Klarheiten und Plänen». Zum anderen reiche sie hinein in die «Weite der vergessenen, versunkenen, verdrängten Erlebnisinhalte längst vergangener und überwunden geglaubter Kränkungen und seelischer Verletzungen». Sie decke «die verschütteten Ursprünge quälender Spannungen, neurotischer Hemmungen, verborgener Ängste, bedrohlicher Aggressionen, störender Mißstimmungen … usw. auf» und trage damit zur Wiederherstellung der seelischen Gesundheit und der Arbeitsfähigkeit bei (Thomas 1986, 16).

Thomas denkt grundsätzlich an eine ärztliche An- und Einleitung zur Selbstanalyse: Der Patient sucht den Arzt in regelmäßigen Abständen oder nach Bedarf auf und bespricht mit ihm seine Aufzeichnungen. Die zwar ärztlich angeregte, aber selbständig durchgeführte Selbstanalyse komme dagegen nur für seelisch gesunde Menschen in Frage. Thomas betont, daß seelisch Erkrankte, die anstelle psychotherapeutischer Behandlung Selbstanalyse betreiben, sich damit schaden können, wenn sie zum Beispiel verborgene Konflikte und Ängste aufdecken, deren Ausbrüchen sie nicht gewachsen sind. Neurotisch Kranke sollten ohne ärztliche Verordnung, Anleitung und Begleitung die von ihm vorgeschlagenen Übungen nicht durchführen. Thomas bezweifelt, daß bei fehlender Verbindung zum Arzt eine Selbstanalyse im eigentlichen Sinne überhaupt zustande komme. Doch auch eine vertiefte Selbsterkenntnis und eine Arbeit am eigenen Charakter, die im rationalen Bereich verhaftet blieben, trügen einen erheblichen Wert in sich selbst.

Die von mir vorgeschlagenen Übungen der schriftlichen und zeichnerischen Selbstvergewisserung haben einen anderen Erfahrungshintergrund. Ich bin weder Arzt noch Psychotherapeut. Ich habe seit Jahren sowohl in der Erwachsenenbildung wie in Lehrveranstaltungen an der Universität intensive Arbeitsformen der Selbstvergewisserung erprobt. Um die theoretisch so einleuchtende Rede von der emanzipativen Selbstreflexion praktikabel zu machen, habe ich eine Reihe von bewährten Arbeitsformen der Interaktionspädagogik überarbeitet und für unseren Zusammenhang weiterentwikkelt, aber auch viele Arbeitsvorschläge selbst entworfen.

Im folgenden biete ich diese Anleitungen in Form eines gegliederten Arbeitsprogramms dar. Bei jeder Einzelübung kommt es auf zwei Schritte an: Immer geht es zunächst um eine intensive Selbstvergewisserung, deren Ergebnisse und offen gebliebene Fragen Sie dann im Gespräch mit vertrauten Personen oder professionellen Helfern weiter klären können.

Auch für die von mir vorgeschlagenen Selbstaufschreibungen gilt, was Klaus Thomas für seine etwas anders angelegte Selbstanalyse empfiehlt (1986, 22 ff):

o Sie sollten regelmäßig schreiben. Mindestens drei, besser vier bis fünf Stunden wöchentlich zu festgesetzten Terminen sind erforderlich. Diese «Sprechstunden mit dem Ich» kosten nur die eigene Zeit.

o Sie sollten die Niederschriften vor dem Zugriff anderer schützen und sie nur Menschen zeigen, auf deren Vertrauenswürdigkeit und Verschwiegenheit Sie sich verlassen können.

o Sie sollten alles aufschreiben, was Sie innerlich drängt, was «heraus will», womit Sie sich äußerlich und innerlich beschäftigen, was nach Klärung verlangt.

- Sie sollten vor allem das aufschreiben, was Sie auf Anhieb nicht aufschreiben wollen.
- Sie sollten auch scheinbar sinnlose und vermeintlich nichtssagende Einfälle notieren.
- Sie sollten Ihren Affekten freien Lauf lassen! Das heißt: Drücken Sie alle Ihre Gefühle, vor allem aber die als negativ erlebten Empfindungen aus.
- Geben Sie Ihren Aggressionen Ausdruck!
- Sie sollten alle Unklarheiten als Fragen niederlegen. Nur die Fragen verhelfen zur Besinnung und Erinnerung. Vor allem erlauben sie eine gründliche Vorbereitung auf Gespräche mit Dritten.

Eine Warnung

Es kann sein, daß bei den Selbstaufschreibungen das Ich Amok läuft! Sind Sie bereit, das Risiko selbst erzeugter Verunsicherungen auf sich zu nehmen? Gezielte Selbstreflexion in der Krise als einer Phase großer Verletzlichkeit verstärkt zunächst die Unsicherheit, indem Sie Denk- und Handlungsweisen, die Sie bislang absicherten und schützten, einer kritischen Prüfung unterziehen. Wenn bei der Erkundung im Zuge der Identitätsarbeit alte, seit langem verdrängte Konflikte und Probleme aufsteigen und Ihnen Schlaflosigkeit und Depressionen bescheren, sollten Sie unbedingt das Gespräch mit solchen Freunden, gegebenenfalls auch mit Fachleuten (Therapeuten), suchen, die Sie als stützende und verstärkende Begleiter ansehen.

«Assoziative Selbstaufschreibung»

Ziel: Mit Hilfe der täglich praktizierten, frei assoziierenden Selbstaufschreibung sollen Ängste und Depressionen abgebaut werden.

Begründung: E. P. Farrow, der dieses Verfahren entwickelt hat, geht davon aus, daß der menschliche Geist «ein geschlossenes Querverweisungssystem» ist, in welchem nichts Wichtiges verschwindet und alles Wesentliche früher oder später zur Sprache kommt. Wer seinen freien Einfällen nachgebe, so Farrow, «schreibe sich gesund»: «Man lasse alle Gedanken *unwillkürlich* aufsteigen und schreibe sie so geistesabwesend wie rückhaltlos nieder, seien sie auch noch so schmerzlich oder widersinnig. Unwillkürliche Gedanken geben wertfreie Auskunft über uns; ihre Herkunftsstätte untersteht nicht unserer Aufsichtspflicht; unbewußt Gedachtes gehorcht uns nicht und ‹gehört› uns nicht eigentlich; wissenschaftlich gesehen ist es daher ‹unpersönliches› Gedankengut.» Farrow möchte das Unbewußte («Der Seelengrund gleicht einem Keller, in dem Kuriositäten abgelagert sind») mit seiner Methode «entrümpeln» (Farrow 1984, 63 f, 67).

Zeit: Eine Stunde, am besten abends, allein für sich, ohne Familie, Fernsehen und Alkohol.

Material: Ein Packen Papier und Schreibstift.

Anleitung: Laut Farrow kommt es darauf an, entspannt an die Arbeit zu gehen, sich dafür einen bequemen, ungestörten Platz zu suchen und nun alles niederzuschreiben, was einem von Minute zu Minute in den Sinn kommt. Das ist das ganze Geheimnis der Methode. Sie halten den Strom der Gedanken in seiner ganzen Fülle schriftlich fest: Absurdes, Belangloses, Peinliches, Unerhörtes, Unanständiges. Gehen Sie jedem Nebengedanken nach. Immer neue Assoziationszusammenhänge tun sich auf. Notieren Sie sie. Farrow geht davon aus, daß die schriftlich-assoziative Aufarbeitung bestimmter Hemmungen stets die Ablösung der mit ihnen «verlöteten

Gefühle» bewirke. Wenn der Assoziationsfluß während des Schreibens mit einemmal unterbrochen wird, sollten Sie auch dies notieren, etwa so: «Mir fällt nichts ein.» Oft löst genau ein solcher Satz die Blockierung, und es kommen Gedanken, die es festzuhalten gilt.

Auswertung: Farrow meint, es sei keinerlei Auswertung nötig.

Erfahrungen: Die Selbstaufschreibung ermöglicht es Ihnen, in der freien Assoziation dem Papier wichtige, intime und empfindliche Punkte und Aspekte Ihres Lebens anzuvertrauen. Ich habe diese Übung wochenlang durchgeführt. Am ersten Abend brachte ich es auf dreizehn Seiten, dann pendelte sich der Umfang auf zehn bis elf Seiten ein. Meine Auswertung sah so aus, daß ich nach einiger Zeit alle Niederschriften durchsah und spontan feststellte, daß eine Reihe von Tendenzen und Themen immer wieder auftauchte. Diese Themen nahm ich dann zum Gegenstand der im folgenden geschilderten themenzentrierten Selbstaufschreibung.

«Thematische Erkundung»

Ziel: Lebensgeschichtliche Ermittlung zu einem bedeutsamen Bereich Ihres Selbstverständnisses.

Begründung: Frühkindliche Prägungen bestimmen unser Fühlen, Denken und Handeln ein Leben lang. Um Distanz zu ihnen zu gewinnen, muß ich ihre Geschichte aufarbeiten.

Zeit: Eine Stunde, ohne Störungen, ohne Alkohol.

Material: Ein Packen Papier und Schreibstift.

Anleitung: Im Gegensatz zur Selbstaufschreibung nach Farrow geht es hier nicht um die Niederschrift freier Einfälle. Die Aufgabe besteht darin, die soziale Entstehungsgeschichte eines als belastend empfundenen Konflikt-Themas zu rekonstruieren. Sie sollten versuchen, sich zu erinnern, wann dieses Thema in Ihrer Kindheit zum erstenmal wichtig wurde. Darauf aufbauend verfolgen sie dieses Thema chronologisch in allen bisherigen Lebensstufen bis zum heutigen Tag weiter. Schreiben Sie die entsprechenden Erlebnisse auf, und kommentieren Sie sie dann (was Sie dabei gefühlt und was Sie gemacht haben). Versuchen Sie vor allem, sich in die unterschiedlichen Interessen und Bedürfnisse der Personen einzufühlen, die an diesen Erlebnissen beteiligt waren oder es immer noch sind. Wie haben Sie und diese Menschen in den rekonstruierten Konflikten Bedürfnisse vertreten und durchgesetzt beziehungsweise zurückgehalten? Gehen Sie auch der Frage nach, welche gleichbleibenden Tendenzen Sie in allen notierten Erlebnissen durchgängig feststellen können.

Auswertung: Gespräch über diese thematische Selbstaufschreibung mit vertrauten Personen, eventuell mit Geschwistern.

Erfahrungen: Meine erste und wichtigste Erfahrung mit dieser Selbstaufschreibungsmethode machte ich in der eingangs beschriebenen Krise. Ich erkannte, daß – bislang unbewußt – Leistung eine sehr wichtige Rolle in meinem Leben gespielt haben mußte. Ich schrieb daraufhin alles auf, was mir zu diesem Thema einfiel und verabredete mich mit einem Freund, um ihm die Ergebnisse meiner sechzehnseitigen Niederschrift auf einem Spaziergang vorzutragen. Als ich dies versuchte, brach mir die Stimme – ein Zeichen dafür, wie emotional hochbesetzt das Leistungsideal für mich war. Es entwickelte sich ein sehr langes und gutes Gespräch, in dem ich dem Freund frei erinnernd das mitteilte, was ich ihm eigentlich hatte vorlesen wollen.

Bezogen auf meine Auseinandersetzung mit der Norm «Leistung» ergaben sich aus der Niederschrift und dem Gespräch bestimmte Entscheidungen: Ich beschloß, nicht mehr meine Abende und Wochenenden nur mit der Arbeit an Veröffentlichungen zu verbringen. Mir war in dem Gespräch mit dem Freund klar geworden, daß ich für mein Streben nach

Anerkennung solcher Nachweise meines Könnens gar nicht bedurfte. Es war mir mit einemmal aufgegangen, daß mich eine ganze Reihe von Leuten als Person, so wie ich war, mochten und daß ihre Zuneigung nicht davon abhängig war, ob ich als Wissenschaftler und Autor etwas galt.

GRUNDREFLEXION: MEINE GEFÜHLE

Die die Krise bestimmenden Gefühle spiegeln die Qualität und den Charakter unserer Beziehungen zur Umwelt wider. Sie sind sozusagen Bewertungen, die wir über die Umwelt abgeben. Dabei scheint das Gefühl immer schneller zu reagieren als das Denken. Bei jeder Beziehung taste ich blitzschnell die Personenkonstellation ab: Ist sie günstig für mich? Empfinde ich Sympathie oder Unbehagen? Die gedankliche Kontrolle der emotionalen Stellungnahme folgt – wenn überhaupt – erst einen Augenblick später. Das Gefühl ist vor und neben dem Denken und Vorstellen «eine eigenständige Weise menschlicher Weltvergegenwärtigung» (Franke/Oesterle 1974, 83).

Unsere Gefühlserlebnisse sind ebensowenig wie die Denk- und Handlungsweisen ursprünglich, sondern müssen als erlernte soziale Phänomene verstanden werden, gerichtet auf die erlebte Mitwelt und geprägt durch Sozialisationsprozesse. Das heißt, die Gefühle haben ihre Lebensgeschichte.

Im Arbeitsleben sind Gefühle ebenso wie Spontaneität und Eigensinn störend. Der Arbeitsprozeß im Zusammenspiel zwischen Technik und Arbeitnehmer muß ganz geordnet ablaufen, er muß in seinen maschinellen wie sozialen Anteilen plan- und kalkulierbar sein. Es darf keine Schwankungen und Störungen geben. Verliebtheit, Trauer, Krankheit, Konflikte stören im Getriebe einer Gesellschaft, in der das Leben auf Knopfdruck funktionieren soll. Gefühle lassen sich aber – vor allem in Konflikten – nicht einfach ignorieren und unterdrük-ken. Sie entfalten ihr Eigenleben, da sie ebenso wie die Phantasie nicht verwaltbar und schon gar nicht bis ins einzelne kalkulierbar und planbar sind.

Mit den folgenden Arbeitsvorschlägen gehe ich davon aus, daß Gefühle soziale Phänomene und stets auf Menschen oder Dinge bezogen sind. Sie sind unverwechselbar dem subjektiven Erleben verhaftet, das lebensgeschichtlich (zum Beispiel durch Kindheitserlebnisse) geformt wurde und wird. Die Fähigkeit, Gefühle zu haben, gehört zu den menschlichen Grundeigenschaften von Geburt an. Wie sich jedoch im einzelnen die Gefühle entwickeln, welchen Vorschriften ich mich bei der Formung meines Gefühlslebens in Kindheit, Jugend und späterhin unterwerfen mußte, welchen Verboten, meine Gefühle zu äußern, ich nachgekommen bin und welchen nicht – all dies war in einem sehr weiten Sinne durch gesellschaftliche Konstellationen bestimmt. Mein Umgang mit Gefühlen im Erwachsenenleben bleibt immer noch davon abhängig, in welcher Familie und in welchem kulturellen Milieu ich aufgewachsen bin und wie das «Mischungsverhältnis gewährender Zuwendungen und abschneidender Versagungen» bislang ausgesehen hat. «Das Gefühlsklima im Elternhaus ist die (gute oder schlechte) Mitgift, von der der Erwachsene lebenslänglich zehrt» (Englert 1982, 374).

«Grundgefühle in der Krise»

Ziele: Sie sollen sich mit Hilfe dieser Anleitung (nach Vopel 2 / 1980, 3. Teil, 27 ff) darüber klarwerden, welche Grundgefühle Sie in der Krise entwickeln, durch welche körperlichen Signale Sie auf diese Gefühle aufmerksam werden und wie Sie mit ihnen umgehen können.

Begründung: In der Krise den richtigen Umgang mit Gefühlen zu erlernen, dürfte eine der schwierigsten Aufgaben der Krisenbewältigung sein.

Anleitung: Niederschrift zum Arbeitsbogen. Suchen Sie sich eines der drei Grundgefühle «Ärger – Trauer – Furcht» aus, und notieren Sie es oben auf einem Blatt Papier. Dann rekonstruieren Sie eine Situation, in der Sie dieses Gefühl erlebten. Wiederholen Sie diese Übung später noch einmal mit jeweils einem Gefühl aus den Dreier-Gruppen «Trauer – Freude – Wut» und «Liebe – Wut – Furcht».

Material: Arbeitsbogen und Schreibzeug.

Auswertung: Gespräch mit vertrauten Personen.

Erfahrung: Man betritt mit dieser Übung in der Regel Neuland. Wir erleben und erleiden Gefühle, machen sie aber nie zum Gegenstand einer gründlichen Selbstvergewisserung. Ich selbst habe lange dazu gebraucht, meinen Zorn und verletzte Gefühle wirksam einsetzen zu können, statt mich von ihnen unterdrücken zu lassen: «Lieber sich gesund schimpfen, als sich krank heulen!» heißt es im Volksmund.

Arbeitsbogen

1. Ich notiere *eines* der drei Grundgefühle «Ärger – Trauer – Furcht» oben auf einem Blatt Papier.
   Welche Hinweise gibt mir mein Körper auf dieses Gefühl?
   An welchen Stellen des Körpers bemerke ich dieses Gefühl?
   Was geschieht dort?
   Wie atme ich?
   Ich beschreibe alle körperlichen Erscheinungsweisen dieses Gefühls.
2. In welchen Situationen fühle ich so? – Ich beschreibe eine solche Situation.
   Was geht jeweils voraus?
   Was hoffe beziehungsweise befürchte ich?

Bin ich allein?

Sind andere Leute beteiligt? – Wenn ja, um wen handelt es sich? – Was tun die Beteiligten im einzelnen?

3. Wie gehe ich mit dem Gefühl um?

Bemerke ich es nur selbst und behalte ich die Empfindung für mich oder spreche ich mit den übrigen Beteiligten darüber?

Berichte ich jemand anderem davon? Wenn ja, wem?

Drücke ich in der Situation das Gefühl körperlich aus?

Können andere mein Gefühl bemerken, auch wenn ich nicht darüber spreche?

Woran erkennen sie es?

4. Habe ich eben irgendein Gefühl bewußt *nicht* gewählt, weil es mir zu heikel ist, genauer darüber nachzudenken?

Wenn ja, sollte ich mich unbedingt mit diesem Widerstand auseinandersetzen. Hier «hakt es» augenscheinlich.

5. In welchen Situationen spreche ich über meine Gefühle, in welchen Situationen grundsätzlich nicht?

6. Was könnte passieren, wenn ich meine Gefühle häufiger aussprechen und stärker zum Ausdruck bringen würde?

7. Was passiert, wenn ich meine Gefühle nicht zum Ausdruck bringe?

8. Wer ist derjenige, mit dem ich am offensten über meine Gefühle sprechen kann?

Woran liegt das?

9. Wie gingen zum einen meine Mutter, zum anderen mein Vater mit ihren Gefühlen in der Familie um?

War bei ihnen jeweils ein bestimmtes Konzept, mit Gefühlen umzugehen, erkennbar?

10. Habe ich mein Verhaltenskonzept im Hinblick auf Gefühle von einem Elternteil übernommen? Wenn ja, von wem?

11. Welchen gesellschaftlichen Bewertungen unterliegt das genannte Grundgefühl?

Ich schreibe die sozialen Deutungsmuster auf, die mir dazu einfallen.

Welche sozialen Gruppen vertreten diese speziellen Bewertungen von Gefühlen und welchen Nutzen (Interessen notieren!) ziehen sie daraus?

12. Ich formuliere offene Fragen auf losen Zetteln und ordne sie anschließend.

13. Wie fühle ich mich jetzt?

«Die Zurichtung meiner Gefühle»

Ziele: Es geht darum, den lebensgeschichtlichen Zusammenhang zwischen früheren Zuwendungen und Versagungen und den heute an Ihnen selbst feststellbaren Mechanismen herauszufinden, bestimmte Gefühle gar nicht zuzulassen, dafür andere im Übermaß zu erleben.

Begründung: Die Psychodynamik der Familie im Zusammenhang gesellschaftlicher Machtkonstellationen spielt in der Vorgeschichte von Krisen und Krankheiten eine nicht zu unterschätzende Rolle: «Die Gesellschaft und die Eltern können mit dem zu erziehenden Kind nicht machen, was sie wollen, ohne daß dieses sich – und sei es in Form körperlicher und/oder seelischer Krankheit – dagegen wehrt» (Horn 1974, 143).

In dieser Übung sollen Sie der Sozialgeschichte Ihrer Gefühle nachgehen. Dabei müssen Sie sich vor der Gefahr hüten, unrealistische Kausalketten («Weil die Person X das damals so und so gemacht hat, bin ich der und der Mensch geworden») zu bilden und vorschnell Schuldzuweisungen zu formulieren, die die heutige Misere in ihren Bedingungen zu erklären scheinen.

Zeit: Offen.

Anleitung: Schreiben Sie Ihre Antworten auf die Fragen des Arbeitsbogens nieder. Ziehen Sie soviel autobiographisches Material (Fotos und anderes mehr) wie möglich heran.

Auswertung: Eventuell Gespräch mit Geschwistern und Eltern über die Ergebnisse Ihrer Erkundung.

Erfahrungen: Der Einsatz dieser Übung fördert eine Menge bitterer Erinnerungen zutage, deren Niederschrift Ihnen hilft, von diesen Erfahrungen, aber auch von der Haltung des Anklägers Abstand zu nehmen.

Arbeitsbogen

1. Ich mache mir eine Liste von familiären Zuwendungssituationen und -formen, geordnet nach Altersstufen, wobei die frühe Kindheit besonderes Interesse verdient (erste Spalte).
   Hinter den Zuwendungsformen notiere ich in einer zweiten Spalte jeweils die «gebende» Person (zum Beispiel die Mutter).
   In einer dritten Spalte notiere ich meine früheren Gefühle gegenüber den Zuwendungen.
2. Ich mache mir die gleiche Liste im Hinblick auf familiäre Versagungen und Bestrafungen, die ich ebenso kommentiere.
3. Wie läßt sich das emotionale Klima in meiner Familie im Hinblick auf gegenseitige Akzeptanz, Zuwendung und Versagungen pauschal charakterisieren?
   Ich betrachte Familienfotos, um meine Erinnerung anzuregen.
4. Aus welchen Gefühlen besteht, von Frage 3 her gesehen, meine emotionale Mitgift aus der Ursprungsfamilie?
5. War es in meiner Familie verpönt, heftige Gefühle der Freude, des Ärgers oder der Wut zu zeigen?
6. Wie war es mit dem Weinen? – Ich denke an einige Familiensituationen zurück und versuche zu rekonstruieren,

aus welchen Gründen ich geweint habe und wie die Familienmitglieder auf mein Weinen reagierten.

7. Ich stelle im Hinblick auf Schulbesuch und Berufsausbildung die gleichen Fragen wie unter 1 bis 6.

8. Welche Gefühlsäußerungen, die mir als Kind noch geläufig waren (zum Beispiel Weinen), erlaube ich mir als Erwachsener nicht mehr? Um welche Gefühlsäußerungen bin ich verarmt?

9. Stelle ich bei mir so etwas wie ein «Bedürfnis nach Gefühl» fest? Wenn ja, auf welches Gefühl zielt dieses Bedürfnis?
   Wo gäbe es Gelegenheiten, diesem Gefühl nachzugeben?

10. Ich notiere Beobachtungen dazu, wie in unserer Gesellschaft mit Gefühlen umgegangen wird.
    Ich versuche zu analysieren, welche Interessen in diesem Umgang mit Gefühlen wirksam sind.

11. Welches sind die Gefühle, die mich jetzt in der Krise bestimmen?
    Lebe ich sie richtig aus, oder schütze ich mich vor ihnen?
    Mit welchen Konsequenzen?

12. Ich notiere offene Fragen auf losen Zetteln und ordne sie abschließend in einer mir logisch erscheinenden Reihenfolge.

«Meine Ängste I»

Ziele: Sie können bei dieser Übung (nach Vopel 2/1980, 4. Teil, 2) in einer Zeichnung zum Ausdruck bringen, wovor Sie im Beruf, in der Familie, im Umgang mit Ihren Freunden Angst haben und was Ihnen in diesen Lebensbereichen Freude macht.

Begründung: Sie nähern sich als Zeichner dem Gegenstand Ihrer Erkundungen anders und intensiver als nur über Begriffe.

Zeit: Fünfzehn Minuten.

Material: Ein Blatt vom großen Zeichenblock (A 1) und Ölkreiden.

Anleitung: Falten Sie das Papier in der Mitte, so daß Sie eine Trennungslinie erhalten. In die linke Hälfte malen Sie ein Bild zu der Überschrift «Wovor ich bei der Arbeit Angst habe». In die rechte Hälfte malen Sie ein Bild zu der Überschrift «Was mir bei der Arbeit wirklich Freude macht».

Varianten: Sie können mit einem Bleistift kurze Notizen zu all den Personenkonstellationen machen, die Ihnen zusätzlich zu den gemalten Situationen eingefallen sind.

Sie können weitere Situationen auf weitere Blätter malen.

Auswertung: Sie können sich einige zusätzliche Notizen dazu machen, wie Ihnen diese Übung gefallen hat, was Ihnen ganz leicht von der Hand ging und wo Sie gezögert haben. – Womit erklären Sie sich einerseits die Leichtigkeit, andererseits das Stocken beim Zeichnen und Schreiben?

Ängste sind Signale für tiefer sitzende Konflikte. Konflikte sind wiederum Interessen-Auseinandersetzungen, die mit Gefühlen verbunden sind.

Worin besteht im ersten Bild der Konflikt? Welches sind die hier aufeinanderprallenden Interessen?

Ist dieser Interessenkonflikt ein asymmetrischer Konflikt, das heißt, verfügen beide Konfliktpartner über unterschiedlich viel Macht (Gewaltverhältnis)?

Mit welchen Gefühlen ist der Interessenkonflikt beiderseits verbunden?

Sie können versuchen, sich im Hinblick auf den Konfliktpartner und sich selbst darüber klarzuwerden, welche emotionalen und sozialen Bedürfnisse das Konfliktverhalten beider Parteien bestimmt.

Sie sollten versuchen, die Störungen und den Ärger in

Wünsche umzuwandeln. – Diese Wünsche sollten Sie auf ihre Einlösbarkeit hin überprüfen. Gibt es eine Lösung, die die Hintergrundbedürfnisse beider Seiten zufriedenstellen würde?

Notieren Sie die offenen Fragen auf losen Zetteln, und bringen Sie diese in eine Ihnen logisch erscheinende Reihenfolge.

Erfahrungen: Meiner Erfahrung nach sind insbesondere die Beschäftigung mit den emotionalen und sozialen Hintergrundbedürfnissen, die den Konflikt bestimmen, und die Umsetzung von Störungen und Aggressionen in realisierbare Wünsche von entscheidender Bedeutung.

«Meine Ängste II»

Ziele: Mit Hilfe dieser Anleitung (nach Kirschner 1974, 108f, Vopel 2/1980, 3. Teil, 33 ff, und Schwäbisch/Siems 1974, 247 f) können Sie lernen, den erlebten Ängsten auf den Grund zu gehen. Sie lernen, zwischen irrationalen Angstphantasien einerseits und normalen, begründeten Befürchtungen beziehungsweise realistischen Erwartungsängsten andererseits zu unterscheiden.

Begründung: In der Krise entwickelt sich sehr oft die Angst vor der Angst. Dabei gehört die Angst zum Leben wie die Freude. Man hat ein Anrecht auf Ängste wie auf schöne Empfindungen. Nur wenn ich meine Ängste akzeptiere und sie an mich heranlasse, werden sie ihren Schrecken für mich verlieren.

Ängste, die sich als unklares und ungewisses Gefühl äußern, werden durch einige vorgegebene Fragen, auf die klare und nüchterne Antworten möglich sind, auf ihren realen Kern gebracht. Versuchen Sie, zu einer eindeutigen Ent scheidung darüber zu kommen, was Sie in der angstauslösenden Situation als bestmögliche Lösung ansteuern sollten. Das, was Sie nicht voraussehen und beeinflussen können, müssen Sie auf das Konto «Risiko» abbuchen. Dieses Risiko gilt es bewußt in Kauf zu nehmen.

Zeit: Zwanzig Minuten.

Material: Arbeitsbogen.

Anleitung: Beantworten Sie die Fragen schriftlich. Wiederholen Sie die Fragen und Ihre Antworten immer wieder.

Auswertung: Besprechen Sie die Ergebnisse mit einem Menschen, dem Sie vertrauen. Versuchen Sie vor allem, mit der Person, vor der Sie Angst haben, über Ihre Empfindungen zu reden.

Erfahrungen: Ich habe diese Methode immer dann mit Erfolg angewandt, wenn mich in Erwartung eines schwer einschätzbaren Ereignisses Angstphantasien überfluteten und ich diese Ängste auf eine konstruktive Weise handhaben wollte. Jedesmal machte ich die Erfahrung, daß sich das beunruhigende Dunkel schon bei den beiden ersten Fragen lichtete. Auf die dritte Frage antwortete ich mir in der Regel: «Daß ich sterbe». Und damit war auch die vierte Frage schon beantwortet.

Arbeitsbogen

1. «Angst-Verteilungskuchen»: Ich zeichne auf ein Stück Papier einen Kreis, der alle meine Ängste umfaßt, die ich im Hinblick auf Situationen, Personen, Entwicklungen empfinde. Diesen Kuchen teile ich in verschieden große «Tortenstücke» auf, wobei jedes Stück in seiner Größe die Stärke der Angst anzeigt, die ich bestimmten Personen und Sachverhalten gegenüber empfinde:

2. Was fürchte ich und wovor ängstige ich mich konkret und im einzelnen?
   Wie begründe ich diese Ängste?

3. Was ist das Schlimmste, was mir passieren könnte?
4. Ich muß mich entscheiden, ob ich dieses Risiko eingehen will oder nicht. Wenn ja, was muß ich tun, um das Schlimmste zu verhindern?

«Selbstvertrauen»

Ziel: Reflexion über das Vertrauen, das ich in mich selbst setze, über dessen bisherige Geschichte (Entstehung, Irritationen) und weitere Wachstumsmöglichkeiten.
Begründung: In der Krise wird das Vertrauen auf die eigene Kraft – Ich-Stärke als Grundlage für Selbstbehauptung – stark erschüttert. In dieser Selbstbesinnung können Sie über das Verhältnis zwischen Ihrem Selbstvertrauen und Ihrem Vertrauen in andere Menschen nachdenken.
Material: Arbeitsbogen.
Zeit: Offen.
Anleitung: Niederschrift zum Fragebogen.
Auswertung: Gespräch mit dem Partner und Freunden darüber, wie Sie selbst Ihr Selbstvertrauen einschätzen. Gespräch mit Freunden über die Geschichte des gegenseitigen Vertrauens zwischen Ihren Eltern und Ihnen.

Erfahrungen: Das Zustandekommen von Selbstvertrauen in Kindheit und Jugend und sein Erhalt gegen viele erwartete und unerwartete Niederlagen und Erlebnisse von Ohnmacht hängen von sehr vielen günstigen Faktoren ab. Zusätzlich zu dieser Übung empfehle ich Ihnen, mit dem überaus gründlichen Trainingsprogramm von Ullrich/Ullrich (1980) zu arbeiten.

Arbeitsbogen

1. Wenn ich mein aktuelles Selbstvertrauen auf einer Skala von null bis zehn eintragen sollte, wo würde ich das Kreuzchen machen? Mit welchen nachprüfbaren und anderen gegenüber vertretbaren Argumenten kann ich diese Selbsteinschätzung begründen?
2. Was ist es, was mir Selbstvertrauen gibt?
   Worauf gründet es?
3. Wurde ich zum Vertrauen auf das eigene Urteil und die eigene Kraft erzogen?
4. Besaß meine Mutter Selbstvertrauen?
   Wenn ja, woran war es zu erkennen?
   Worin war es begründet?
5. Wie war es mit meinem Vater?
6. Setzten meine Eltern Vertrauen in mich?
   Wenn ja, in welchen Angelegenheiten?
   Bei welchen Gelegenheiten taten sie es nicht?
   Was waren jeweils die Gründe?
7. Wenn ich davon ausgehe, daß Kinder nur bei selbstverantworteten Handlungen, die unabhängig von den Eltern erfolgen, ein Gefühl von Selbstvertrauen entwickeln (die Erfahrung, Anforderungen der sozialen Umwelt eigenständig meistern zu können), wie sah das bei mir aus? In welchen Situationen und auf welche Weise schränkten die Eltern meine eigenständigen und autonomen Handlungsbestrebungen ein?

Wie unterbrachen sie diese?

8. Wie züchteten sie bei mir Schuldgefühle, wenn ich etwas ohne ihr Wissen tat?

9. Welche Möglichkeiten räumten sie mir ein, mich selbst zu erproben und selbstverantwortlich ein Gefühl für meine eigenen Kompetenzen und Kräfte zu entwickeln?

10. Schätze ich als Frau die Tätigkeiten meines Vaters höher ein als die meiner Mutter?
Wenn ja, welcher Zusammenhang besteht zwischen diesem Befund und meinem Selbstbild als Frau?

11. Ich schreibe in einem chronologischen Bericht die Geschichte des gegenseitigen Vertrauens zwischen meinen Eltern und mir nieder.
Wie lauteten ihre «Befehle» mir gegenüber, was ich zum Beispiel als Frau zu tun und zu lassen hätte?
Welche dieser Imperative habe ich verinnerlicht, welchen gehorchte ich nie oder gehorche ich heute nicht mehr?

12. Werde ich meinen Eltern diese Aufzeichnungen zeigen?
Wenn nein, warum nicht?

13. Wem vertraue ich zur Zeit am meisten (begründete Rangfolge)?

14. Wem mißtraue ich (begründen!)?

15. Was tue ich, wenn mein Vertrauen von anderen «mißbraucht» wird?

16. Von wem wünsche ich mir, daß er/sie mir mehr vertraut?

17. Wem möchte ich gern mehr Vertrauen schenken?

18. Mein Selbstvertrauen muß sich auch in Situationen bewähren, wo ich Mut (zum Beispiel nein zu sagen) zeigen muß. Ich vergegenwärtige mir einige Situationen, in denen ich viel Standvermögen und Mut bewiesen habe.
Wie habe ich mich dabei gefühlt?
Was habe ich gedacht?

19. Ich vergegenwärtige mir einige Situationen der letzten

Tage und Wochen, in denen mir dieses Selbstvertrauen und dieser Mut fehlten.

Wie können jeweils die sozialen Bedingungen dieser Situationen charakterisiert werden?

Was war in all diesen Situationen gleich?

Wie könnte dieser Befund mein Selbstkonzept verändern?

20. Ich notiere Assoziationen und Einsichten dazu, wie und warum in unserer Gesellschaft das Zustandekommen von Selbstvertrauen gefördert und verhindert wird. Wo und wem gegenüber ist das Selbstvertrauen eine erlaubte und gern gesehene Stärke?

   In welchen Situationen wird es bestraft?

21. Ich notiere auf losen Zetteln offene Fragen und bringe sie abschließend in eine systematische Reihenfolge.

AUSGANGSLAGE UND KRISENBEGINN

Die Frage danach, was die Krise ausgelöst hat, scheint recht einfach zu beantworten zu sein, wenn Sie ein plötzliches Ereignis, eine belastende Entwicklung genau identifizieren und mit ihr in Verbindung bringen können.

Schwieriger wird es, wenn ein an sich gar nicht schwerwiegender Vorfall eine schon länger bestehende Belastung zur Überlastung werden läßt und Sie keinen Zusammenhang zwischen diesem geringfügigen Anlaß und der Heftigkeit Ihrer Reaktion darauf erkennen können. Es kann sein, daß Sie trotz allen Nachdenkens *das* auslösende kritische Geschehen gar nicht in den Blick bekommen. Hat sich die akute Depression nicht «wie aus heiterem Himmel» eingestellt?

Hier gilt es, einen weiten Bogen zu schlagen, um das Ereignis einzukreisen.

Stellen Sie ein Mißverhältnis zwischen einem geringfügigen Anlaß und dem Erscheinungsbild der schweren Krise fest, in der Sie sich befinden, sollten Sie zur Problemlösung unbedingt einen Psychotherapeuten oder Arzt hinzuziehen.

«Soziale Rollenkonflikte»

Ziel: Selbstreflexion darüber, ob und inwieweit Sie in all den unterschiedlichen sozialen Rollen, die Sie gemäß den gesellschaftlichen Anforderungen und Ihrem Selbstkonzept einnehmen, eine kontinuierliche eigene Linie durchhalten. Die Frage danach, ob, wo und wann Sie im Rollenspiel unverkennbare Akzente setzen oder sich bestimmten Zumutungen entziehen.

Begründung: Selbstvergewisserung bezieht sich als Nachfrage nach den eigenen körperlichen, seelischen und kommunikativen Möglichkeiten immer auf eine soziale Umwelt, in die Sie sich bewußt und unbewußt einordnen. Wer Sie letztlich sind, wie Ihr Selbstkonzept und Ihr Selbstbild aussehen, das wechselt ständig und bleibt immer abhängig von Situationen und davon, wie Sie die Rollenerwartungen der anderen an Sie interpretieren. Mit Hilfe gezielter Selbsterkenntnis, wie hier vorgeschlagen, grenzen Sie sich zwar von anderen ab, werden aber gerade dadurch fähiger, bestehende Abhängigkeiten von anderen zu erkennen, was schon der erste Schritt zu deren Abbau ist.

Material: Arbeitsbogen, Papier und Schreibzeug.

Zeit: offen.

Anleitung: Niederschrift gemäß dem Arbeitsbogen.

Auswertung: Die hier ermittelten Einsichten können Sie sehr gut mit Freunden und dem Partner besprechen.

Erfahrungen: Diese Übung führt mitten hinein in den Bedingungszusammenhang der erlebten Krise. Die Selbstbeurteilung hängt immer davon ab, wie *die anderen* mein Verhalten beurteilen. In der Übung kann ansatzweise deutlich werden, von wie vielen Bedingungen mein Verhalten in wechselnden sozialen Situationen bestimmt ist und daß ich nicht alle Widersprüche in meinem Rollenverhalten innerhalb dieses Bedingungsrahmens auflösen kann.

Arbeitsbogen

1.   Soziale Normen erscheinen unter anderem in Form gesellschaftlicher Erwartungen an unser Verhalten in sozialen Positionen (Mutter, Lehrer, Arbeiter etc.). Diesen Erwartungen können wir uns nicht ungestraft entziehen. Zu jeder sozialen Position gehört gleichsam eine Schauspielerrolle, also eine Art Anweisung, wie wir diese Stellung, die immer durch Beziehungen zu anderen bestimmt ist, auszufüllen haben.

So nehme ich in diesem Augenblick die Rolle eines Lesers ein, der sich auf einen Arbeitsvorschlag in einem Buch einläßt und einem Teil der Anweisungen folgt, die hier gegeben werden. Gleichzeitig spiele ich eine Fülle anderer Rollen in unterschiedlichen Lebensräumen, über die ich mir im folgenden klar werden will.

Ich schreibe als erstes in der Reihenfolge des freien Einfalls alle sozialen Rollen auf, die ich zur Zeit wahrnehmen muß und wahrnehmen möchte.

2.   Ich wähle aus dieser Liste die fünf schwierigsten Rollen aus. Ich schreibe je eine dieser fünf Rollen als Stichwort oben auf ein gesondertes DIN-A4-Blatt und trage dann auf diesen fünf Blättern (samt Zusatzblättern) jeweils die Antworten auf die folgenden Fragen ein.

3.1   Übe ich diese Rolle freiwillig oder unfreiwillig aus?

3.2   Welchen rechtlich geregelten Erwartungen (zum Beispiel im Rahmen eines Arbeitsvertrags) muß ich entsprechen?

3.3   Wie kann der Lebensbereich gekennzeichnet werden, dem diese Rolle zugehört?

3.4   Welches äußere Erscheinungsbild wird hier erwartet?

3.5   Welches Verhalten wird erwartet? Von wem?

Ich beschreibe eine für mein Rollenspiel in diesem Lebensbereich typische soziale Situation samt den beteiligten Personen und notiere zu jeder dieser Personen, welche Erwartungen sie an mich haben.

3.6 Wer gibt die Regieanweisungen für mein Rollenspiel?
Welches sind die Interessen, die hinter den hier geltend gemachten Spielregeln stehen?
Wer hat sie formuliert und achtet auf ihre Einhaltung?
Mit welcher gesellschaftlichen Macht werden sie durchgesetzt?

3.7 Werden Abweichungen vom erwarteten Rollenklischee bestraft?
Wer bestraft und wie sehen die Strafen aus?

3.8 Welches sind meine eigenen Bedürfnisse in diesem Rollenspiel?

3.9 Ergeben sich immer mal wieder Möglichkeiten, die soziale Situation und mein Rollenspiel zu gestalten und persönliche Akzente zu setzen?
Wie sehen diese Möglichkeiten aus und wie nutze ich sie?

3.10 Welche Erwartungen habe ich in diesem Rollenspiel an mich selbst?
Inwieweit war mein Elternhaus an der Schaffung dieses Selbstkonzepts beteiligt?

3.11 Wer profitiert davon, wenn ich meine Rolle gut spiele?

3.12 Welche Belohnungen gibt es für ein erfolgreiches Rollenspiel?

3.13 Was macht mir an dem hier verlangten Rollenspiel die meiste Mühe?
Wie war das vor vier Jahren?
Wie wird das in vier Jahren aussehen?
Wie kann ich mich entlasten?

4. Ich vergleiche die auf den Blättern notierten Rollenzumutungen hinsichtlich der folgenden Fragen:

4.1 Welche Personen sind unzufrieden mit meinem Rollenspiel?
Was heißt das für mich?

4.2 In welcher dieser Rollen haben sich im dazugehörigen sozialen Lebensraum Veränderungen ergeben, mit deren Bewältigung ich zur Zeit überfordert bin?

Was hat sich im einzelnen verändert?
Habe ich mich verändert?

Ich versuche, die krisenhaft erlebte Veränderung in einer Zeichnung zu veranschaulichen, in der ich alle beteiligten Personen und ihre Beziehungen zu mir, aber auch untereinander darstelle und stichwortartig kommentiere.

Ich mache mir im einzelnen klar, was die betreffenden Personen von mir wollten und erwarten, wozu ich bereit bin und was ich ablehne, worin ich überfordert bin.
Wo kann ich mir in diesem Fall Unterstützung holen?
Welches kann der erste Schritt sein, um mich dieser Unterstützung zu vergewissern?

4.3 Welche der Rollen, die ich zu spielen habe, schließen sich gegenseitig aus?
Ich zeichne den Konflikt auf.

4.4 Wo komme ich als Mensch mit meinem Recht auf Freiheit in dem mir aufgenötigten Rollenspiel zu kurz?
Wo sind Freiräume zu entdecken, die eine gewisse Autonomie gegenüber dem System erlauben?
Welchen dieser Freiräume habe ich bislang noch gar nicht genutzt?
Wo und wie kann ich mir Freiräume schaffen, die es in dieser Form bislang noch nicht gibt?
Räume, frei für was?

5. Welche Bedeutung habe ich meiner Rolle in der Familie, Ehe, Beziehung einerseits und im Beruf andererseits – den beiden wichtigsten Rollen also – in meiner Selbstaufschreibung eingeräumt?
Inwieweit legen diese beiden Rollen Art und Qualität meiner Beziehungen fest, bestimmen den Zeitplan und den gesamten Alltag?

6. Abschließend notiere ich offen gebliebene Fragen auf losen Zetteln und ordne sie in einer mir logisch erscheinenden Reihenfolge.

«Kritische Ereignisse»

Ziele: Sie vergegenwärtigen sich kritische Ereignisse, Zumutungen und wichtige Veränderungen in der letzten Zeit, die Ihnen viel Energie und Selbstbehauptungskraft abgefordert haben und die Sie bis heute belasten.

Begründung: Mit dieser Übung kommt ein Ensemble belastender Veränderungen und Zumutungen in den Blick, die Sie nicht mit Routine bewältigen konnten und die krisenhafte Elemente in sich bargen und bergen.

Zeit: Offen.

Material: Arbeitsbogen und Kalender.

Anleitung: Niederschrift gemäß dem Arbeitsbogen.

Auswertung: Vergewisserung im Gespräch mit dem Partner über die beiderseitige Einschätzung der kritischen Ereignisse.

Erfahrung: Die Proportionierung der «Pakete», die ich in den «Krisen-Container» einzeichnete, machte mir die meiste Mühe, ergab aber eine plausible Einschätzung der Belastungen.

Arbeitsbogen

1. Welche wichtigsten Veränderungen ergaben sich für mich
   - im letzten Jahr?
   - im letzten Halbjahr?
   - im letzten Monat?

   Ich fertige eine Liste an (erste Spalte).
2. Welche dieser Veränderungen erlebte ich als belastend, welche als sehr belastend, welche als Überforderung? Worin war ich überfordert (zweite Spalte)?
3. Ich zeichne einen Container im Querschnitt. Ich trage in ihn alle mir in den Sinn kommenden alten und noch andauernden Probleme, die mich belastet haben und noch

belasten (siehe Fragen 1 und 2), in einer Größe gemäß der Intensität meiner Betroffenheit als Pakete ein. Ich numeriere die Pakete durch.

Ich versuche, mir darüber klarzuwerden, welches dieser Einzelprobleme das «Faß zum Überlaufen» brachte oder – um im Bild zu bleiben – die Fassungskraft des Containers überstieg.

4. Welche dieser eingezeichneten Probleme kann ich zunächst einmal «links liegen lassen», weil sie mich nicht mehr direkt belasten?
   Welche muß ich unbedingt bearbeiten?

5. Ich gehe alle in den Container eingezeichneten Problempakete noch einmal ruhig durch: Inwieweit war ich jeweils selbst daran beteiligt, diese Probleme zu erzeugen?

6. In welchem dieser Fälle wurde ich zu einem Verhalten gezwungen, das mir keine Balance mehr erlaubte zwischen den an mich gestellten Anforderungen und meiner inneren Zustimmung, gemessen an den persönlichen Bedürfnissen?
   Ich versuche, diesen Konflikt zu zeichnen.

7. Für welches der jetzt notierten Probleme erwarte ich «im Grunde meines Herzens» Änderungen durch Dritte?
   Mit welchem der Probleme will ich mich selbst intensiv als erstes auseinandersetzen?

8. Für das Gespräch mit dem Partner notiere ich auf losen Zetteln offene Fragen, die ich abschließend in einer mir logisch erscheinenden Reihenfolge ordne.

HERKUNFT UND UNERLEDIGTE KONFLIKTE

Die Übergangsphase der sogenannten Lebensmitte, von den meisten Ende der Dreißiger-, Anfang der Vierzigerjahre erlebt, gewinnt ihre Dramatik vor allem durch die Gewißheit, sich zwar «auf der Höhe der Jahre» zu befinden, zugleich aber im grauen Alltag verstrickt zu sein. Die kritische Auseinandersetzung mit den Allmachtsideen des eigenen Selbstideals wird angesichts eingegrenzter Möglichkeiten, eigener Schwächen und nie eingestandener Lebenslügen unausweichlich. Aber nicht nur in dieser verletzlichen Phase, sondern in jeder Krise des Erwachsenenlebens entfalten unerledigte Selbstbehauptungs- und Identitätskonflikte der frühen Kindheit und späterer Phasen der Ablösung (insbesondere von der Mutter), schlecht vernarbte seelische Verletzungen und unerklärt gebliebene Erlebnisse in den Eltern-Kind-Beziehungen ihre zerstörerische Kraft und «heizen» die aktuelle Störung erst richtig auf. Da es im Leben jedes Erwachsenen unbewältigte Konflikterfahrungen gibt, die er aus der Kindheit mit in sein späteres Leben genommen hat, leben diese in ähnlich gelagerten Konflikten wieder auf und nehmen Einfluß auf die anstehende Auseinandersetzung mit einem Konflikt.

Es muß in diesem Arbeitsschritt darum gehen, in der eigenen Lebensgeschichte danach zu suchen, unter welchen gesellschaftlichen und historischen Bedingungen die sozialen Deutungsmuster und Verhaltensformen entstanden sind, die zur Entstehung Ihrer jetzigen Krise beigetragen haben. Bei allem, was Sie herausfinden, sind folgende Gesichtspunkte zu bedenken:

o Die Selbsterkundung ist kein Ziel für sich, sondern ein Weg, um Gefühle, Erfahrungen und Verhaltensweisen, die für die Krise von Bedeutung sind, im Entstehungszusammenhang der Lebensgeschichte aufzudecken. Sie versuchen herauszufinden, welche Wirkungen und Beeinflussungsprozesse zwischen bestimmten Situationen, Ereignissen und Ihren Reaktionen bestehen.

o «Identität summiert sich nicht einfach aus Erlebnissen und Erfahrungen auf, sondern jede neue Handlungssituation greift auf die scheinbar unveränderbare Vergangenheit des Selbst zurück und verändert sie. Tatsächlich gemachte Erfahrungen und bewältigte Erlebnisse bekommen angesichts neuer Erfahrungen einen veränderten Stellenwert in der Gesamtbiographie. Die Lebensgeschichte ist ein jeweils aktuell hergestelltes Konstrukt, eine von vielen Lebensgeschichten, die als Interpretation aus der Fülle des Erlebten möglich sind» (Lott 1984, 87). Das aber bedeutet, daß alle Rückblicke auf Erlebnisse und prägende Erfahrungen perspektivisch verschoben sind und «Wahrheit *und* Dichtung» enthalten. So wird die durch die folgenden Arbeitsvorschläge hervorgelockte Lebensgeschichte sicherlich nicht frei sein von subjektiven Verzerrungen, Beschönigungen, Glättungen und anderen (unbewußten) Korrekturen. Gerade dadurch aber wird sie zu Ihrer eigenen Geschichte, zum Ausdruck Ihrer Persönlichkeit.

o Die biographisch orientierte Selbstreflexion als Neuorganisation von Lebenserfahrungen bleibt verengt und in ihren Ergebnissen unbefriedigend, wenn Sie nicht die gesellschaftlichen Strukturen als Bedingungszusammenhang der persönlichen und sozialen Identität in sie einbeziehen: die soziale Lage der Eltern, ihren Beruf, die Deutungsmuster der sozialen Klasse und des kulturellen Milieus Ihrer Kindheit und Jugend, wirtschaftliche und politische Rahmenbedingungen, den Schulbesuch, die Berufsausbildung, den Eintritt in den Beruf und berufliche Mißerfolge, die eigene Lebensperspektive im Vergleich zu der Ihrer Eltern.

Dabei werden Sie die Erfahrung machen, daß immer wieder Hoffnungen und Träume in der Erinnerung aufscheinen, die Sie in der Vergangenheit auf Grund sozialer Zwänge nicht verwirklichen konnten, die heute aber die Richtung für eine Veränderung Ihres Alltagslebens angeben können.

o Wenn sich bei der Rückschau die Frage «Ist mein Leben gelungen oder mißlungen?» aufdrängt, sollten Sie sich davor bewahren, Ihr Leben als mißlungen zu bezeichnen. Von welcher Warte her sind eigentlich solche Bewertungen erlaubt? Damit jemand seinen Lebensplan realisieren kann, müssen viele günstige Faktoren und soziale Chancen zusammenkommen.

o Die Ergebnisse Ihrer Erkundungen erklären vieles, entlasten Sie aber nicht darin, unaufhörlich selbst verantwortlich für Ihre Handlungen, für Ihr Verhalten zu sein, die ihrerseits Ihre Umwelt beeinflussen, bestätigen oder verändern, zum Guten wie zum Schlechten.

o Die Arbeitsphase der rückwärtsgewandten Entdeckungsreisen sollte nicht zu lange andauern, da ja das eigentliche Interesse der bewußten Gestaltung des Heute und Morgen zu gelten hat. Aus der Vergangenheit ist vieles zu lernen, gleichwohl leben wir nicht mehr darin.

o Wird in der angeleiteten Selbstreflexion deutlich, daß verdrängte Erlebnisse und Konflikte aus der Kindheit in der aktuellen Krise so stark «nach oben» drängen, daß sie ihre Bewältigung massiv erschweren, empfiehlt es sich, psychotherapeutische Hilfe in Anspruch zu nehmen.

«Lebenslinie»

Ziel: Diese Anleitung (nach Gudjons 1983, 97 f) ermöglicht Ihnen eine Selbstvergewisserung im Hinblick auf wichtige Ereignisse, Widerfahrnisse und Erfahrungen, Zäsuren und Lebensabschnitte, die Ihre Entwicklung entscheidend geprägt und beeinflußt haben.

Begründung: Indem Sie Ihren Lebensweg in vereinfachter Form als in Zeitabschnitte unterteilte Linie zeichnen, kommt eine recht deutliche, wenn auch grobe Strukturierung Ihres Lebens zustande.

Material: Papier und Schreibzeug.

Zeit: Offen.

Anleitung: Auf einem querliegenden Blatt (DIN A4 oder größer) zeichnen Sie eine waagerechte Linie, die Ihren Lebenslauf symbolisiert. Sie tragen die wichtigsten Perioden und Ereignisse, die Ihre Entwicklung geprägt haben, als Zeitabschnitte ein. Darüber kennzeichnen Sie mit kleinen Symbolen, Skizzen und Situationsbildern die Eigenarten dieser Ereignisse. Sie können jedem Erlebnis eine Anmerkungsziffer beifügen und auf einem anderen Blatt jeweils ein Motto dazuschreiben. Wichtig ist vor allem, daß Sie die Situationen eintragen, die für Sie positiv oder negativ erlebte Wendepunkte, prägende Erlebnisse waren und denen Sie einen entscheidenden Einfluß auf Ihre heutige Lebenssituation und die Krise zuschreiben.

Varianten:

1. Sie können zusätzlich vermerken, wie Sie sich in den einzelnen Lebensabschnitten, den einzelnen Ereignissen gegenüber gefühlt haben. Zeichnen Sie dazu links außen senkrecht eine Skala ein, die von -3 (ganz unten) bis $+3$ (ganz oben) reicht, und tragen Sie bei jedem Ereignis einen entsprechenden dicken Punkt in dieses Koordinatensystem ein. Sie können die Punkte abschließend durch eine Linie verbinden und erhalten so ein «Gefühlsbarometer»!

2. Als Frau können Sie der Frage nachgehen, warum und worin sich Ihre Lebenslinie von der Lebenslinie von Männern in Ihrem Alter unterscheidet. Was ist in Ihrer Geschichte ganz anders als bei diesen Männern verlaufen? Wie kommt weibliche Identität als Kontinuität im Wandel zustande?

3. Sie zeichnen eine Lebenslinie, auf der Sie lediglich die Ereignisse eintragen, denen Sie einen direkten Einfluß auf die jetzige Krise beimessen.

4. Auf einem Zusatzblatt können Sie die Lebenslinie in die Zukunft hinein verlängern, dies in einer Mischung von weiterer Lebensplanung und Erwartungen beziehungsweise Hoffnungen.

5. Sie sollten in jedem Fall auf dem unteren oder oberen Rand die allgemeine politische und soziale Entwicklung einzeichnen und darüber nachdenken, wo und wie Bezüge zwischen ihr und Ihrer Lebenslinie herzustellen sind.

Auswertung: Sie können sich mit dem Partner, der ebenfalls diese Übung durchgeführt hat, oder mit mehreren Personen in einer Gruppe über Ihre jeweiligen Lebenslinien im Hinblick auf Ähnlichkeiten und Unterschiede unterhalten. Zum Beispiel können Sie sich im Vergleich der Lebenslinien damit beschäftigen, welche der markanten Lebenseinschnitte biologisch-körperlich bedingt waren, welche dem familiär-privaten, welche dem schulischen und beruflichen Bereich zugeordnet werden müssen und welche nur im Zusammenhang mit gesellschaftlichen Ereignissen und Umbrüchen verstanden werden können. Sprechen Sie darüber, welche Wendepunkte in Ihrem Leben Personen Ihrer Umwelt auch wahrgenommen haben und welche Ereignisse ganz Ihrem subjektiven Erleben vorbehalten blieben. Sie können sich darüber unterhalten, ob Sie selbst und der/die andere vorwiegend positiv erlebte oder nur krisenhafte Übergänge eingezeichnet haben und ob alle an dieser Situation beteiligten Personen die sich jetzt aufdrängende positive oder negative Würdigung einzelner Entwicklungen teilen würden.

Erfahrungen: Ich habe diese Übung schon häufig in Lernsituationen von Erwachsenen mit ganz unterschiedlichen inhaltlichen Akzentuierungen eingesetzt. Die Beteiligten waren jedesmal verblüfft, zu welch präziser Strukturierung ihres Lebenslaufes sie dabei gelangten. Wiederholt man die Übung, zum Beispiel nach zwei Jahren, wird einem klar, daß man sich die Lebensgeschichte immer wieder anders aneignet, abhängig vom jeweiligen Interesse und den aktuellen Bedürfnissen, die den Rückblick bestimmen.

«Meine Ursprungsfamilie»

Ziel: Nachdenken über den Zusammenhang von aktueller Krise und Struktur der Ursprungsfamilie.

Begründung: Die Auseinandersetzung mit der Ursprungsfamilie ist im Rahmen der Krisenbewältigung deshalb so wichtig, weil Krisen und psychische Störungen im Erwachsenenalter sehr oft ihre Ursache in nachklingenden Störungen der psychischen und sozialen Entwicklung in Kindheit und früher Jugend haben: «Eine in welcher Form auch immer defizitäre Kindheit verdirbt potentiell das ganze Leben. Je geringer die früh erworbene Flexibilität ist, desto weniger wird es möglich sein, daß jemand auf die eigene Situation reflektiert, seine Schwierigkeiten mit den gesellschaftlichen Normen überprüft und nach der einen und / oder anderen Seite hin bewußte, gezielte... politische und / oder persönliche praktische Veränderungen realisiert» (Horn 1974, 161). Der Erwachsene in der Krise ist gezwungen, sich immer wieder neu mit der Kindheitsgeschichte in der Ursprungsfamilie zu befassen. Frühe Fehlentwicklungen in der «Beziehungsarbeit» behindern ihn bis heute in seinem emotionalen und sozialen Austausch mit den Menschen, um die sein Denken, Phantasieren und Wünschen kreist und auf die er sich in seinem Handeln ausrichtet. Völlig abgegrenzt, nur für sich selbst existierend könnte er nur schwerlich überleben.

Material: Arbeitsbogen und Schreibzeug.

Zeit: Offen.

Anleitung: Niederschrift gemäß dem Arbeitsbogen.

Auswertung: Gespräch mit den Geschwistern, falls vorhanden, eventuell mit den Eltern. Gespräch mit dem Partner an Hand von Aufzeichnungen, mit denen sich beide wechselseitig auf dieses Gespräch vorbereitet haben.

Erfahrungen: Ich habe die Erfahrung gemacht, daß ich mir meine Familiengeschichte immer wieder neu aneigne. So stellte ich deutliche Unterschiede zwischen Aufzeichnungen nach diesem Schema, die ich 1978 angefertigt habe, und einer Gegenprobe heute fest.

Arbeitsbogen

1. Die Ursprungsfamilie soll als System Thema mehrerer Zeichnungen sein (jeweils auf einem DIN-A4-Blatt). Mit Symbolen, Strichen und Strichmännchen samt hinzugefügten kurzen Erläuterungen kenn-zeichne ich das System «Meine Ursprungsfamilie und ich» in mehreren Entwicklungsstadien und unter mehreren Perspektiven. Die Entwicklungsstadien sind folgende:
   o Als ich 10 Jahre alt war.
   o Als ich 17 Jahre alt war.
   o Als ich 25 Jahre alt war.
   o Heute.

2. Ich trage in diese Zeichnungen, die die emotionalen und sozialen Binnen- wie Außenbeziehungen der engsten Familie (Eltern, Geschwister und ich) zum Ausdruck bringen sollten, die Aufgaben und Funktionen ein, die die einzelnen Familienmitglieder in unserem Familiensystem zu erfüllen hatten.

Welches waren und sind in diesem System meine persönlichen und sozialen Funktionen?

3. War und ist meine Ursprungsfamilie ein «offenes» oder ein «geschlossenes» System?
Wie erkläre ich mir den Befund?

4. Zur Anregung für die unter 1 und 2 empfohlenen Zeichnungen, aber auch zur schriftlichen Beantwortung dienen folgende Fragen:

4.1 Wer war und ist heute noch wichtig für wen in meiner Familie?
Wer stand und steht mir in der Familie am nächsten?
Worin äußerte/äußert sich das und was waren/sind wohl die Gründe dafür?

4.2 Wie war und ist in der Ursprungsfamilie die Macht verteilt?
Gab und gibt es eine Hierarchie?
Welches war und ist heute mein Platz in ihr?

4.3 Wie war und ist die Ohnmacht verteilt?
Wer hatte und hat es heute noch am schwersten (bitte begründen!)?

4.4 Gab und gibt es offene oder verdeckte Koalitionen zwischen Familienmitgliedern?
Wie waren und sind die Eltern und Geschwister voneinander abgegrenzt?

4.5 Über welche Lieblings- und Standardthemen wurde/wird innerhalb der Familie gesprochen?
Versuchte irgend jemand, ständig anderen, insbesondere mir, seine/ihre Sicht der Dinge aufzuzwingen?
Mit welchem Ergebnis?

4.6 Wo hielt ich mich in der Wohnung am meisten auf (Lieblingsplatz)?
Welche Möglichkeiten des Rückzugs bestanden für die einzelnen Familienmitglieder, besonders für mich?
Was durfte der einzelne in der Wohnung gestalten und verändern, was nicht?

4.7 Wie war die Sitzordnung bei Tisch?

Wo saß der Vater, wo saß ich?

Durften wir mit den Eltern die Plätze wechseln?

4.8 Wie verliefen die Beratungsvorgänge in der Familie, wenn es um Entscheidungen ging?

Wer entschied letztlich immer?

Worüber und was durfte ich selbst entscheiden (bis heute)?

Beteilige ich bis heute Eltern und Geschwister an meinen Entscheidungsprozessen?

Wenn ja, mit welcher Begründung?

4.9 Wie ordne ich meine Ursprungsfamilie im Hinblick auf die soziale Klasse oder Schicht (Stellung des Vaters im Produktionsprozeß, Einkommen, Bildungsgrad) ein?

Wie und worin im einzelnen drückte sich die Klassenlage in den innerfamiliären Verständigungsprozessen und in den Außenbeziehungen der Familie (kulturelle Verhaltensmuster, Auswirkungen auf meinen Schulerfolg, Sprachgebrauch) aus?

4.10 Wie wirkte sich der Beruf des Vaters (und der Mutter) auf den sozialen Status der Familie aus?

Gab und gibt es Geldsorgen?

Wie wirkt sich heute die unterschiedliche soziale Lage der Familienmitglieder auf das System «Meine Ursprungsfamilie» aus?

4.11 Wie sah und wie sieht es heute mit der Verständigung über politische Entwicklungen und Probleme aus?

Was wurde und was wird heute politisch diskutiert?

Welches sind die politischen Standorte der Familienmitglieder (Wahlverhalten, soziales Engagement) im einzelnen und wie erkläre ich sie mir aus der jeweiligen Entwicklungsgeschichte und den jeweils bestimmenden sozialen Bedingungen?

4.12 Mit Hilfe welcher «Spiele» setzten einzelne Familienmitglieder ihre Interessen in der Familie durch, früher und heute?

Der Vater?

Die Mutter?
Einzelne Geschwister?
Ich selbst?

4.13 Was war das durchgängige wichtigste Konfliktfeld in meiner Ursprungsfamilie, in das ich ständig einbezogen war?
Mit Hilfe welcher «Spiele» wurden in diesem Feld die Einzelinteressen durchgesetzt?
Ich beschreibe einzelne solcher «Spiele» und mache mir klar, wer jeweils der Gewinner und wer der Verlierer war.

4.14 Wann und wodurch haben die Erwachsenen meiner Einschätzung nach ihre Macht den Kindern, insbesondere mir gegenüber, mißbraucht?
Mit welchen Gefühlen war dieser Machtmißbrauch beiderseitig besetzt?
Wie kamen diese Gefühle im Konflikt selbst und wie im nachhinein (bis heute) zum Ausdruck?

4.15 Wie groß war/ist die Toleranz der Eltern gegenüber Aggressionen, Ängsten und Sexualität?
Welches waren die entscheidenden vorangegangenen Prägungen der Eltern, bezogen auf diese Lebensäußerungen, in ihren jeweiligen Elternhäusern?

4.16 Was war in meiner Familie nicht erlaubt (auflisten!)?
In einer zweiten Spalte schreibe ich die jeweiligen Begründungen dazu.

4.17 Was galt und gilt in meiner Familie als besonders erstrebenswert (auflisten!)?
In einer zweiten Spalte schreibe ich die jeweiligen objektiven Gründe und subjektiven Begründungen dazu.

4.18 Wenn ich meine Großeltern und die weitere Verwandtschaft betrachte, welche Traditionen des Verhaltens und der Wertorientierung, die in den jeweiligen Familien anscheinend von Generation zu Generation weitergegeben wurden, sind im einzelnen zu erkennen?
Welche dieser Handlungs- und Deutungsmuster wirk-

ten sich auf meine Ich-Entwicklung positiv, welche negativ oder zerstörerisch aus?

4.19 Wurden Gebote und Verbote begründet?
Welches waren durchgängig die Gründe für Belohnungen und Bestrafungen?
Wie spielten sich Belohnungen und Bestrafungen im einzelnen ab?
Was weiß ich über das soziale Milieu, aus dem meine Eltern stammten und in dem sie wahrscheinlich diesen Umgang mit Bestrafungen und Belohnungen mehr oder weniger unbewußt erlernt haben?

4.20 Wie und woran war / ist zu erkennen, daß meine Eltern von mir (und meinen Geschwistern) etwas gelernt haben?
Was im einzelnen?

4.21 Welche Position habe ich heute in meiner Familie, vor allem im Kreis meiner Geschwister?
Freut oder bekümmert mich der Befund?
Will ich an dieser Situation etwas ändern?

5.1 Galten alle Erziehungsmaßnahmen der Eltern und der übrigen Familienmitglieder dem Ziel, ich möge eine ganz bestimmte Tochter, ein ganz bestimmter Sohn werden?

5.2 Inwieweit hat die jetzt erlebte Krise mit dieser Wunschvorstellung zu tun, der Tatsache, daß meine Familie für mich ganz bestimmte Rollen geschaffen hat, anstatt meine Eigentümlichkeit zu akzeptieren?
Habe ich mich damals unterworfen oder habe ich mich als Außenseiter entwickelt?
Wie sieht es heute aus? Unterwerfe ich mich den meisten sozialen Rollenerwartungen oder weiche ich in ungewöhnliche Reaktionen aus?

6. Ich sammle offene Fragen zum System «Meine Ursprungsfamilie» auf losen Zetteln, die ich abschließend in einer für mich logischen Reihenfolge ordne.

«Probleme meiner Eltern mit sich und anderen»

Ziel: Sie können herausfinden, welches Problemkonzept Ihre Eltern hatten.

Begründung: Auf der Suche nach Vorbildern, von denen Sie nicht nur Nützliches gelernt, sondern auch problematische Einstellungen, Haltungen, Orientierungen und Verarbeitungsmuster übernommen haben, kommen Ihre Eltern in den Blick (Nachahmungslernen; Wiederholungszwang).

Zeit: Eine Stunde.

Material: Papier und Bleistift.

Anleitung: Niederschrift zum Arbeitsbogen.

Auswertung: Sie können Ihre Notizen mit Ihren Geschwistern, zum Teil sicher auch mit Ihren Eltern besprechen.

Erfahrungen: Der Erfahrungssatz, daß man dann eigentlich erst richtig erwachsen sei, wenn man seinen Eltern keine Vorwürfe mehr macht, bestimmt diese Übung.

Arbeitsbogen

1. Wenn Dritte von mir sagen «Ganz deine Mutter / dein Vater», was ist dann vor allem damit gemeint?
2. Wie ist mein Selbstbild strukturiert?
   Worin gleiche ich nach meinem Dafürhalten meiner Mutter?
   Worin meinem Vater?
3. Welche Probleme mit sich und anderen beschäftigten / beschäftigen meine Mutter durchgängig (auflisten!)?
   Wovor hatte / hat sie Angst?
4. Welche Probleme hatte / hat mein Vater durchgängig mit sich und anderen (auflisten!)?
   Wovor hatte / hat er Angst?
5. Wer zollte meinen Eltern Anerkennung?
6. Welches waren die typischen sozialen Deutungsmuster

(Weltbilder, pragmatische Orientierungen, subjektive Verarbeitungsformen) meiner Mutter/meines Vaters, die ihr Verhalten gegenüber Problemen bestimmten?

Was durften sie nach ihrem Selbstverständnis fühlen, denken, wollen und tun, was nicht?

7. Von wem hatten sie diese sozialen Deutungsmuster vermutlich übernommen?

8. Welche durch das Milieu bedingten Umstände (Klassenlage und regional bestimmte soziale Situation, Wohnbedingungen und sonstige kulturelle Faktoren einschließlich Berufs- und Freizeitaktivitäten) bestärkten die Eltern darin, ihr Problemkonzept aufrechtzuerhalten?

9. Was hätte meine Mutter/mein Vater wohl gern gemacht (unerfüllte Wünsche)?

10. Wann und in welcher Intensität haben meine Eltern im Familienkreis oder speziell mit mir über ihre Probleme gesprochen?

Wenn nicht, wie wurden diese Probleme gleichwohl sichtbar und wie wurden sie dann in der Familie thematisiert?

11. Bin ich hinsichtlich meines Problemkonzepts das «Kind meiner Eltern»?

Worin im einzelnen?

Worin nicht?

12. Ich notiere offene Fragen auf losen Zetteln, die ich abschließend in einer mir sinnvoll erscheinenden Reihenfolge ordne.

«Ängste in der Kindheit»

Ziele: Die in der Krise erlebten Ängste haben ihre Geschichte, deren Anfänge in der frühen Kindheit zu suchen sind. Dieser Geschichte können Sie hier nachgehen.

Begründung: Die psychische Konstitution eines jeden von uns hängt ganz entscheidend von Erlebnissen der Kindheitsjahre ab und davon, ob und inwieweit immer wieder angsterregende Erinnerungsreste durch Erlebnisse im Erwachsenenalter wiederbelebt werden. Sie bestimmen die Tiefe und individuelle Tönung unserer Krisen. So wirken sich häufig in Konfliktsituationen im Erwachsenenleben Bestrafungsängste aus, denen wir in der (frühen) Kindheit ausgesetzt waren. Die gezielte Erinnerung an solche frühen Verwundungen ist schmerzlich, stellt aber die heute erlebten Ängste in einen Zusammenhang mit der emotionalen Zurichtung durch Dritte, vor allem durch die Eltern. Ihn zu erkennen, ist der erste Schritt, sich aus ihm zu befreien, ein lohnendes Ziel.

Zeit: Offen.

Material: Arbeitsbogen, Papier und Bleistift.

Anleitung: Niederschrift zum Arbeitsbogen.

Auswertung: Gespräch mit den Geschwistern und/oder mit Freunden über deren «Angstgeschichte».

Erfahrungen: Beim Gespräch über Sprechängste in der Gruppe bin ich bei Studenten wie Teilnehmern von Erwachsenenbildungsveranstaltungen immer wieder auf Bestrafungsphantasien gestoßen, deren Ursprünge in der familiären Bestrafungsgeschichte der Betroffenen zu suchen waren.

Arbeitsbogen

1. Welche Ängste gehören zu meinen frühesten Kindheits-erinnerungen?

2. Wurde ich als Kind in eine Art Belohnungs- und Bestra-fungssystem der Erwachsenen eingeordnet?
Was wurde mir in meiner frühen Kindheit, aber auch spä-ter im jugendlichen Alter von den Eltern verboten?
Mit welchen Strafankündigungen?

3. Wann und für was wurde ich meinen frühesten Kind-heitserinnerungen nach bestraft?

4. Wer bestrafte mich in der weiteren Kindheit und Jugend, Vater oder Mutter?
Was waren jeweils die Anlässe und wie veränderten sich die Formen der Bestrafung?

5. Wie begründeten sie die Strafen?

6. Was waren meine Empfindungen, wenn ich bestraft wurde?
Wie kam nach den Bestrafungen die Verständigung wie-der in Gang?
Was blieb emotional zurück?

7. Gab es in meiner frühesten Kindheit Situationen, in de-nen ich mich von allen verlassen fühlte (Trennungs-angst)?
Wen machte ich dafür verantwortlich?
Wann erlebe ich heute ähnliche Gefühle?

8. In welchen Situationen erlebe ich mich als Erwachsener alleingelassen und hilflos?
Inwieweit läßt sich rückwärtsblickend eine Geschichte dieser Hilflosigkeit in verschiedenen Stationen und Si-tuationen bis in die völlige Abhängigkeit des kleinen Kin-des verfolgen?
Was unterscheidet meine heutige Situation von der des Kleinkindes?

9. Zu wem hatte und habe ich mehr Vertrauen, zu Vater oder Mutter (begründen!)?

10. Stritten sich meine Eltern vor den Kindern?
    Aus welchen Anlässen?
    Wie fühlte ich mich dann?
11. Hatte ich eine überfürsorgliche Mutter?
    Welchen Situationen und Verhaltensanforderungen gal-
    ten ihre Befürchtungen, Verbote und Ermahnungen, mit
    denen sie mich erzog?
    Wie wirkt sich diese Beeinflussung heute noch in meinen
    Sorgen und Befürchtungen aus?
12. Was regte / regt meine Eltern an mir immer wieder auf?
    Was tat ich real und was waren ihre Reaktionen?
    Was empfand ich bei diesen «Gewittern»?
13. Wie reagierten meine Eltern auf die beginnende Pubertät,
    auf Selbstbefriedigungspraktiken und erste sexuelle Be-
    ziehungen?
    Hatte ich selbst Angst vor dem Durchbruch starker se-
    xueller Impulse?
    Wird diese Kinderangst heute ab und zu wiederbelebt?
14. Kann ich mich in beruflichen Auseinandersetzungen
    durchsetzen oder erlebe ich mich als zu abhängig von der
    Erwartung anderer an mich?
15. Wie verlief die Erziehung zum Gehorsam?
    Wer, Vater oder Mutter, war stärker beteiligt, in mir
    Schuldgefühle zu erzeugen?
    Im Hinblick auf welche Lebensäußerungen und Hand-
    lungen?
16. In welchen Situationen und wie leicht entwickle ich heute
    Schuldgefühle?
17. Wie gehe ich mit ihnen um – mit berechtigten Schuldge-
    fühlen einerseits, mit unerklärlichen Schuldgefühlen an-
    dererseits, die sich eher in depressiven Stimmungen äu-
    ßern?
    Führen sie zu Selbstverachtung?
18. In welchen Situationen empfinde ich Angst, in welchen
    Stärke?
    Wie gehe ich heute mit diesen Ängsten um?

19. Ich notiere auf losen Zetteln offen gebliebene Fragen und ordne sie abschließend in einer mir logisch erscheinenden Reihenfolge.

«Was ich immer schon fragen und sagen wollte»

Ziele: Bewußtmachung der Beziehung der Eltern untereinander und zu Ihnen als dem erwachsenen Kind.

Begründung: Bei dieser Übung (nach Vopel 1981, 3. Teil, 55 ff) geht es um unerledigte Ablösungs- und Entwicklungsaufgaben, die Sie darin behindern, sich emotional von Ihrer Ursprungsfamilie zu trennen. Immer dann, wenn man mit einem Menschen nicht ins reine gekommen ist, beschäftigt man sich in Gedanken mit ihm. Die dafür benötigte Energie fehlt dann bei neuen sozialen Kontakten.

Zeit: Offen.

Material: Papier und Bleistift.

Anleitung: Da Sie viele Fragen und problematische Entwicklungen mit den Eltern nicht ausdiskutiert haben und auch heute nicht mehr ansprechen, gibt Ihnen diese Übung die Möglichkeit, sich mit diesen unterdrückten und verdrängten Themen zu beschäftigen. Dies geschieht in Form eines Briefentwurfs, gerichtet an beide Eltern oder einen Elternteil, wobei es für Ihre eigene Besinnung zunächst einmal ohne Belang ist, ob die Eltern noch leben oder nicht. Entwerfen Sie einen Brief, der folgende Überschrift tragen sollte: «Was ich immer schon fragen und sagen wollte». Ich empfehle Ihnen dringend, vor oder nach dieser Übung Franz Kafkas «Brief an den Vater» zu lesen.

Auswertung: Sie können den Brief an Ihre Eltern abschicken, nachdem Sie sich überlegt haben, welche der Botschaften und Fragen ihnen zumutbar sind. Sie sollten dem Brief aber unbedingt ein Gespräch folgen lassen. Sie können diesen Brief mit Ihren Geschwistern, Ihrem Partner und mit Freunden unter der Bedingung besprechen, daß die Gesprächspartner vorher ebenfalls diese Übung für sich selbst durchführen.

Erfahrungen: Als ich diese Übung für mich selbst durchführte, kam mir eine Fülle unausgesprochener und verdrängter Konflikte in den Sinn.

«Meine Ablösung von zu Hause»

Ziel: Es geht um Fortschritte in der «Entbindungs-Trauerarbeit» (Wirsching/Stierlin 1982, 205) mit der und in bezug auf die Herkunftsfamilie.

Begründung: Im Gegensatz zu biologischen Symbiosen erzeugen eine zu starke emotionale Verstrickung und zu enge symbiotische Beziehungen beim Menschen starre Bindungen und Abhängigkeiten. Gelingt es der Mutter in der frühen Mutter-Kind-Beziehung nicht, die ursprüngliche seelisch-körperliche Einheit mit dem Kind (Schwangerschaft) mit der Geburt als beendet zu akzeptieren, das Kind zu lieben und gerade darum seine Unabhängigkeitsbestrebungen ernst zu nehmen, entstehen auf beiden Seiten Schäden. Es kommt zu einer wechselseitigen Abhängigkeit von Mutter und Kind, die beide in ihrer Existenz tief berührt und unglücklich werden läßt. Da beide symbiotische Erwartungen an den anderen haben und sich diese Wünsche gegenseitig zu erfüllen suchen, kann beim Kind die Ablösung, die unabdingbar ist für die Entwicklung seiner Persönlichkeit, nicht in Gang kommen. Die Folge ist schließlich, daß das Kind nicht erwachsen wird.

Überfürsorglichkeit ist gewalttätig. Sie befriedigt Bedürfnisse der Mutter beziehungsweise der Eltern und behindert den Heranwachsenden, selbständig zu werden und Eigenverantwortung zu entwickeln. Wird das Gleichgewicht von Nähe und Distanz, von Zusammensein und Alleinseinkönnen, von Gemeinsamkeiten und Unterschiedlichkeit nicht bewußt hergestellt und aufrechterhalten, kommt bei keinem der Beteiligten Autonomie und ein stabiles Selbstwertgefühl zustande. Es ist daher eine der wichtigsten Aufgaben in der Familie, die Autonomie der Mitglieder zu erhöhen, um damit eine zweite, die soziale Geburt zu ermöglichen.

Zeit: Offen.

Material: Arbeitsbogen und Familienalben, Schreibzeug.

Anleitung: Niederschrift zum Arbeitsbogen, Kommentierung von Familienfotos und Übersetzung von Gedanken und Erinnerungen in Zeichnungen (Denkzeichen).

Auswertung: Sie können bei Freunden nachfragen, wie deren Kontakte mit der Ursprungsfamilie nach Quantität und Qualität (Inhalte, Formen) aussehen, um sie mit Ihren Erfahrungen zu vergleichen.

Erfahrungen: Viele psychosomatisch erkrankte Menschen sind mit vierzig Jahren immer noch nicht erwachsen,

o weil sie bislang nicht gelernt haben, allein zu sein;

o weil sie immer noch viel zu eng und undifferenziert mit ihrer Ursprungsfamilie verstrickt sind;

o weil sie der Beziehung zur Mutter eine ähnlich symbiotische Beziehung zum Partner haben folgen lassen, die existentiell so bedeutsam ist, daß sie jede Art von tatsächlichem oder phantasiertem Verlust (Trennung) mit einer schweren Krise oder körperlichen Erkrankungen beantworten;

o weil sie immer noch nicht gelernt haben, die Verantwortung für eigene Entscheidungen selbst zu tragen.

Die Ablösung von der Ursprungsfamilie kann ein Leben lang dauern. Daher trifft die hier angebotene Übung oft «ins Schwarze». Vielleicht gelingt es, mit einer solchen themenzentrierten Selbstaufschreibung samt auswertenden Gesprächen ein wenig von der benötigten Distanz in die vielleicht immer noch zu enge emotionale Bindung ans Elternhaus zu bringen.

Arbeitsbogen

1. Meine Ablösung von zu Hause hat ihre bis heute andauernde Geschichte mit verschiedenen Entwicklungsstadien. Ich rekonstruiere diese gestufte Entwicklung an Hand einer Lebenslinie (vgl. S. 149 ff) und kommentiere sie auf einem zweiten Blatt schriftlich.

2. War meine frühe Kindheit durch Überfürsorglichkeit der Mutter für die Kinder, insbesondere für mich, gekennzeichnet?
Wenn ja, habe ich diese Überfürsorglichkeit genossen oder hat sie mich erdrückt?
Wie habe ich mich gegen sie gewehrt?

3. In welchem Alter und erkennbar an welchen Zeichen kam mein Bemühen, zur Welt der Erwachsenen zu gehören, gebraucht zu werden und akzeptiert zu sein, allmählich zur Ruhe?
Welche Personen und sonstigen Faktoren übten dabei einen förderlichen und welche einen hinderlichen Einfluß aus?

4. Wer trat im einzelnen an die Stelle meiner Eltern, als sie ihre Rolle als Identifikationsfigur nicht mehr voll erfüllten?
Welche Freunde wurden zu entscheidenden Bezugspersonen?

5. Auf welche Weise kontrollierten/kontrollieren sich heute die Mitglieder meiner Familie untereinander?
Wer kontrolliert wen auf welche Weise (direkte Anweisungen an Personen oder andere Formen)?
Mit welchem Ergebnis?

6. Mit welchen Mitteln verhinderten/verhindern andere

Familienmitglieder meine Abnabelung von der Ursprungsfamilie und den Eltern?

7. Welchen grundsätzlichen Konflikt mit meinen Eltern, aber auch mit meinen Geschwistern, versuche ich immer wieder zu vermeiden und zu umgehen?
Wie mache ich das?
Worum geht es mir bei der Konfliktvermeidung im Kern?

8. Wie oft sehe ich meine Eltern und Geschwister?
Wie oft telefoniere ich mit ihnen?
Wie begründe ich diesen Rhythmus vor mir und vor ihnen?

9. Wenn ich meinen Eltern und Geschwistern schreibe oder mit ihnen telefoniere, gelten diese Kontakte dann vor allem wichtigen Themen oder nur der Aufrechterhaltung des freundlichen Binnenklimas, des Fließgleichgewichts in der Familie?

10. Vergewissere ich mich bei anstehenden Entscheidungen bei meinen Eltern und Geschwistern?
Wenn ja, aus welchen Gründen?

11. Wie selbständig schätze ich mich zur Zeit ein?

12. Vor welchen Entscheidungen drücke ich mich?

13. Welche der Dinge, die ich gern tue, mißbilligten / mißbilligen mein Vater oder meine Mutter (Liste)?
Wie gehe ich mit diesem Konflikt um?

14. Gibt es immer noch Forderungen der Eltern an mich als Erwachsenen, denen gegenüber ich mich als abhängiges Kind fühle (auflisten!)?
Wie gehe ich im einzelnen mit diesen Forderungen um?
Weise ich sie begründet zurück?
Entwickle ich in solchen Situationen der Zurückweisung Schuldgefühle?
Was ist der Grund dafür?

15. Ich sammle auf losen Zetteln offengebliebene Fragen und bringe sie abschließend in eine mir logisch erscheinende Reihenfolge.

«Meine politische Entwicklungsgeschichte»

Ziele: Diese Anleitung (nach einem Vorschlag von E. Wolf) soll Ihnen bei folgenden Schritten helfen: Rekonstruktion Ihrer politischen Entwicklungsgeschichte; Innewerden der lebensgeschichtlich erworbenen politischen Wertvorstellungen; Thematisierung des Spannungsverhältnisses zwischen objektiver (das heißt vom individuellen Willen unabhängiger) Entwicklung und subjektiv verantwortetem Alltagshandeln; Reflexion über das Verhältnis von politischem Nachdenken und tatsächlichem Handeln.

Begründung: Verwoben in die wirtschaftliche, politische und soziale Entwicklung unserer Gesellschaft, ist unsere Lebensgeschichte im Hinblick auf Wertmaßstäbe, Denk- und Handlungsmuster in vielfältiger Weise politisch beeinflußt. Unsere Biographie weist mehr politische Merkmale auf, als uns auf Anhieb bewußt ist. Die Wahrnehmung dessen, was für uns «politisch sein» heißt, unterliegt unseren jeweiligen Deutungen und Interpretationen, die ihrerseits gesellschaftlich und historisch bestimmt sind. Dabei verläuft die Entwicklung unserer lebensgeschichtlich geprägten politischen Identität nicht gradlinig, sondern ist durch zahlreiche Brüche, Krisen, Konflikte, Niederlagen sowie widersprüchliche Erfahrungen und Erkenntnisse markiert. Die Ausgangsfrage muß daher lauten: Wo stehe ich heute politisch und worin drückt sich dies konkret in meinem Berufs- und sonstigen Alltagsleben aus?

Die Beantwortung dieser Frage macht einen Rückgriff auf die Lebensgeschichte (Woher komme ich?) erforderlich, regt aber zugleich die Suche nach einlösbaren *und* utopischen Zielen samt Wegen an, die zu ihnen hinführen.

Material: Papier und Schreibzeug.

Zeit: Offen.

Anleitung: Niederschrift entsprechend dem Arbeitsbogen.

Auswertung: Gespräch mit dem Partner und politisch interessierten Freunden, die sich ebenso intensiv wie Sie, eventuell auch mit Hilfe des Arbeitsbogens, auf dieses Gespräch vorbereiten sollten.

Erfahrung: Ich habe bei mir wie auch bei Studenten festgestellt, daß gezielte Fragen nach der politischen Entwicklung eine Lebensgeschichte ganz anderer Prägung als die «normale» hervorbringt – ein Indiz dafür, wie wenig wir alle gelernt haben, die politische Entwicklungsgeschichte und eigenes politisches Handeln als wichtigen Teil unseres Lebens zu verstehen.

Arbeitsbogen

1.   Wichtige Phasen im Verlauf meiner politischen Lebensgeschichte:

1.1   Welche Lebensphasen (Kindheit – Jugend – Ausbildung / Beruf – Eintritt in das Erwachsenenleben – mittlere Lebensphase – die letzten Jahre / Monate) haben mir wichtige Impulse und Anregungen auf meinem Weg gegeben, eine politische Identität zu finden (Begründung!)?

1.2   Wie hat sich mein Politikverständnis im Laufe meiner Lebensgeschichte verändert?
Woran waren Veränderungen erkennbar?
Worin ist Kontinuität in meinem politischen Wandel festzustellen?

2.   Wichtige Personen im Verlauf meiner politischen Lebensgeschichte:

2.1   Welche Personen (Vater – Mutter – Geschwister – Verwandte – Lehrer – Pfarrer – Jugendleiter – Politiker – Künstler…) sind für meine politische Entwicklung besonders wichtig gewesen (Begründung!)?

2.2   Wer war im Hinblick auf meine politische Lebensgeschichte die wichtigste Person?

2.3   Welche Eigenschaften und Handlungsweisen waren /

sind bei dieser Person besonders bedeutsam? Was hat sie mir alles erschlossen?

2.4 Welches emotionale Verhältnis hatte ich zu dieser «Schlüsselperson»?

2.5 Wie hat sich meine Beziehung zu ihr im Laufe meiner Lebensgeschichte verändert?

2.6 Wie ist bei mir das Verhältnis zwischen Identifikation («Ich möchte so sein wie der andere / die anderen») und Distanz («Ich bin eine eigenständige politische Persönlichkeit»)?

3. Wichtige Ereignisse und Konflikte in meiner politischen Lebensgeschichte:

3.1 Welche Ereignisse und Konflikte in meinem unmittelbaren Lebens- und Arbeitsbereich haben für meine politische Entwicklung eine wesentliche Rolle gespielt (Austragung von Arbeitskonflikten, Schulerfahrungen, Mißstände im Wohnbereich etc.)?

3.2 Welche nationalen und weltpolitischen Ereignisse (Kriege, Unrechtssysteme, Katastrophenmeldungen etc.) haben bei mir wichtige politische Reflexions- und Handlungsprozesse ausgelöst?

3.3 Gibt es ein Schlüsselerlebnis meiner Politisierung, das mich entscheidend beeinflußte, fortan alles stärker unter Interessengesichtspunkten (Politik als Durchsetzung organisierter Interessen) zu sehen?

4. Politische Aktivitäten und die Bedeutung von Gruppen:

4.1 Wann habe ich zum erstenmal bewußt politisch gehandelt und in welcher Form?

4.2 Wie äußert sich in der Regel meine persönliche Betroffenheit (Wut, Aggression, Hilflosigkeit, Empörung…) und wie gehe ich mit ihr um?

4.3 Was bedeutet für mich «politisch sein» und worin unterscheidet sich für mich eine politische von einer unpolitischen Handlung?

4.4 Welche Bedeutung haben politische / soziale Gruppen

für die Herausbildung meiner politischen Identität gehabt?

4.5 Welche Gruppe / Organisation ist für mich die wichtigste gewesen?

4.6 War meine Aktivität in politischen Gruppen stärker durch das inhaltliche Interesse oder durch soziale Bedürfnisse geprägt?

4.7 Wie hat sich das Verhältnis zwischen meinen Bedürfnissen auf der Inhalts- und Beziehungsebene im Laufe meiner politischen Lebensgeschichte verändert?

4.8 Welche Bedeutung hat für mich die Beschäftigung mit politischer Theorie?

4.9 Wie schätze ich das Verhältnis zwischen Theorie und Praxis ein? Inwieweit haben sich im Verlauf meiner politischen Entwicklung meine theoretischen Konzepte verändert?

5. Ich ergänze die folgende Liste möglicher politischer Aktivitäten und kreuze die für meine politische Entwicklungsgeschichte fünf bedeutsamsten Handlungen an:

o Bewußte Auseinandersetzung mit dem tagespolitischen Geschehen in der Berichterstattung der Massenmedien (Fernsehen, Radio, Zeitungen)

o Spenden für karitative Organisationen beziehungsweise Projekte

o Infragestellung geschlechtsspezifischer Wert-, Denk- und Handlungsmuster

o Eintritt in eine Bürgerinitiative

o Mitgliedschaft in einer Partei beziehungsweise Gewerkschaft

o Kandidatur für ein politisches Amt

o Suche nach neuen Wohn-, Arbeits- und Lebensformen

o Angstfreier Umgang mit Autoritäten

o Beschäftigung mit politischer Theorie

o Ablehnung hierarchischer Strukturen in Gruppen

- ○ Aktive Mitarbeit in einer politischen Gruppe / Organisation
- ○ Teilnahme an Demonstrationen
- ○ Aktivitäten zivilen Ungehorsams (zum Beispiel Steuerboykott)
- ○ Bereitschaft, für meine Überzeugung ins Gefängnis zu gehen (zum Beispiel Totalverweigerer)
- ○ ...
- ○ ...
- ○ ...

Ich schreibe die fünf wichtigsten Aktivitäten aus dieser Liste auf einem Blatt Papier untereinander und erkläre rückschauend diese Bewertung schriftlich.

6.   Politische Krisen und persönliche Bewältigungsstrategien:

6.1 Wie äußern sich bei mir politische Krisenerlebnisse?

6.2 Wann habe ich meine stärkste politische Krise erlebt? Was war die Ursache und inwieweit konnte sie gelöst werden?

6.3 Welche Bedeutung hatten / haben für mich Gruppen beziehungsweise Freunde für die Bewältigung politischer Krisen?

6.4 Setze ich mich produktiv mit politischen Krisenerlebnissen auseinander (durch Nachdenken und Handeln) oder neige ich in solchen Fällen zu Apathie, zum Rückzug ins Private?

6.5 Inwieweit sind politische Krisenerlebnisse für die Herausbildung meiner politischen Identität notwendig gewesen?

7.   Ich notiere auf losen Zetteln offene Fragen und ordne sie abschließend in einer mir logisch erscheinenden Reihenfolge.

FRÜHERE ERFAHRUNGEN MIT DER BEWÄLTIGUNG VON KRISEN

Der Blick zurück in die Lebensgeschichte läßt uns nicht nur Verwundungen und unter Zwang erlebte Prägungen durch Dritte erkennen, die uns mit Schmerz und Scham erfüllten, sondern er führt uns auch Situationen vor Augen, in denen wir uns erfolgreich gegen unangemessene Forderungen der Umwelt zur Wehr gesetzt haben – ein Widerstand, auf den wir stolz waren. Beide Erfahrungen und die mit ihnen verbundenen Gefühle wirken nach, wenn sie auch ganz unterschiedliche Voraussetzungen für Wiederholungen im heutigen Leben schaffen: Wenn wir eine Krise produktiv bewältigen, werten wir dies als persönliches Guthaben (*meine* Durchsetzungskraft, *mein* Können). Mißerfolge dagegen buchen wir als Erlebnisse ab, in denen wir «Pech gehabt» haben.

Die Vergegenwärtigung von Bewältigungsformen, mit denen wir früher Erfolg hatten, schärft zum einen unseren Blick für das, was sich bewährt hat. Zum andern wird deutlich, welche Strategien nicht wiederholbar sind und über welche Kräfte wir heute nicht mehr verfügen. Vor allem aber soll uns der Rückblick daran erinnern, daß wir nicht immer alles so düster und hoffnungslos wie jetzt in der akuten Krise gesehen haben, daß wir schon früher sehr schwierige Situationen gemeistert und dabei eine Menge gelernt haben.

«Alles noch einmal»

Ziel: Erinnerung an geglückte und mißglückte Versuche, in und aus Krisen zu lernen.

Begründung: Im Falle einer krisenhaft erlebten Überforderung spielen wir alle in früheren Fällen erprobten Versuche der Krisenbewältigung durch, seien sie nun erfolgreich verlaufen oder gescheitert. Dies soll nun ganz bewußt geschehen.

Zeit: Offen.

Material: Arbeitsbogen und Schreibzeug.

Anleitung: Niederschrift zum Arbeitsbogen.

Auswertung: Gespräch mit vertrauten Personen.

Erfahrungen: Früher erfolgreiche Konfliktlösungen sind nicht ohne weiteres wiederholbar, weil fast alle Bedingungen des Konflikts andere sind als damals. Gleichwohl sind aus früheren Konfliktbewältigungen einzelne soziale wie emotionale Elemente in mir «abgelagert», die ich durch gezieltes Erinnern und Nachdenken bewußt zu Erfahrungen aufarbeiten kann. Diese Erfahrungen können mir von Nutzen sein.

Arbeitsbogen

1. Ich versuche, mich an eine frühere Enttäuschung zu erinnern, die mit stark belastet hat.
   Ich versuche, schriftlich zu rekonstruieren, welche Bedeutung dieser Konflikt für mich hatte.
2. Was hat dieses Erlebnis damals bei mir ausgelöst, mit welchen Emotionen, welchen Entscheidungen und welchen Verhaltensformen habe ich reagiert?
   Wer hat mich, von sich aus oder von mir darum gebeten, in dieser Situation unterstützt?
   Mit welchen Mitteln und welchem Erfolg?
3. Wie kann ich in wenigen Worten die Strategie kennzeichnen, mit deren Hilfe ich damals den Konflikt zu bewältigen suchte?

4. Gab es für mein damaliges Verhalten ein Vorbild?
5. Ich unterteile ein DIN-A4-Blatt in zwei Spalten. In die erste trage ich hintereinander alle schwierigen Situationen und Lebensereignisse ein, die ich erfolgreich bewältigt habe.

   In der zweiten Spalte notiere ich dahinter jeweils die wichtigste Grundfertigkeit, Haltung und Verhaltensweise, die es mir ermöglichten, das jeweilige Problem zu klären.

   Nun schaue ich mir die zweite Spalte, meine Erfolgsbilanz, an. Waren es immer die gleichen Fähigkeiten und Fertigkeiten, die ich benötigte und in mir aktivieren konnte?

   Welche dieser Fähigkeiten und Fertigkeiten besitze ich noch heute?

   Kann ich sie zur Lösung der aktuellen Krise einsetzen? Wie?

   Wer kann mir dabei helfen?
6. Gibt es ein ganz bestimmtes Problem, das mir in gewissen Abständen immer wieder zu schaffen macht, indem es eine Zeitlang verdeckt bleibt, dann aber wieder in einem anderen Zusammenhang auftritt und mich zu erneuten Auseinandersetzungen auffordert?

   Wie bin ich bislang dieser Wiederkehr des gleichen Konflikts begegnet?

   Macht er sich jetzt gerade wieder bemerkbar?

   Welche Elemente früherer Problemlösungsstrategien haben sich im Hinblick auf diesen Konflikt überholt, welche könnte ich erneut einsetzen?
7. Was ist in der jetzt erlebten Krise anders als früher?

   Was ist schwieriger zu ertragen und was ist schwerer zu bearbeiten als in vergleichbaren früheren Fällen?
8. Von wem kann ich jetzt emotionale und soziale Unterstützung erwarten?

   In welcher Form?
9. Ich notiere offene Fragen auf losen Zetteln und ordne sie abschließend in einer mir logisch erscheinenden Reihenfolge.

Entschärfung
des aktuellen Konflikts

Stellen Sie sich ein Kind vor, das Fahrradfahren lernt. Es läßt sich weder durch Angst, schmerzhafte Stürze, elterliche Warnungen und Verbote noch durch andere hemmende Bedingungen von seinen Bemühungen abhalten, sich dieses Gegenstandes «Fahrrad» zu bemächtigen und die eigene Motorik auf dessen Bewegungsabläufe einzustellen.

Es wäre gut, wenn Ihr Verhalten in der Krise dem dieses Kindes gliche: Konflikte sind nicht zu vermeiden. Sie legen Strukturen frei, bringen sie in Bewegung und tragen dadurch zu ihrer Veränderung und zum sozialen Wandel bei. Die im Konflikt entstehende Dynamik der emotionalen und sachlichen Auseinandersetzung widerstreitender Interessen erzeugt Spannung, macht die Suche nach Auswegen und die Notwendigkeit, sich zwischen verschiedenen Möglichkeiten zu entscheiden, erforderlich. Kurzum: Es entsteht Bewegung, ein Prozeß kommt in Gang, in dem sich Gegensätze und Widersprüche entfalten, die wir im Hinblick auf Lösungen bearbeiten müssen. Daß diese Interessen-Auseinandersetzungen mit Gefühlen belegt sind, macht ihre Austragung schwierig, sichert aber zugleich innere Anteilnahme und damit die Voraussetzung für alles Lernen und Weiterkommen. Mit Hilfe gezielter Selbstreflexion lernen Sie, krisenauslösende Konflikte nicht so sehr als Schicksal, sondern als Herausforderungen, als Aufgaben zu sehen, die Sie bearbeiten und lösen können.

In diesen Auseinandersetzungen müssen *Sie* die aktive

Rolle übernehmen. *Sie* müssen lernen, sich zu entscheiden und für diese Entscheidungen die Verantwortung zu tragen.

Die Selbstanalyse in der Phase akuten Leidens an dem Konflikt ist ein harter und mühseliger Weg, die Gegenwart unter Aufhellung der Vergangenheit zu bewältigen und tragfähige Perspektiven für die Zukunft zu entwickeln. Es geht darum, die gegenwärtige Konfliktsituation so klar wie möglich herauszuarbeiten und denkbare Handlungsmöglichkeiten so auf den Punkt zu bringen, daß Sie Entscheidungen treffen können. Die notwendige Entscheidungsfindung wird in der Krise zumeist dadurch blockiert, daß Sie zwischen unterschiedlichen, aber in gleicher Weise frustrierenden Möglichkeiten wählen müssen, die alle in sich zweideutig sind und jeweils positive Aspekte wie entmutigend negative Perspektiven in unterschiedlichem Mischungsverhältnis enthalten. Im Augenblick der Wahl müssen Sie verantwortlich für sich selbst und andere handeln. Dies ist leichter gefordert als eingelöst. Die Elemente der problematischen Situation erscheinen ebenso widersprüchlich wie die Bedingungen der Wahl. Sie sehen sich dazu gedrängt, auf ganz unterschiedliche und unvereinbare Weisen zu handeln. Die Entscheidung zwischen widersprüchlichen Bedürfnissen und Interessen wird durch die damit verbundenen Gefühle und aufkommenden Phantasien so stark blockiert, daß Sie die Situation als Konflikt erleben, der starke Ängste auslöst.

Ganz anders verhält es sich, wenn es uns gelingt, uns für eine ganz bestimmte Verhaltensweise und Marschrichtung zu entscheiden. Zwar treten auch jetzt Spannung und Angst auf, doch es besteht kein Konflikt mehr, da eine Grundentscheidung für eine «klare Linie» gefallen ist. Die erlebte Angst hat keine neurotischen Züge wie im ersten Fall, sondern ist eine ganz normale Erwartungsangst, die wir jedem zukünftigen und unbekannten Risiko gegenüber entwickeln.

Der als quälend erlebte Normalfall in der Krise ist jedoch der, daß wir uns angesichts der Bedrohung und der akuten Notwendigkeit, uns zu entscheiden, überhaupt nicht darüber klarwerden können, was wir tun sollten. Soll ich mich zum Beispiel bei einer massiven Beziehungsstörung vom Partner trennen oder trotz aller Vorbehalte bei ihm bleiben? Im einen Fall erkaufe ich mir den Neuanfang mit Ängsten vor Einsamkeit und einer nicht einschätzbaren Zukunft, im anderen Fall bezahle ich die vermeintliche Sicherheit mit der Fortsetzung eines entwürdigenden Miteinanders. Auf jeder Seite dieser miteinander ringenden Kräfte sind unterschiedlich stark erlebte praktische und moralische Instanzen und Antriebe im Einsatz. Ich leide unter diesem Widerstreit der inneren Stimmen.

G. Jervis (3 / 1980, 321 ff, 318 f) erinnert daran, daß im klassischen Schema Freuds der Konflikt im wesentlichen das ungelöste und von der Vernunft des einzelnen nicht wahrgenommene Gegeneinander der Triebansprüche (das heißt des Strebens nach Lust) und der gesellschaftlichen Notwendigkeit sei, diese Antriebe zu unterdrücken. Diese Unterdrückung wird vom Individuum mit der Konsequenz verinnerlicht, daß es sie ganz von alleine gegen sich selbst richtet. Es erlebt den im Unterbewußtsein rumorenden Konflikt als Leiden, als Ungleichgewicht, als unangenehme Instabilität, kurz: als Neurose. Die Neurose ist keine Krankheit, sondern «eine Gesamtheit von besonderen psychologischen Mechanismen, die im Leben einer Person für mehr oder weniger lange Zeiträume mehr oder weniger beherrschend sein können». Das neurotische Leiden ist immer von einem Symptom, nämlich der Angst, beherrscht. Der Betroffene erlebt sie als scheinbar unbegründeten Spannungszustand, der mit einem diffusen Unsicherheitsgefühl, mit Schlaflosigkeit und depressiven Stimmungslagen verbunden ist. Er ist sich zwar der Störung bewußt, die er als Hindernis auf dem Weg seiner Lebensbestrebungen wahrnimmt, doch hat er damit noch kein Bewußtsein der Ursachen, die zu der Störung geführt haben.

Jervis betont, daß die Neurose gesellschaftliche Widersprüche widerspiegle. Sie entsteht, wenn wir die Unterdrükkung unserer Triebansprüche leben müssen, ohne uns von ihr befreien zu können, und wenn aus dieser Situation Unbehagen und Leiden erwächst. Die Bedeutung dieses Unbehagens, in das wir versunken sind und das uns lähmt, bleibt uns weitgehend unbewußt.

Die Neurose ist, so Jervis, weder eine klar begrenzbare noch eindeutige Realität. Sie hat mehr als eine Äußerungsform und ist nicht das Ergebnis immer gleicher Mechanismen. Neurotisierende Faktoren wirken auf das gesamte Leben des Betroffenen ein. Die Neurose ist nicht nur eine Episode, eine sporadische Kompensationsstörung, sondern ein unkonturierter Knoten im Gewirr unserer Beziehungen. Sie ist ein Aspekt umfassenden Unbehagens, an dem wir heute fast alle leiden, somit auch Teil der gesamtgesellschaftlichen Probleme, in die wir verstrickt sind. Sie entsteht als ein Verhalten, widersprüchliche Aspekte des Lebens zu deuten, zu handhaben und zu ertragen. Sie ist auch ein Versuch des einzelnen, seine Beziehung zur Arbeit zu interpretieren, eine Konsequenz der gesellschaftlichen Unterdrückung, die auf denjenigen einwirkt, der in mehr oder weniger wirrer Weise Unbehagen und Verweigerung zum Ausdruck bringt.

Um die Neurose zum Verschwinden zu bringen, müssen wir sie aus der scheinbaren Zuständigkeit der Ärzte zurückholen. Wir stehen vor der Aufgabe, unser individuelles Unbehagen auf seine realen Ursachen zurückzuführen. Der kollektive Charakter der Neurose hat seine Basis unter anderem in der Tatsache, daß niemand von Störungen dieser Art frei ist und daß jeder lernen muß, sie gemeinsam mit anderen zu handhaben. Die Neurose verschwindet, schreibt Jervis, wenn wir uns über unsere Bedürfnisse und deren Unterdrückung klarwerden und wenn wir diese Erkenntnisse in persönliche Entscheidungen und ein kollektives politisches Handeln umsetzen können.

Bei der Frage nach den Ursachen neurotischen Leids müssen wir zwischen primären und sekundären und zwischen fernliegenden und näherliegenden Bedingungsfaktoren unterscheiden. Es kann sich dabei um kindliche, familiäre und soziale Leidens- und Angstsituationen handeln, um die Schwierigkeit, Ich-Identität zu realisieren und ideale Entscheidungen zu erreichen. Mißhelligkeiten in einer Familie oder in einer Paarbeziehung können ebenso zur Ursache einer Neurose werden wie ideologische und weltanschauliche Widersprüche derer, die sich mit den täglichen Problemen am Arbeitsplatz, im gewerkschaftlichen und politischen Kampf herumschlagen.

Am wichtigsten ist die Einsicht, daß die neurotische Störung aus einem Konflikt oder, öfter, aus einer Gesamtheit von miteinander verbundenen Konflikten heraus entsteht. Das Individuum befindet sich in einer Situation, in der es sich selbst bestimmen und zwischen verschiedenen widersprüchlichen Forderungen wählen muß, die ihm von äußeren Umständen und seinen eigenen inneren Ansprüchen gestellt werden.

Ich habe Jervis so ausführlich referiert, weil bei ihm deutlich wird, daß die Neurose das Ergebnis eines Widerspruchs ist zwischen dem Individuum als Subjekt und bestimmten historischen Bedingungen, die es als Unterdrückung erlebt. Für die Auseinandersetzung mit der Krise erscheinen mir von Jervis' Lösungsvorschlägen folgende wichtig:

o Identifizierung des Konflikts beziehungsweise des Zusammenhanges miteinander verknüpfter Konfliktsituationen;

o Neudefinition der Problemlage auf Grund von Erkenntnissen über den Widerstreit zwischen eigenen Bedürfnissen und Forderungen anderer, zum Teil als Gebote und Verbote der Eltern ein Leben lang «gespeichert»;

o Klärung der Entscheidungsalternativen und gleichzeitige Zielbestimmung;

o Entscheidung für ein bestimmtes Ziel, eine genau umrissene Vorgehensweise, einengende Lebensbedingungen zu verändern;

o Suche nach Unterstützung.

Da aktuelle Konflikte fast immer den emotionalen Beziehungen zu den nächsten Angehörigen (Partner, Eltern, Kinder) und erst in zweiter Linie Berufsfragen, politischen, wirtschaftlichen, sozialen, gesundheitlichen und juristischen Problemen gelten, werden nach der Beschäftigung mit dem Grundkonflikt vor allem die sozialen Beziehungen untersucht. Weitere Arbeitsvorschläge können Ihnen helfen, Lösungsmöglichkeiten abzuwägen und tatsächlich eine Entscheidung zu treffen.

«Der Grundkonflikt»

Ziele: Nachdenken über den Konflikt zwischen den eigenen Triebansprüchen (Bedürfnissen) und dem gesellschaftlich vermittelten Zwang, diese Ansprüche zu unterdrücken. Neubestimmung der Lebenssituation und Entscheidung für eine bestimmte Lösung des Konflikts.
Begründung: Die in der Einleitung zu diesem Kapitel referierte Erklärung des Bedingungszusammenhangs von Neurosen.
Zeit: Offen.
Material: Zeichenblock, Papier und Schreibzeug.
Anleitung: Niederschrift gemäß dem Arbeitsbogen.
Auswertung: Gespräch mit einer vertrauten Person.
Erfahrungen: Die Hauptschwierigkeit scheint darin zu liegen, daß der «Kopf» schneller ist als der «Bauch»: Mir wird auf Grund der Arbeit mit einem solchen Fragebogen sehr schnell deutlich, daß ich mich anders als bisher verhalten muß; gleichzeitig macht mir jede Änderung Angst.
Ich brauche für meinen Kampf gegen Selbstzweifel und Resignation Unterstützung. Es kommt vor allem darauf an, soziale Unterstützungssysteme (vgl. Teil 4 des Buches) zu finden und selbst aufzubauen, damit ich ein Gegenüber habe, dem ich mich mitteilen, mit dem ich über meine Situation, über meine Siege und Niederlagen, meine Hoffnungen

und Enttäuschungen sprechen kann, der mir mit Interesse, Mitgefühl und Hilfsbereitschaft zuhört.

Arbeitsbogen

1. Was war der Faktor, das Ereignis, das die Krise ausgelöst hat? Ein Verlust, eine Kränkung?
2. Welche Personen waren beteiligt?
   In welcher Form?
3. Welche mit der Krise verbundenen Gefühle bestimmen mich zur Zeit?
   Von was und wem fühle ich mich bedroht?
4. Welche Lebensphase muß ich jetzt als beendet ansehen?
5. Welche Verluste, die mit dieser Einsicht verbunden sind, muß ich akzeptieren?
6. Welche Entwicklungsaufgaben stehen jetzt für mich an, ob ich will oder nicht?
7. Welche Aspekte der vergangenen Lebensphase im emotionalen, sozialen, körperlichen wie gedanklichen Bereich sollten in der neuen Lebensphase unbedingt weiterhin gelten?
8. Welche Wünsche habe ich für die Zukunft, die heute beginnt?
9. Ich schneide mir einige (10 bis 15) gleich große Zettel zurecht und notiere darauf je eines meiner wichtigsten emotionalen und sozialen Bedürfnisse (Anerkennung, Zuwendung, Sexualität; Bedürfnisse im Hinblick auf die familiären Beziehungen und den Erfolg im Berufsleben etc.). Ich lege sie so vor mich auf den Tisch, daß eine Reihenfolge vom wichtigsten zum unwichtigsten Bedürfnis entsteht.
10. Ich versuche, auf jedem der vor mir liegenden Zettel hinter dem Bedürfnis je einen vermuteten Mangelzustand zu notieren.
11. Wenn ich mir über meine wichtigsten Bedürfnisse ge-

nauer klar werde, wer und was steht im einzelnen ihrer Befriedigung entgegen?

Wer oder was behindert mich direkt?

Ich notiere meine Befunde auf den entsprechenden Zetteln.

12. Welche Personen und Erfahrungen meiner frühen Kindheit stehen, in meinem Fühlen und Denken präsent, diesen Bedürfnissen ablehnend und kritisch gegenüber?

Wie wirken sich Erziehungseinflüsse in meiner Kindheit und Jugend, in Familie und sozialem Milieu, noch immer so verpflichtend aus, daß ich mir bis heute nie richtig darüber klargeworden bin, ob und wie ich meinen Wünschen (zum Beispiel im sexuellen Bereich) Rechnung tragen darf oder nicht?

13. Ich versuche, den meine Krise verursachenden Grundkonflikt oder den Zusammenhang verschiedener Konflikte, alle bestimmt durch die Auseinandersetzung zwischen unterschiedlichen Interessen und Positionen, auf einem großen Blatt aufzuzeichnen.

14. Welche Verantwortung für den Grundkonflikt schreibe ich mir selber zu?

15. Welche nicht veränderbaren Rahmenbedingungen muß ich zunächst einmal so akzeptieren, wie sie sind?

16. Ich notiere auf einem gesonderten Blatt (Querformat), welche unterschiedlichen Ziele (erste Spalte) der Problemlösung denkbar sind.

In der zweiten Spalte ordne ich diesen Zielen mögliche Vorgehensweisen zu.

In der dritten Spalte notiere ich jeweils knapp die Personen und Gruppen, die mir auf diesem Weg helfen und mich unterstützen könnten.

In einer vierten Spalte notiere ich in Stichworten die Konsequenzen, die die jeweilige Vorgehensweise für mein Leben haben würde.

17. Aus den denkbaren Wegen, das Problem zu lösen, wähle ich einen aus.

Warum erscheint er mir realisierbar?

18. Welche neuen Rollen muß ich übernehmen, wenn ich diesem Weg folge?

19. Was dürfte auf diesem Weg die entscheidende Barriere sein, die ich auf Anhieb nicht überwinden kann?
Wie nehme ich sie auf der gedanklichen Ebene wahr?
Welche Gefühle entwickle ich dieser Barriere gegenüber?

20. Welche Entscheidungen stehen an?
Ich notiere jede Entscheidung, die mir einfällt, gesondert oben auf einem DIN-A4-Blatt und teile darunter das Blatt in zwei Spalten ein, die ich mit PLUS und MINUS überschreibe.
Ich trage nun in die beiden Spalten all die widersprüchlichen Aspekte, Phantasien und konkreten Vorstellungen ein, die mir im Hinblick auf diese Entscheidung einfallen.

21. Ich formuliere schriftlich den Vorsatz, aus dem Zwiespalt, dem ungelösten Konflikt zwischen den widerstreitenden Stimmen in mir, kurz: aus meiner Entscheidungsunfähigkeit auszubrechen und eine Entscheidung zu treffen.
Wer wird von dieser Entscheidung alles betroffen sein?

22. Die durch die Grundentscheidung notwendig werdenden Verpflichtungen und Konsequenzen für mein Handeln notiere ich hintereinander. Ich ordne sie mit Hilfe von Zahlen nach ihrer Wichtigkeit/Dringlichkeit. Ich beschließe, die wichtigsten Aufgaben als erste anzupakken und sie in einer Frist, die ich mir jetzt setze, zum Abschluß zu bringen.

23. Kann ich mir Zeit für die Problemlösung lassen? Wieviel Zeit?

24. Was könnte ich auf dem gewählten Weg als ersten Erfolg ansehen?
Welche meiner Fähigkeiten muß ich einsetzen, um diesen ersten Erfolg zu erzielen?

25. Was müßte das nächste Zwischenergebnis sein?
Wer könnte mir dabei helfen, es zu erreichen?

26. Ich sammle abschließend offene Fragen auf losen Zetteln und ordne sie in einer mir logisch erscheinenden Reihenfolge.

«Meine Krise und meine Familie»

Ziel: Nachdenken über den Zusammenhang von Krise und Familienstruktur. Auseinandersetzung mit der Dynamik der eigenen Familie, in der Sie Vater oder Mutter sind.

Begründung: Das Familiensystem ist ein Feld hochkomplexer Wechselwirkungen, in dem das Verhalten jedes einzelnen Mitglieds das Verhalten aller anderen beeinflußt. Gerät ein Familienmitglied in eine Krise, werden alle anderen, jeder in einer bestimmten Weise, in Mitleidenschaft gezogen. Andererseits ist oft die zur Überwindung der Krise notwendige Veränderung des Betroffenen nur möglich, wenn sich das familiäre Umfeld verändert.

Es sei an die Überlegung zur Homöostase erinnert: Die Familie strebt nach einem Fließgleichgewicht der internen sozialen Beziehungen. Verändert sich nun das Familiensystem einschließlich der bestehenden Verhaltens- und Kommunikationsregeln an einer Stelle, müssen sich die Regelabläufe des ganzen Systems verändern. Krisenauslöser können Störungen und Spannungen in der Familie, ihre Enge und Sprachlosigkeit, nicht thematisierte und unausgelebte Bedürfnisse sein.

Zeit: Offen.

Material: Arbeitsbogen, Familienalben, Schreibzeug und Papier.

Anleitung: Niederschrift gemäß dem Arbeitsbogen.

Auswertung: Gespräch mit den Familienmitgliedern.

Erfahrungen: Ich habe die Erfahrung gemacht, daß vor allem meine Söhne (1968 und 1971 geboren) über eine große Unbefangenheit und ein treffsicheres Urteil im Hinblick auf Klima, Umgangsformen, Defizite und Stärken unseres Familienlebens und die Rolle von Vater und Mutter verfügen. Da sie erfreulicherweise von diesen Kompetenzen reichlich Gebrauch machen, fehlt es nicht an Rückmeldungen zu meinem eigenen Verhalten und zu strukturellen Bedingungen und Entwicklungen unserer Familie.

Arbeitsbogen

1. Ich mache, ähnlich wie im Arbeitsvorschlag «Meine Ursprungsfamilie» (S. 151 ff), meine eigene Familie, in der ich Vater oder Mutter bin, zum Gegenstand von mehreren Zeichnungen. Jeweils auf einem DIN-A4-Blatt kennzeichne ich mit Symbolen, Strichen und Strichmännchen samt hinzugefügten kurzen Kommentaren das System «Meine Familie» in mehreren Entwicklungsstadien und unter mehreren Perspektiven:
   o als wir gerade verheiratet waren
   o als unser (ältestes) Kind vier Jahre alt war
   o als sich unsere Kinder von zu Hause abzulösen begannen
   o heute.
2. Ich trage in diese Zeichnungen die Aufgaben und Funktionen ein, die die einzelnen Familienmitglieder zu erfüllen hatten / haben.
   Welches waren und sind meine eigenen Aufgaben und Funktionen?
3. Wie laufen die einzelnen Mahlzeiten ab? Ich zeichne die Sitzordnung und kennzeichne durch Striche die wichtigsten Kommunikationsströme, die beim Essen in der Regel zwischen den Familienmitgliedern hin und her fließen.
4. Die meisten Familienforscher stimmen darin überein, daß das familiäre Zusammenleben um so besser funktioniert,

je selbständiger jedes Familienmitglied seinen eigenen Interessen nachgehen kann.

Wie sieht es in meiner Familie aus? Wer tut unverwechselbar etwas nur für sich?

Kontrollieren oder stören die anderen Familienmitglieder diese Tätigkeiten?

Aus welchen Anlässen, unter welchen Bedingungen (Regeln) und bei welchen Themen kommen alle Familienmitglieder zusammen?

5. Sprechen einzelne Familienmitglieder über das, was sie tagsüber erleben, worüber sie sich ärgern oder freuen, was sie denken oder gern mit den anderen einmal diskutieren würden?

Wenn ja, interessieren sich die anderen für diese Themen?

Wie sieht es mit mir selber aus?

6. Welche Sorgen bedrücken uns alle zusammen?

Welche Sorgen bedrücken einzelne Familienmitglieder?

Welche Sorgen bedrücken mich selbst?

Kann ich meine Sorgen in der Familie zur Sprache bringen?

Wenn ja, wie und bei welchen Gelegenheiten pflege ich das zu tun?

Mit welchem Erfolg?

7. Welche gemeinsamen Pläne haben wir?

8. Wie ist die Macht und wie die Ohnmacht in meiner Familie verteilt?

Wer hat besondere Entscheidungsbefugnisse?

Wer bestimmt was?

Wie komme ich in dieser Verteilung vor und wie beeinflusse ich sie aktiv?

9. Wie laufen bei uns die Entscheidungsprozesse ab?

Welches ist dabei in der Regel meine Rolle?

10. Welche meiner Bedürfnisse werden in meiner Familie bislang nicht erfüllt?

Was sind die Gründe dafür?

Wie reagiere ich auf solche Versagungen?

11. Welche Regeln waren/sind in meiner Familie ausgebildet, um mit Störungen des Gleichgewichts umzugehen? Wer hat sich die Regeln der Konfliktlösung in unserer Familie ausgedacht, beziehungsweise wie sind sie entstanden?

Wer bestimmt die Spielregeln und wacht über deren Einhaltung?

Wer profitiert von ihnen, wer nicht?

Welches sind positive Auswirkungen dieses Modells der Konfliktlösung, welches sind die unerfreulichen Nebenwirkungen?

12. Was hat sich seit Beginn meiner Krise in meinen emotionalen und sozialen Beziehungen zu meiner Familie verändert?

Welches sind die Gefühle der anderen Familienmitglieder im Hinblick auf meine Krise?

Bekomme ich mehr Zuwendung als früher?

Worin drückt sich das aus?

13. Ich notiere auf losen Zetteln offene Fragen und bringe sie abschließend in eine mir logisch erscheinende Reihenfolge.

«Liebe, Freundschaft und so weiter»

Ziele: Abklärung der emotionalen und intellektuellen Erwartungen an den Partner.

Begründung: Nach traditioneller Auffassung von Liebe und Ehe «finden» zwei junge Leute einander und heiraten. Es wird vorausgesetzt, daß sie sich ergänzen und sich sozusagen im Gleichschritt weiterentwickeln. Liebe wird dabei als gemeinsames Voranschreiten, als immerwährender Reifepro zeß im Miteinander definiert. Man sieht in ihr «gewissermaßen ein wunderbares Netzwerk aus gegenseitigem Verlangen, das die beiden Partner dauernd umgibt, den Geliebten ausfüllt und Gefühle der Wärme, Zärtlichkeit und Hingebung produziert» (Toffler 1970, 198f). Allerdings erreichen wir dieses Ideal nur selten. Mobilität, Vergänglichkeit und die immer schnellere Änderung der Umweltbedingungen scheinen sich gegen die partnerschaftliche Liebe verschworen zu haben.

Da sich die meisten Krisen und belastenden Störungen in Beziehungen ausdrücken und sehr häufig mit Liebesentzug und Verlusterfahrungen zu tun haben, sei dieser emotional und sozial wichtige Lebensbereich eigens untersucht.

Zeit: Offen.

Material: Arbeitsbogen, Schreibzeug.

Anleitung: Niederschrift gemäß dem Arbeitsbogen.

Auswertung: Gespräch mit dem Partner auf der Basis, daß sich beide vorher unabhängig voneinander mit dem Arbeitsbogen befaßt haben.

Erfahrungen: Es kann sein, daß Sie sich schwer damit tun, zunächst einmal mit sich selbst, dann aber auch mit Freunden und mit dem Partner/der Partnerin über Ihre Grundbedürfnisse im Hinblick auf «Liebe, Freundschaft und so weiter» zu sprechen.

Arbeitsbogen

1. Ich schreibe alle Personen auf, von denen ich weiß, daß sie mich mögen. Ich unterstreiche die Namen derjenigen, von denen ich weiß, daß sie mir am meisten Zuneigung entgegenbringen.
2. Welches sind die Personen, die ich meinerseits gern mag? Welche davon liebe ich (unterstreichen)? Was mag ich an ihnen besonders?

Wie lasse ich erkennen, daß ich sie sehr gern habe?

3. Wie habe ich damals, als ich mich in meinen jetzigen Partner verliebte, «Liebe» definiert und gelebt?
Wie sieht es heute aus?

4. Ich beschreibe, wie wir uns kennengelernt haben.
Wie gingen wir bis dahin mit unseren sexuellen Bedürfnissen um?

5. Inwieweit waren meine und seine/ihre Einstellung zur Sexualität durch das Elternhaus bestimmt?
Hatte, bezogen auf erotische und sexuelle Neugierde und Aktivitäten, diese Prägung einen förderlichen, neutralen oder behindernden Einfluß?
Worin wirkt sich dieser Einfluß der Elternhäuser bis heute auf uns aus?

6. Welcher Art sind meine sexuellen Phantasien?
Spreche ich darüber mit meinem Partner, meiner Partnerin?

7. Inwieweit ist die Übereinstimmung in politischen Fragen entscheidend für unsere Beziehung?
Über welche politischen Fragen und Bewertungen von Tagesproblemen geraten wir uns regelmäßig in die Wolle?
Woran liegt das?

8. Schließen wir uns bei politischen Auseinandersetzungen und Diskussionen gegenüber Dritten zusammen oder vertritt jeder seinen eigenen Standpunkt, auch wenn wir uns damit untereinander entzweien?

9. Wie gehe ich in meiner Beziehung mit den Bedürfnissen beider Beteiligter nach Nähe einerseits und Distanz andererseits um?
Wie pendeln wir diese Polarität aus?

10. Gibt es bei einem der beiden Partner Eifersuchtsgefühle?
Welches waren im letzten erinnerbaren Fall die Gründe und Bedingungen?
Wie sind wir damit umgegangen?
Wie haben wir die in der Eifersucht zum Vorschein kom-

mende Vorstellung, den anderen zum Eigentum zu haben, im Gespräch und im weiteren Verhalten bearbeitet?

11. Inwieweit belastet meine Krise unsere gegenwärtige Beziehung?

12. Inwieweit und worin unterstützt mich meine Partnerin / mein Partner konkret bei der Lösung der Krise?

13. Was verstehe ich unter einer wirklichen Freundschaft?
Ich liste meine wichtigsten Freunde auf (erste Spalte) und notiere in einer zweiten Spalte, was ich an dieser Freundin / diesem Freund jeweils besonders schätze.

14. Ich gehe die Freundes-Liste noch einmal durch und frage mich, was im Einzelfall das wichtigste Hindernis zwischen mir und einer Freundin / einem Freund ist, so daß ich die Beziehung nicht so genießen kann, wie es möglich wäre und wie ich es gern tun würde.
Ich überlege mir, wie ich diese Beeinträchtigung unserer Beziehung dem Freund / der Freundin gegenüber ansprechen werde.

15. Wie kann ich mein Interesse an Freundschaften in einigen Stichworten charakterisieren?
Welches eigene Verhalten ist diesem Interesse zuzuordnen?
Wieviel Zeit und Energie investiere ich in meine Freundschaften?

16. Welche meiner Freundschaften regt mich am meisten dazu an, mich weiterzuentwickeln?

17. Welche Freundin / welcher Freund hört mir am intensivsten zu?

18. Welche Freundin / welchen Freund erlebe ich als besonders hilfreich in meiner Krise?

19. Wie wirkt sich meine Eigenart, Freundschaften zu beginnen, sie zu pflegen oder zu vernachlässigen, sie an einem bestimmten Punkt zu beenden oder einfach einschlafen zu lassen, auf mein Reservoir an «Helfern» in der Krise aus?
Welche Vorstellung von Freundschaft muß ich entwik-

keln, um aus der Krise heraus diesen denkbaren Reichtum an sozialen und emotionalen Erfahrungen, den Freundschaften beinhalten können, zu erwerben und zu erhalten (vgl. Teil 3)?

19. Ich sammle auf losen Zetteln offene Fragen und ordne sie abschließend in einem mir logisch erscheinenden Zusammenhang.

«Konflikte am Arbeitsplatz»

Ziele: Den meisten macht es sehr viel Mühe, Konflikte am Arbeitsplatz emotional auszuhalten, gedanklich zu analysieren und praktisch zu lösen. Die folgende Anleitung (nach Gudjons 1983, 38 ff) zeigt Ihnen Möglichkeiten auf, dies zu lernen. Die Aufgabe besteht darin, Konflikte in einer eigens gebildeten Gruppe von Freunden oder Kollegen unter ganz bestimmten schützenden wie helfenden Bedingungen anzusprechen.

Die Fallbesprechung in einer solchen Gruppe zielt auf eine differenziertere Wahrnehmung des eigenen Verhaltens, eigener wie fremder Gefühle, Impulse, Reaktionen, Phantasien, auf die Ergründung unbewußter Anteile an der Herstellung und Aufrechterhaltung von Problemsituationen und auf die Erarbeitung praktikabler Lösungen.

Begründung: Sie verbringen in der Regel die meisten Stunden des Tages am Arbeitsplatz. Kein Wunder, daß Ihr Selbstwertgefühl und Ihr Wohlbefinden ganz entscheidend von beruflichen Erfolgen und dort erlebter Wertschätzung abhängen. Die Wechselbeziehungen zwischen beruflichen und privaten Bedürfnissen, Unzufriedenheiten und Krisen sind beträchtlich. Hier wie dort gibt es Beziehungsstörungen, die jeweils negativ ins andere Feld hineinwirken.

Sowohl in der direkten Begegnung mit anderen wie in deren Wahrnehmung und Bewertung müssen Sie in der Krise neue Wege beschreiten, um die Störungen, unter denen Sie leiden, als Konflikte zu analysieren, um sie in ihrem Bedingungszusammenhang zu verstehen und um tragfähige Lösungen zu finden.

In der hier vorgeschlagenen Fallbesprechung in einer Gruppe kommt es auf die gedankliche Analyse von Kommunikations- und Beziehungsschwierigkeiten und deren emotionale Bewältigung an. Diese Bemühungen um Stabilisierung sollten von der Absicht bestimmt sein, den Mut und die strategische Kompetenz zur Veränderung der konflikterzeugenden Arbeitsplatzstrukturen zu steigern. Die von H. Gudjons jahrelang erprobte Methode der Fallbesprechung in Gruppen ist hierzu gut geeignet.

Zeit: Drei Stunden (zusammenhängend) für die Besprechung eines Falls.

Material: Papier und Schreibzeug.

Anleitung: Ich suche mir als Betroffener eine Gruppe von fünf oder sechs Personen zusammen. Dies kann eine einmal zusammentreffende Gruppe von Freunden sein; weitaus besser entwickelt sich jedoch der Lernprozeß bei allen Beteiligten, wenn die Gruppe so oft tagt, daß jeder der Teilnehmer eine Sitzung, also drei Stunden, für seinen Fall zur Verfügung hat.

Es gibt keine eigentliche Gruppenleitung, allenfalls einen «Regelwärter», der darauf achtet, daß bestimmte Regeln, auf die sich die Teilnehmer geeinigt haben, eingehalten werden. Bestimmte Gesprächsregeln sind nötig, um ein zielloses Hin- und Herspringen, beliebige Assoziationen und eine uferlose Diskussion von Anfang an zu vermeiden. H. Gudjons schlägt folgende Struktur vor:

«Erste Phase: Fallbericht (spontan, unvorbereitet, ungeordnet, assoziativ). Aufgabe der Gruppe: aktiv zuhören, genau beobachten, eigene Reaktionen registrieren.

Zweite Phase:	‹Blitzlicht› (= kurze Runde): Was hat der Fall in mir ausgelöst, wie fühle ich mich jetzt? (Keine Rückfragen, Gefühle ausdrükken, subjektiv bei der eigenen Befindlichkeit bleiben, sehr kurze Äußerungen). – Knappe Stellungnahme des Berichtenden dazu.
Dritte Phase:	Äußere Wahrnehmungen und Beobachtungen zum Fallbericht (keine Ratschläge und Deutungen; Leitfrage: Was ist mir an der Falldarstellung und am Darstellenden aufgefallen?).
Vierte Phase:	Innere Wahrnehmungen (Phantasien – auch angeleitet –, Gefühle, Bilder, Identifizierungen – auch angeleitet – mit den am Fallgeschehen beteiligten Personen). Thema: Der Fall im Spiegel der Reaktionen der Gruppe.
Fünfte Phase:	Durcharbeiten (Vertiefung von Einzelaspekten, theorieorientierte Deutungen, diagnostische Schlüsse, institutionelle, gesellschaftliche, politische Zusammenhänge. – Interpretation der Gruppenreaktion in Hinsicht auf den Fall).
Sechste Phase:	Lösungsmöglichkeiten (Ideensammlung, Verhaltensvorschläge, Handlungsalternativen, Rollenspiel, Handlungsplan etc.)» (Gudjons 1983, 43).

In der *ersten Phase* geht es um die Darstellung des Konflikts (am besten an Hand einer Szene, einer Situation, einem «Fall» verdeutlicht). Erzählen Sie spontan und assoziativ. Der Berichterstatter kann sich aber auch mit Hilfe von Notizen vorbereiten. Niemand darf ihn bei seiner Darstellung unterbrechen. Die Falldarstellung erfolgt ganz geschützt. Dies erlaubt das Aussprechen von Emotionen und widersprüchlichen Verhaltensweisen.

Die Zuhörer, die sich während des Berichts Notizen gemacht haben, sollten in der *zweiten Phase* weder den Berichterstatter mit Fragen überhäufen noch mit eigenen Erlebnissen ähnlicher Art oder vorschnellen Ratschlägen aufwarten. Bewertungen sind verboten, ebenso Warum-Fragen, weil diese in ein schwer entwirrbares Dickicht von bewußten und unbewußten Antrieben und Motivationen hineinführen. Es ist hilfreicher, wenn die Zuhörer nun an Hand ihrer Notizen Rückmeldungen dazu geben, wie dieser Bericht bei ihnen angekommen ist, was ihrer Meinung nach der wichtigste Punkt war, wie sie sich bei der Fallschilderung gefühlt haben. Dieses erste Feedback der Gruppe kann ganz kurz ausfallen. In dieser Runde achtet der Berichterstatter seinerseits die Redefreiheit der anderen, die nacheinander, immer ihm zugewandt, sprechen, aber jede Diskussion vermeiden. Zum Schluß dieser Runde sagt der Betroffene kurz, welche der Äußerungen und Feststellungen für ihn wichtig, neu, überraschend waren, wo es bei ihm «geklingelt» hat.

In der *dritten Phase*, in der es um die *äußere* Wahrnehmung geht, geben die Teilnehmer wieder, was sie am Berichtenden selbst und an der Art seiner Darstellung beobachtet haben. Hier wird deutlich, wie viele zusätzliche Äußerungen sich aus dem gewählten Sprachmaterial (zum Beispiel lauter Ausdrücke des Kämpfens, der Siege und Niederlagen), aus bestimmten Akzentuierungen, Auslassungen, Unklarheiten, Widersprüchen, dem Tonfall, dem Sprechtempo, der körperlichen Haltung, den Gesten ergeben. Hier gilt die strenge Regel, zu beobachten und diese Beobachtungen mitzuteilen, ohne zu bewerten. Das Thema dieser Runde ist der dargestellte Konflikt gleichsam im Mehrfachspiegel von Sprache und Ausdruck des Berichtenden.

In der *vierten Phase*, die den *inneren* Wahrnehmungen gewidmet ist, geht es darum, was die Szenenschilderung bei den einzelnen Zuhörern emotional an Phantasien, Bildern, Gefühlen, Parteinahme ausgelöst hat. Die Zuhörer können auch versuchen, sich gezielt mit der wichtigsten der an dem geschilderten Konflikt beteiligten Personen zu identifizieren. Sie können aus dieser einfühlenden Identifikation heraus in

Ich-Form zum Ausdruck bringen, was sie dabei denken und empfinden. Andere wiederum versuchen, in vorgestellten Bildern die emotionale Spannung des geschilderten Konflikts auszudrücken. Charakteristisch für diese Runde ist, daß die «Originalaufführung» des Konflikts in der ersten Phase nun in einem «Wiederholungsspiel» wiederbelebt wird, ermöglicht durch einfühlsame Interpretationen, Gedanken und Gefühle der Teilnehmer. Die wichtigste Regel für diese Phase lautet, daß der Berichterstatter offen bleibt für Rückmeldungen, sich nicht rechtfertigt, sich nicht verteidigt, entschuldigt oder sich zu vermeintlich sachlicher Gegenargumentation verleiten läßt.

In der *fünften Phase* werden Einzelaspekte vertieft. Die Teilnehmer haben Gelegenheit zu Diagnosen und Deutungen. Meiner Erfahrung nach sollten Sie in dieser Runde vor allem nach den strukturellen Bedingungen fragen, die zum Ausbruch des Konflikts beigetragen haben, etwa nach den Machtverhältnissen am Arbeitsplatz. Eine gute Möglichkeit, diese strukturellen Aspekte zu verdeutlichen, bietet das Rollenspiel, besetzt mit den wichtigsten Kontrahenten des Konflikts. Dabei können einzelne Rollen durchaus mit mehreren Teilnehmern besetzt werden, die unterschiedliche Anteile der dargestellten Person ausagieren, zum Beispiel das bewußte, nach außen sprechende Ich und ein inneres Ich, das nur die «geheimen» Wünsche, Bedürfnisse und Aggressionen äußert. Diese Phase braucht recht viel Zeit.

In der *sechsten Phase* geht es um praktikable Lösungen für das geschilderte Problem. Die hier zur Sprache kommenden Lösungsschritte können sowohl Veränderungen im persönlichen Verhalten, politisches Handeln zur Veränderung der Situation am Arbeitsplatz wie auch Kompromiß-Vorschläge beinhalten.

Erfahrungen: Ich biete seit langem in jedem Semester für (studentische) Mitarbeiter der Jugend- und Erwachsenenbildung solche Gruppen zur Bearbeitung von Praxisproblemen an. Es kann sein, daß sich im Gespräch spontan Lösungen ergeben, das Ganze kann aber auch scheinbar ergebnislos ablaufen. In jedem Falle werden aber Gärungsprozesse in Gang gebracht oder weiter in Schwung gehalten, die dem Betroffenen eine Fülle von Informationen über sich selbst und seine Umgebung vermitteln. Es ist ein anstrengendes, aber doch sehr befriedigendes Erlebnis, wenn sich mehrere Leute drei Stunden lang intensiv und einfühlsam mit mir und meinen Problemen am Arbeitsplatz beschäftigen.

«Anerkennung und Wertschätzung»

Ziele: Diese Übung (nach Dyer 1977, 64 ff, und Vopel 2/80, 4. Teil, 70 ff) ermöglicht das Nachdenken über die Anerkennung, die wir von anderen bekommen, und über die «Bärenfalle der Bestätigungssuche» (Dyer 1977, 67).
Begründung: Jeder benötigt Anerkennung. Da in den meisten Erziehungskonzepten (Familie oder Schule) Anerkennung und Wertschätzung vom Anpassungs- und Leistungsverhalten abhängig sind, haben wir es als scheinbar natürlich verinnerlicht, daß Anerkennung ein knappes Gut sei, das zu erringen jedes Opfer wert sein müsse. Es gilt, einen Weg zu finden, von der Bestätigung durch andere nicht mehr so abhängig zu sein wie bisher.
Zeit: Offen.
Material: Arbeitsbogen, Schreibzeug, Papier.
Anleitung: Niederschrift zum Arbeitsbogen.
Auswertung: Gespräch mit einer vertrauten Person über die Ergebnisse der Niederschrift.
Erfahrungen: Eine wichtige Erfahrung ist die, daß andere bereit sind, mir «Streicheleinheiten» zukommen zu lassen, wenn ich ihnen gegenüber meine Wertschätzung ausdrücke. Wenn mich jemand nicht so recht anerkennt, kann ich mit

ihm darüber sprechen. Zwar ist er dann oft überrascht und sogar bereit, mir zu sagen, was er an mir schätzt, aber zumeist scheue ich ein solches offenes Gespräch, um nicht noch deftigere Formen der Ablehnung und Zurückweisung zu erleben. Dieses Streben nach Anerkennung beansprucht sehr viel Energie, die ich einsparen kann, wenn ich mein Bedürfnis nach Bestätigung bewußt abzubauen beginne.

Arbeitsbogen

1. Ich finde Anerkennung, wenn ich… (sechs Verhaltensweisen und Situationen aufzählen!)
2. Mein Vater schätzte/schätzt mich besonders, wenn ich…
3. Meine Mutter schätzte/schätzt mich besonders, wenn ich…
4. Meine Intelligenz wird anerkannt von…
5. Mein Einfallsreichtum wird gelobt von…
6. Meine Hilfsbereitschaft wird anerkannt von…
7. Meine Großzügigkeit wird hervorgehoben von…
8. Meine Kraft und mein Durchhaltevermögen werden geschätzt von…
9. Meine Zärtlichkeit findet besonderen Anklang bei…
10. Folgende drei Qualitäten schätze ich an mir besonders…
11. Welche besonderen Eigenschaften an mir wirken auf andere so, daß sie sich in Begegnungen mit mir herabgesetzt und «untergebuttert» fühlen? Wie gehe ich mit solchen Erlebnissen zwiespältiger Überlegenheit um?
12. Fühle ich mich wie gelähmt, wenn mir die Leute in meiner Umgebung nicht spontan zustimmen?
    Fühle ich mich nur wohl, wenn andere mir Lob zukommen lassen?
    Zu welchen Zugeständnissen (Beispiele!) bin ich bereit, um die von mir benötigte Bestätigung zu erlangen?
13. Es ist einfacher, mich so zu verhalten, daß ich Zustim-

mung finde, als Kritik zu ertragen und mit ihr fertig zu werden. Die Ansichten anderer sind wichtiger für mich als meine Selbsteinschätzung. Ich rufe mir einige Situationen in Erinnerung, in denen ich in die «Bärenfalle der Bestätigungssuche» getappt bin und damit den Ansichten der anderen Macht über mich eingeräumt habe.

Was war in diesen Fällen meine durchgängige Verhaltensweise?

Was waren meine Motive, mich so zu verhalten?

Was wäre geschehen, wenn ich in diesen Situationen meine wahren Auffassungen und Gefühle geäußert hätte?

14. Wurde ich als Kind dazu erzogen, bei allem, was ich tat oder dachte, Vater oder Mutter um Erlaubnis zu fragen? Wann kam es zum ersten Protest gegen die Abhängigkeit von der Zustimmung der Eltern?

Gewährten mir meine Eltern Bestätigung und Zuwendung nur als Belohnung für «gutes» angepaßtes Verhalten?

15. Wie ging es weiter? War ich in der Schule ein Liebling des Lehrers? Gefiel ich in der Berufsausbildung und am Arbeitsplatz durch meine zuvorkommende Art?

16. Wenn andere mein Verhalten mißbilligen, hilft es mir dann, mir klarzumachen, daß mindestens jeder zweite in meiner Umgebung ganz andere Ansichten vertritt als ich (Wahlverhalten) und mindestens die Hälfte dessen, was ich sage, bestreitet?

Weist mir die Einsicht, das alles, was ich fühle, denke, sage oder tue, unweigerlich auch auf Ablehnung stoßen muß, einen Weg aus der Verzweiflung darüber, nicht anzukommen und abgelehnt zu werden?

17. Welche der folgenden Äußerungen Abraham Lincolns gelten für mich, welche nicht? «Sollte ich alle Angriffe auf mich lesen, vom Beantworten einmal ganz zu schweigen, dann könnte ich diesen Laden hier ebensogut für alle anderen Angelegenheiten schließen. Ich handle nach

meinem allerbesten Wissen und Können, und ich habe vor, es auch weiterhin so zu halten. Gibt mir der Ausgang recht, dann zählt das alles nicht, was über mich gesagt worden ist. Bin ich aber am Ende im Unrecht, dann machten auch die Schwüre von zehn Engeln, ich hätte recht, keinen Unterschied» (zitiert nach Dyer 1977, 78).

18. Ich sammle alle offenen Fragen auf losen Zetteln, die ich abschließend in einer mir logisch erscheinenden Reihenfolge ordne.

«Kräftefeld-Analyse»

Ziele: Diese Anleitung (nach Vopel 1981, 4. Teil, 106 ff) vermittelt eine Problemlösungsstrategie, die vor allem für Fälle geeignet ist, in denen es um eine Entweder-Oder-Entscheidung geht, in denen also zwei Alternativen zur Wahl stehen.

Begründung: Durch diese Form der Entscheidungsfindung gelingt es zumeist, recht klar die Faktoren zu ermitteln, die für zur Entscheidung stehende Alternative sprechen. Die Übung hilft Ihnen, die stärkeren Argumente des Für und Wider von den schwächeren zu unterscheiden.

Material: Papier, Bleistift.

Zeit: Offen.

Anleitung: Schreiben Sie die entscheidende Frage (zum Beispiel: «Will ich mich von meiner Freundin/meinem Freund trennen?») oben auf ein großes Blatt, das Sie in zwei Spalten aufgeteilt haben. Schreiben Sie über die linke Spalte einen Satz nach dem Muster «Kräfte, die mich dazu bewegen, mich von meiner Freundin/meinem Freund zu trennen» und über die rechte Spalte einen Satz nach dem Muster «Kräfte, die mich dazu bewegen, mich nicht von meiner Freundin/meinem Freund zu trennen». Nun notieren Sie in beiden Spalten alle denkbaren Kräfte, womit Argumente, Gesichtspunkte und Gründe gemeint sind, die für den einen Weg (erste Spalte) oder für den anderen (zweite Spalte) sprechen.

In einem zweiten Schritt bringen Sie in jeder der beiden Spalten die genannten Kräfte in eine Rangfolge. Der Kraft, die Sie für besonders wichtig halten, geben Sie jeweils die Nummer 1, der zweitwichtigsten die Nummer 2 und so fort.

Dann stellen Sie die fünf wichtigsten Kräfte aus jeder der beiden Spalten einander gegenüber und schreiben sie noch einmal gesondert auf.

Im vierten Schritt begründen Sie mit einigen Sätzen, zu welchem Weg Sie im Moment tendieren und was bei dieser Entscheidung den Ausschlag gibt.

Überlegen Sie, was Sie tun können, um den Kräften von der anderen Seite gerecht zu werden. Die Argumente, die Sie dort gesammelt haben, haben ja schließlich auch ihren wichtigen Platz in Ihrem Nachdenken und Leben.

Auswertung: Abschließende Fragen, die Sie selbst beantworten:

o Ist mir etwas Neues deutlich geworden?

o War es leicht, die Kräfte in eine Rangfolge zu bringen?

o Habe ich einen Weg gefunden, die Kräfte der «Verliererseite» zu versöhnen?

o Analysiere ich die Probleme, die Konflikte und die anstehenden Entscheidungen lieber allein oder im Gespräch mit anderen?

o Welche offenen Fragen möchte ich mit einem Menschen besprechen, dem ich vertraue?

Erfahrungen: Mir wurde bei dieser Übung deutlich, wie emotional aufgeladen rationale Argumente sein können und welche Rationalität andererseits unseren Gefühlsbewegungen innewohnen kann.

«Was ich nicht schaffe»

Ziele: Diese Anleitung (nach Vopel 1981, 1. Teil, 108 ff, und Vopel 1981, 4. Teil, 85 ff) kann Ihnen helfen, zwischen lösbaren und zur Zeit nicht lösbaren Problemen zu unterscheiden.

Begründung: Sicher haben Sie es schon erlebt, daß Ihnen in einem Konflikt sehr schnell die Rahmenbedingungen, die Problemlage und die Handlungskonsequenzen klar waren und Sie es dennoch nicht schafften, Ihre Einsichten in praktisches Verhalten umzuwandeln. In solchen Situationen kommen oft Gefühle von Unvermögen und Kraftlosigkeit auf.

Da die Kraft und die Kraftlosigkeit, die Macht, etwas zu tun, und die Ohnmacht, zusammengehören, gilt es, auch für das Unvermögen Verantwortung zu übernehmen, es zu akzeptieren. Sie machen sich damit den Weg frei, zu den verschiedenen Verhaltensmöglichkeiten ja oder nein zu sagen. Können Sie bestimmten Ansprüchen ein bewußtes Nein entgegensetzen und Ihren Widerstand begründen, bekommt auch die bewußte Zustimmung eine solidere Basis.

In dieser Übung kann deutlich werden, daß es in Ihrem Problemfeld unerfreuliche Tatsachen gibt, die zu verändern nicht in Ihrer Macht steht. So können Sie beispielsweise in einer Beziehungskrise nicht die Persönlichkeit Ihres Partners verändern.

Zeit: Offen.

Material: Papier und Bleistift.

Anleitung: Machen Sie sich eine Liste all der Schwierigkeiten, mit denen Sie sich zur Zeit herumschlagen. Dann wandeln Sie diese Stichworte in Sätze mit «Ich kann nicht»-Aussagen um. Um die inneren Widerstände besser zu kennzeichnen, verwandeln Sie anschließend die «Ich kann nicht»-Sätze in «Ich will nicht»-Sätze und fügen kommentierend hinzu, was Ihrer Abneigung jeweils zugrunde liegt und was Sie konkret befürchten. Dieser Kommentar sollte so ausführlich sein, daß erkennbar wird, welche Bedürfnisse und Interessen Ihre Widerstände im einzelnen bestimmen.

Zusätzliche Fragen

1. Wie hat mir dieses Experiment gefallen?
2. Welcher der drei Arbeitsschritte fiel mir am schwersten?
3. Habe ich etwas Neues herausgefunden?
4. Wie leicht fällt es mir, ein klares Nein auszusprechen?
5. Wie bringe ich gewöhnlich anderen Personen gegenüber ein indirektes Nein zum Ausdruck?
6. Welchen Preis muß ich jeweils dafür bezahlen, wenn ich Anforderungen mit einem direkten oder indirekten Nein von mir weise?
7. Gegenüber welchen Anforderungen in der Krisensituation empfinde ich massive Widerstände?
   Aus welchen Gründen?
8. Welches der notierten Probleme erscheint mir als zur Zeit nicht lösbar?
   Muß ich mich damit abfinden, daß ich in dieser Hinsicht zur Zeit nichts ändern kann?
9. Bei welchen Problemen und Konfliktbedingungen habe ich Aussicht, eine Lösung mit einer entsprechenden Anstrengung zu erarbeiten? Von welchen Problemen lasse ich lieber die Finger, weil sie entweder zu groß, zu schwierig oder gar nicht lösbar sind? Ich versuche mir klarzumachen, daß ich im Hinblick auf die Problemgruppe nicht veränderbarer Tatsachen zunächst einmal keine persönliche Verantwortung übernehmen muß.
10. Welche Gefühle habe ich diesen Problemen gegenüber, die mir zur Zeit als unlösbar erscheinen?
    Wie kann ich lernen, auf sie so zu reagieren, daß ich nicht innerlich gelähmt bin und Ohnmachtsgefühle ganz von mir Besitz ergreifen?

Woher kriege ich Energie und Zuversicht, diese Probleme als Aufgaben, die ich vielleicht später einmal lösen kann, nicht aus den Augen zu verlieren?

11. Welche offenen Fragen möchte ich mit einem Menschen besprechen, dem ich vertraue?

Auswertung: Sie sollten Ihre Listen mit einer vertrauten Person besprechen. Aus der Distanz des interessierten und aufmerksamen Zuhörers heraus kann er/sie Ihnen folgende wichtige Fragen beantworten:

o Neigen Sie dazu, sich an unlösbaren Problemen festzubeißen?

o Neigen Sie dazu, vorschnell durchaus lösbare Probleme zu unlösbaren Problemen zu erklären, um damit der Verantwortung ledig zu sein?

o Wie kann im Einzelfall herausgefunden werden, ob das Problem lösbar ist oder nicht?

Erfahrungen: In dieser recht anspruchsvollen Übung wurde mir deutlich: Ich habe oft bestimmte Problemlösungen klar vor Augen und würde sie auch gern in die Tat umsetzen, doch hindern mich bestimmte, im Laufe meiner Lebensgeschichte erworbene Prägungen so stark daran, daß ich zunächst einmal diesen Widerständen nachgebe. Was im Einzelfall aus Gründen der Entlastung noch als ganz sinnvoll erscheint, wird freilich in der Wiederholung zur Flucht vor notwendigen Veränderungen.

«Ist-Wert und Soll-Wert»

Ziel: In dieser Übung (nach Peseschkian 1977, 281 f) geht es darum, den Weg zu alternativen Einstellungen und Verhaltensweisen zu finden.

Begründung: In bestimmten Problemsituationen erzeugen

Handlungskonzepte, die wir unser Leben lang verinnerlicht haben, Konflikte. Es gilt herauszufinden, wie der Weg von Ihrem Konzept, das vielfach einen Vorgang erst zu einem Problem macht und damit selbst krisenerzeugende Wirkungen hat, zu einem sachlich wie emotional angemessenen Alternativkonzept führen kann, das Ihnen einlösbar erscheint.

Zeit: Offen.

Material: Arbeitsbogen, Papier und Schreibzeug.

Anleitung: Niederschrift zum Arbeitsbogen.

Auswertung: Gespräch mit vertrauten Personen.

Erfahrungen: Ich wende die hier vorgeschlagene Kurzanalyse immer dann an, wenn mir nach Beobachtung und Mitteilung von Familienmitgliedern alte Verhaltenskonzepte wieder mal ein Schnippchen geschlagen haben.

Arbeitsbogen

1. Ich teile ein DIN-A4-Blatt im Querformat in drei Spalten ein.

2. In der ersten Spalte stelle ich unter der Überschrift «Situation» den aktuellen Konflikt kurz dar. Beispiel: Worüber habe ich mich geärgert? Wem gegenüber? Unter welchen Bedingungen geschah das?

3. In der zweiten Spalte (Überschrift: «Ist-Wert») beschreibe ich, wie ich in der geschilderten Situation reagiert und gehandelt habe.
   Wie habe ich mich gefühlt? Was habe ich gesagt und getan? Was habe ich gedacht?

4. Welche meiner Bezugspersonen (Eltern, Geschwister, frühere Lehrer, frühere und heutige Vorgesetzte) hätten ähnlich gehandelt?

5. Welche Konsequenzen hat diese Art zu handeln für mich und andere?

6. Bin ich mit meinem Handlungskonzept, das mir offensichtlich immer wieder Probleme macht, noch dem

Handlungskonzept von Mutter und / oder Vater verpflichtet (Wiederholungszwang)?

7. In der dritten Spalte (Überschrift: «Soll-Wert») stelle ich
dar, wie ich meiner Ansicht und Einsicht nach hätte anders und besser reagieren können. Wozu würde die alternative Handlungsweise führen?

8. Wie weit ist der Weg vom Ist-Zustand zu einem neuen
Konzept, das nicht mehr an früheren Vorbildern orientiert ist, sondern meiner Person und meinen Problemsituationen Genüge tut?
Welches sind die ersten Schritte in Richtung auf dieses
neue Konzept?

9. Wer kann mich bei dieser Veränderung unterstützen und
mir Rückmeldungen dazu geben, inwieweit ich immer
wieder rückfällig werde, andererseits aber doch Fortschritte mache?

10. Ich sammle auf losen Zetteln offene Fragen und ordne sie
abschließend in einer mir logisch erscheinenden Reihenfolge.

«Ratgeber»

Ziele: In dieser Übung (nach Vopel 1981, 4. Teil, 91 ff) geht es
darum, meine eigenen Auffassungen und Wertvorstellungen
von denen anderer unterscheiden zu lernen. Ziel ist es, selbst
die Verantwortung für Problemlösungen zu übernehmen.
Begründung: Je nach dem persönlichen Stil, den der einzelne
entwickelt hat, befragt er alle möglichen Ratgeber (zum Beispiel Geschwister, Eltern, Freunde, Verwandte, Kollegen,
Vorgesetzte), um herauszufinden, was in einem bestimmten
Fall am besten zu tun sei. Manche werden um ihre Meinung
gebeten, andere erteilen ihren Rat ungefragt. In einigen Fäl-

len kommt eine sensible Beratung zustande – jemand versucht, sich in die zu lösende Konfliktsituation hineinzuversetzen –, andere geben kurz und bündig eine Anweisung, was «man» in einem solchen Fall zu tun habe.

Was derjenige, der den Rat einholt oder ihn unerbeten erhält, sich nicht immer richtig klarmacht, ist folgendes: Welchen Rat auch immer mir andere geben, er basiert auf ihren lebensgeschichtlich erworbenen Wertvorstellungen und spiegelt ihre persönlichen Bedürfnisse, Interessen, Ängste, ihr Lebenskonzept wider. Der andere, so gut er es auch meint, befindet sich nicht selbst in meiner Situation, hat nicht meine Lebensgeschichte mit all ihren bis heute wirksamen Verletzungen und Prägungen hinter sich und kann daher auch nicht an meiner Statt fühlen, denken und handeln.

Es ist selbstverständlich wichtig und richtig, Rat einzuholen, doch sollte Ihnen dabei immer folgendes bewußt bleiben:

o Was immer mir der andere rät, er kann und will nicht die Verantwortung dafür übernehmen, was geschieht, wenn ich seinen Rat befolge.

o Ich muß selbst die Verantwortung für meine Entscheidungen tragen. Diese Entscheidungen hängen mit meinen Einstellungen, sozialen Deutungsmustern und Wertvorstellungen zusammen, die ich im Laufe meines Lebens erworben habe. Sie müssen zu mir passen.

o In der Beratung kann ich mir aber meine Sicht der Dinge von anderen spiegeln lassen und mir dadurch über Problemfaktoren bewußt werden, die ich bislang übersehen habe.

o Ich mache mir bei Ratschlägen anderer Menschen klar, daß diese immer nur aus *ihrer* Sicht und aus *ihren* Interessen heraus argumentieren. Damit gewinne ich die Freiheit, diese Äußerungen als Vorschläge anzusehen, die ich in meinen Entscheidungsprozeß einbeziehen, aber auch verwerfen kann.

Zeit: Offen.
Material: Arbeitsbogen, Papier und Bleistift.

Anleitung: Niederschrift gemäß dem Arbeitsbogen.
Auswertung: Gespräch mit Freunden.
Erfahrungen: In Situationen, in denen ich unter Druck stehe, erzähle ich gern von meinem Problem, auch in der stillen Hoffnung, meine Verantwortung für die anstehende Entscheidung schön gleichmäßig auf andere zu verteilen. Dabei merke ich immer wieder, daß mir kein noch so gut gemeinter Ratschlag letztlich diese Verantwortung für selbst zu treffende Entscheidungen abnehmen kann.

Arbeitsbogen

1. Ich konzentriere mich auf eine wichtige Entscheidung, die ich jetzt oder in allernächster Zeit treffen muß.
2. Ich beschreibe diese Entscheidung nach dem Muster «Ich überlege mir, ob ich meinen Arbeitsplatz wechseln soll» und führe sie mir damit als Problemsituation vor Augen.
3. Ich nehme nun einen großen Zeichenbogen und zeichne einen Tisch, an dem meine inneren und äußeren Ratgeber sitzen.
   Ich schreibe das Thema der Beratung in die Mitte des Tisches.
   Ich setze mich selbst als Leiter dieser Ratgeberrunde an den Tisch, indem ich meinen Stuhl durch ein Quadrat andeute. Ich schreibe meinen Namen in dieses Quadrat.
4. Ich überlege mir, auf wessen Meinung ich in der Regel viel gebe, mit wem ich über mein Problem schon gesprochen habe und wem ich es noch gerne vortragen möchte.
   Ich stelle mir vor, daß alle diese denkbaren Ratgeber zur Sprache kommen werden. Ich schreibe je einen Namen dieser Personen in einen der aufgezeichneten Stühle.
5. Nun notiere ich zu jedem Ratgeber, was er entweder schon zu meinem Problem gesagt hat oder was er vermutlich sagen wird. Neben meinen Stuhl schreibe ich, was ich mir selbst zu dem Problem gedacht habe.

6. Nun nehme ich meine Funktion als Vorsitzender dieser Ratgeberrunde wahr und prüfe meine Reaktion auf jeden Ratgeber und seinen/ihren Rat. Ich stelle mir dabei folgende Fragen:
   o Wie wichtig ist mir der Ratgeber?
   o Was sind seine eigenen Interessen im Hinblick auf meine Entscheidung?
   o Welche Wertvorstellungen sind in seinen Ratschlägen enthalten? Woher stammen wohl diese Wertvorstellungen?
   o Welches Bild von mir steckt in seinem Rat?
   o Auf welche Teilprobleme macht mich dieser Rat aufmerksam?
   o Wie ist meine spontane Reaktion auf seinen Ratschlag?
7. Ich habe mir Notizen zu jedem Rat gemacht und sortiere diese nun unter dem Aspekt, was das für mich Wertvollste in diesen Meinungen und Vorschlägen ist.
8. Ich versuche aus den Ratschlägen nützliche Fragen abzuleiten, die bedenkenswert sind.
9. Welche Ratgeber nehme ich besonders ernst? Aus welchen Gründen?
10. Welche Ratgeber haben sich in der Vergangenheit bewährt? Worin und wodurch?
11. Wie gehe ich mit dem Rat meiner Eltern um?
12. Gibt es unter meinen Ratgebern solche, die ganz stark eigene Interessen verfolgen?
13. Gibt es unter ihnen auch Ratgeber, von denen ich mich belästigt fühle?
14. Möchte ich gern neue Ratgeber gewinnen? Wie kann und wird das vor sich gehen?
15. Mit welchen Personen möchte ich über das anstehende Problem und meine Krise im ganzen ausführlicher sprechen?
   Wie stelle ich es an, dieses Gespräch zu erbitten?
16. Wie kann ich vor zukünftigen Gesprächen meine Bitte

um Rat so präzise vorbereiten, daß sofort klar wird, um welches Problem es geht?

17. Ich sammle auf losen Zetteln offene Fragen und bringe sie abschließend in eine mir logisch erscheinende Reihenfolge.

«Verinnerlichte Ratgeber»

Ziel: Umgang mit dem Über-Ich.

Begründung: Auch wenn Sie nicht mehr mit Ihren Eltern zusammenleben, tragen Sie diese doch ständig in Form verinnerlichter Forderungen, Gebote, Verbote und Vorschriften in sich. Freud sprach vom Über-Ich als einer durch Kindheitseindrücke, Erziehungseinflüsse und sonstige Prägungen der Umwelt erworbenen psychischen Instanz, die er mit dem Gewissen gleichsetzte. Im Über-Ich sind die Gebots- und Verbotseinflüsse der früheren Beziehungspersonen ebenso wie wichtige Wertvorstellungen präsent. In der Krise erfolgt oft zum erstenmal eine intensive Auseinandersetzung mit den vom Über-Ich repräsentierten Forderungen der Eltern.

Material: Arbeitsbogen, Papier und Schreibzeug.

Zeit: Offen.

Anleitung: Niederschrift zum Arbeitsbogen.

Auswertung: Gespräch mit vertrauten Personen, die sich ebenfalls an Hand des Arbeitsbogens auf das Gespräch vorbereiten sollten.

Erfahrungen: Mir wurde bei dieser Übung klar, wie drastisch sich die Lebensumstände, unter denen die im Elternhaus erlassenen Gebote und Verbote ihren Sinn hatten, inzwischen verändert haben. Gleichwohl haben die Gebote und Verbote der Eltern ihren festen Platz in meinem Bewußtsein und in meinem Unbewußten behalten.

Arbeitsbogen

1. Ich schreibe, der assoziativen Erinnerung folgend, alle Forderungen meiner Eltern in einer zweispaltigen Liste (links die Mutter, rechts der Vater) auf. In einer dritten Spalte schreibe ich jeweils in einem knappen Kommentar («ja» oder «nein» genügt) dazu, ob ich diese Forderungen bislang erfüllt habe oder nicht.

2. Ich sehe die Liste noch einmal durch und überlege mir, welche dieser Forderungen durch direkte Anweisungen, Gebote und Verbote und welche durch das gelebte Vorbild präsentiert wurden.

3. Welche dieser Forderungen an mich bestehen bis heute und werden von meinen Eltern / einem Elternteil immer wieder vorgebracht?

4. Welche dieser Forderungen halten meine Geschwister mir gegenüber wach?

5. Welche dieser Forderungen habe ich so verinnerlicht, daß sie zu einem Teil meines Lebenskonzepts geworden sind? Welche davon quälen mich?
   Um diese Fragen zu beantworten, sollte ich meinen Partner / meine Partnerin oder meine Kinder daraufhin befragen, was ich ihrer Meinung nach von meinen Eltern übernommen habe und worin ich ihnen gleiche.

6. Ich wende mich den Forderungen der Eltern zu, die ich nicht (mehr) erfülle. Ich schreibe sie einzeln auf und notiere dahinter, aus welchen Gründen und seit wann ich ihnen nicht mehr entspreche.

7. Im Hinblick auf welche Forderungen erlebe ich den Zwiespalt, einerseits zu wissen, daß ich um meiner Selbständigkeit willen diesen Forderungen nicht mehr entsprechen möchte, und andererseits ihre Mißachtung als Verstoß, als «Sünde» zu empfinden?
   Wer von den Personen, die schon früh Einfluß und Macht über mich hatten, hat insbesondere diese Forderungen vertreten?

Was war deren eigenes Interesse an der Erfüllung der For-
derungen?
Werde ich mich von diesen «Sünden» freisprechen?
Wenn ich es nicht tue, wer kann es dann tun?

8. Falls einer meiner Eltern noch lebt, vielleicht auch beide,
   sollte ich sie fragen, welches eigentlich immer ihre drei
   wichtigsten Forderungen an mich gewesen sind und welche davon bis heute bestehen.
   Zu diesen Forderungen als Erwartungen, Geboten und
   Verboten nehme ich Stellung, das heißt, ich äußere mich
   dazu, was ich für mich nicht mehr gelten lassen möchte
   (begründen!) und was ich meinerseits an meine Kinder
   weitergeben werde.

9. Ich notiere auf losen Zetteln offene Fragen und bringe sie
   anschließend in eine mir logisch erscheinbare Reihenfolge.

«Die anderen sind verantwortlich»

Ziel: Um Probleme lösen zu können, ist es wichtig, sich selbst
als möglichst kompetent und verantwortlich zu empfinden.
Sie haben mit dieser Übung (nach Vopel 1981, 4. Teil, 76ff)
Gelegenheit, zu überprüfen, ob es zu ihren Gewohnheiten
gehört, sich der Verantwortung für das eigene Handeln dadurch zu entziehen, daß Sie sich zum Opfer erklären und die
eigenen Schwierigkeiten ausschließlich auf widrige Umstände
in Ihrer Lebensgeschichte oder auf den Einfluß von Personen
zurückzuführen, die Ihnen feindlich gesonnen sind.
Begründung: Die Einsicht, daß wir an der Herstellung der
Krise selbst beteiligt waren und sind und daß wir uns bei unserer Entwicklung mit fest verankerten Gefühls-, Denk- und
Handlungskonzepten selbst im Weg stehen, fällt uns schwer,
da sie schmerzhaft ist und zu bewußten Änderungen in unse-

rem Handeln führen muß. Anstatt die schwere Aufgabe zu akzeptieren, daß wir selbst die Lösungen für größere oder kleinere Probleme unseres Lebens erarbeiten müssen und oft im Vollzug dieser Arbeit die dazu benötigte Kompetenz erwerben, wählen wir oft den Ausweg, andere für uns sorgen und Probleme für uns lösen zu lassen. Da wir uns nicht trauen zu sagen «Ich will ein Kind bleiben und keine Verantwortung für mein Leben übernehmen», erklären wir uns zu Opfern: «Ihr, die Eltern, Lehrer, Partner, Vorgesetzten, habt mich so hilflos gemacht, wie ihr mich jetzt erlebt. Kein Wunder, daß ich nicht klarkomme!»

Zeit: Offen.

Material: Arbeitsbogen, Papier und Schreibzeug.

Anleitung: Niederschrift zum Arbeitsbogen.

Auswertung: Gespräch mit dem Partner oder einem Freund über die Ergebnisse der Niederschrift.

Erfahrungen: In der ersten Phase der Auseinandersetzung mit meiner eingangs erwähnten Krise verfiel ich in die Pose des Anklägers, der vor allem bestimmte Milieubedingungen der Kindheit für aktuelle Probleme verantwortlich machen wollte. Doch dies blieb ein Durchgangsstadium. Heute versuche ich, selbst Verantwortung für mein Handeln zu übernehmen.

Arbeitsbogen

1. Wenn ich die innere Haltung eines Opfers annehme, dann sage ich mir im Grunde genommen immer folgendes: «Ich selbst kann für meine Probleme, die ich mit mir und anderen habe, eigentlich gar nicht verantwortlich gemacht werden. Andere haben die Schuld. Ich war und bin starken äußeren Mächten ausgeliefert, gegen die ich nicht ankomme.» Für die Schwierigkeiten in der jetzigen Krise mache ich verantwortlich:
   o meine Lebensgeschichte

o meine Schulbildung
o meine Eltern
o die soziale Lage meines Elternhauses
o meine früheren Lehrer
o meine Partnerin / meinen Partner
o die Gesellschaft
o einen Partner / eine Partnerin, der / die mich verlassen hat
o meinen speziellen Feind, der mir so zusetzt: ...
o und folgendes: ...

2. Ich versuche, mich an drei Situationen zu erinnern, in denen ich dazu neigte, mich passiv zu fühlen und zu verhalten und in denen ich andere Personen oder anonyme Mächte für mein Schicksal verantwortlich machte.

3. Welche Vorbilder gab es in meiner Lebensgeschichte für solche Opfer-Mentalität?

4. An welchen körperlichen Symptomen (leise Stimme, flaches Atmen etc.) kann ich bemerken, daß ich die Opfer-Haltung einnehme?

5. Welche Handlungskonsequenzen ergeben sich daraus, wenn ich die Opfer-Mentalität für mich ablehne und selbst die Verantwortung für die Problembewältigung übernehme?

6. Ich notiere auf losen Zetteln offene Fragen und sortiere sie abschließend in einer mir logisch erscheinenden Reihenfolge.

«Meine Stärken und Schwächen»

Ziel: In dieser Übung (nach Vopel 2 / 80, 1. Teil, 65 ff, 99 f; Vopel 1981, 2. Teil, 74 ff) geht es darum, anzuerkennen, daß Stärken und Schwächen in einem breiteren Spektrum als bisher angenommen zu der eigenen Person gehören. Wir können lernen, Schwachsein als einen bewußt gesuchten Zustand, in dem wir uns fallen lassen, zu akzeptieren und zu einem Teil unseres Konzepts zu machen.

Begründung: In der Krise, die oft als Depression in Erscheinung tritt, kommt es darauf an, sich der eigenen Kraft und der eigenen Stärken und Kompetenzen bewußt zu werden, andererseits im Schwachsein einen eigenen Wert zu erkennen und sich die Erlaubnis dazu zu geben.

Zeit: Offen.

Material: Arbeitsbogen, Papier und Schreibzeug.

Anleitung: Niederschrift gemäß dem Arbeitsbogen.

Auswertung: Gespräch mit vertrauten Personen, die Sie bitten sollten, vor dem Gespräch die im folgenden gestellten Fragen für sich zu beantworten.

Erfahrungen: In einem Seminar werten wir eine Selbsterfahrungsrunde (Selbstaufschreibung) zu den eigenen Stärken und Schwächen aus. Es stellt sich heraus, daß es allen schwergefallen ist, sich im Gespräch in der Kleingruppe selbst Stärken zu bescheinigen. Sich selbst zu loben – dieses Rollenspiel ist in unserer Gesellschaft nicht vorgesehen: «Eigenlob stinkt, Freundeslob hinkt, Feindeslob klingt.»

Bei der Abklärung der Schwächen kommt heraus, daß fast alle Beteiligten die folgenden Schwächen zu ihren wichtigsten zählen:

o nicht nein sagen können,
o keinen Konflikt aushalten zu können,
o keine Forderungen stellen zu können.

Schnell wird der Zusammenhang klar: Niemand, dessen Herrschaft von der allgemeinen Duldung lebt (zum Beispiel Regierungen oder Leitungsgremien von Großorganisationen wie Kirchen, Verbänden, Parteien, Gewerkschaften etc.), kann daran interessiert sein, daß wir unsere Stärken kennen, uns ihrer rühmen, Forderungen stellen, nein sagen und Konflikte, die aus einer solchen selbstbewußten Haltung erwachsen, auch noch durchstehen können. Unsere sozialen Verhaltens- und Deutungsmuster sind aus historisch genau bestimmbaren Interessenkonstellationen heraus entstanden. Ich sehe mich aufgefordert, ihnen gegenüber meine eigenen berechtigten Interessen herauszufinden und zu benennen.

Arbeitsbogen

1. In acht Sätzen schreibe ich meinen schönsten Erfolg im letzten Jahr auf.
2. Welche Erfahrungen machen mich glücklich, welche bewirken das Gegenteil?
3. Habe ich Erfolge aufzuweisen, auf die nur ich stolz bin?
4. Gab es Gelegenheiten, bei denen ich erfolgreich und doch unglücklich war? Woran lag das?
5. Lieben und achten mich andere Leute (auflisten!), auch wenn ich keinen Erfolg habe?
6. Noch mehr als Erfolg schätze ich ...
7. Ich schreibe in acht Sätzen auf, was ich als meine größte persönliche Niederlage im letzten Jahr empfand.
8. Ich bereite neun lose Zettel vor, auf denen ich meine neun wichtigsten Begabungen und Stärken notiere.
9. Ich ordne die Zettel so, daß eine Rangreihe entsteht:
   o A 1–3, das sind die drei wichtigsten Stärken und Fähigkeiten, die mich erfolgreich sein lassen.
   o B 1–3, das sind die zweitwichtigsten Stärken.
   o C 1–3, das sind die drittwichtigsten Stärken.
10. In gleicher Weise verfahre ich mit meinen Schwächen.
11. Ich ordne meine Stärken noch einmal in einer anderen Weise:
    o Der erste Bereich der Stärken, an die ich jetzt denke, hat mit meinem Kopf zu tun (intellektuelle Fähigkeiten und Kenntnisse). Welche sind das? Ich schreibe alle auf, die mir einfallen.
    o Der zweite Bereich meiner Stärken hat mit meinem «Herzen» zu tun, meinen Gefühlen, der Art und

Weise, wie ich mit mir selbst und anderen umgehe. Ich notiere, worauf ich stolz war und worüber ich mich freue.

- o Der dritte Bereich meiner Stärken bezieht sich auf die Hände, auf meine Geschicklichkeit. Ich notiere Tätigkeiten, die ich besonders gern und gut mit den Händen ausführe.

12. Ich notiere mir Gesichtspunkte dazu, auf Grund welcher gesellschaftlicher Prägungen Männer zur Erklärung von Mißerfolgen eher auf Ursachen außerhalb ihrer selbst zurückgreifen, Frauen hingegen zumeist ihren Mißerfolg auf fehlende Begabung zurückführen.
Welche gesellschaftlichen Prägungen in Form sozialer Deutungsmuster sind dafür verantwortlich, daß Frauen andererseits bei Erfolgen von «Glück», Männer dagegen von ihrem Können reden?

13. Neige ich dazu, meine Kompetenzen und Fähigkeiten niedrig einzustufen, herunterzuspielen oder gar zu übersehen? Wenn ja, hängt das mit meiner familiären Erziehung zusammen?

14. Welche meiner Stärken möchte ich ausbauen?

15. Leiste ich es mir ab und zu, mich ganz fallenzulassen, bewußt und mit Genuß schwach zu sein, mich zurückzuziehen? Wenn nein, warum nicht?

16. Ich notiere auf losen Zetteln offene Fragen und ordne diese abschließend in einer mir logisch erscheinenden Reihenfolge.

NEUINSZENIERUNG:
EIN NEUES KONZEPT, EIN NEUER BEGINN

Neurotische Störungen finden meist ihren Ausdruck in körperlichen Druckgefühlen, Schmerzen, Spannungen ohne Organbefund. Sie sind Signale dafür, daß wir vor gesellschaftlicher Verantwortung fliehen. G. Jervis zufolge verweist die Flucht in das körperliche Leiden auf eine blockierte Entscheidung, das heißt auf eine nicht klar wahrgenommene und ungelöste Konfliktsituation. Der Betroffene muß sich die Unsicherheit und die Widersprüche, in denen er lebt, bewußt machen. Es ist notwendig, daß ihm «die Möglichkeit geboten wird, das eigene Unbehagen auf alternative Weise auszudrücken, und daß er motiviert wird, eine Reihe von Entscheidungen, Lebensbeschlüssen und Verantwortungen auf sich zu nehmen» (Jervis 3/1980, 317).

Jede Krise erzeugt Leidensdruck. Das althochdeutsche Ursprungswort von «Leiden» ist *lîdan* = «in die Fremde ziehen; Not durchstehen» (Arndt 1980, 206). Nehme ich diese alte Bedeutung des Wortes und das in ihr enthaltene Bild auf, dann heißt überwundenes Leid (überwundene Krise), daß ich in die Fremde gezogen bin und Not durchstanden habe. Ich habe dazugelernt. Ich habe mich verändert.

Will ich in der Krise an dieser Veränderung aktiv beteiligt sein und will ich der Veränderung sogar selbst erarbeitete Ziele zuweisen, muß ich mich in dem Wirrwarr von Beharrung und Bewegung, Altem und Neuem, Ängsten, Gewohntem und beängstigend Ungewohntem gezielt um eine neue Definition meiner Situation und um ein neues Handlungskonzept bemühen. Ich muß versuchen, mein eigenes Fühlen,

Denken, Wollen und Handeln und das der Menschen um mich herum anders als bisher zu verstehen. Dies bedeutet bewußte Auseinandersetzung mit meinen bislang nicht ausdrücklich thematisierten Lebenszielen und Lebenswünschen.

Bewußte Progression benötigt immer auch bewußte Regression, wie zum Ausatmen das Einatmen gehört und Symmetrie und Asymmetrie einander ermöglichen. Eine Möglichkeit bewußter und gezielter Regression besteht in der Wiederentdeckung der eigenen Kindanteile.

In einem Mainzer Uni-Seminar im Wintersemester 1984/85 kamen zum Thema «Von Kindern lernen» folgende Assoziationen zur Sprache:

«*Wiederzugewinnende Haltungen, Tugenden, Einstellungen:* Omnipotenz des Kindes – kindliche Universalität – Phantasie; Imaginationskraft; Fähigkeit, um sich herum eine eigene Welt aufzubauen und Zeit und Raum zu vergessen – kein Perfektionsanspruch – Genußfähigkeit – anderes Zeitgefühl: Sinn für den Augenblick; den Augenblick genießen können – Vertrauen – Natürlichkeit – Offenheit; Fähigkeit zur ungehemmten Äußerung – Kreativität – Spontaneität und Flexibilität – natürlicher Egoismus – Unbefangenheit – Konzentration auf sich selbst – breite Emotionalität; Ausleben von Gefühlen; spontane, ehrliche Gefühlsäußerungen; Fähigkeit, auch heftige Gefühle zu zeigen und zu äußern – träumen können; Tagträume haben; in Träumen leben – Zeit haben und sich Zeit nehmen – keine Vorurteile – endlos leben wollen – Unschuld – beschützt sein – klein sein – ununterbrochenes, müheloses Lernen – Bedürfnisse nach: Eigenverantwortlichkeit, Freiheit, Selbständigkeit, Unabhängigkeit, Vielfältigkeit, Selbstvertrauen, Reduktion auf das Wesentliche – begeisterungsfähig sein – bedingt werbeverseucht – Neugier; Wißbegierde; Entdeckungsdrang; Experimentierlust – auf dem Weg sein – Schutzbedürftigkeit – Menschen bleiben, religiös gesehen, immer Kinder: Möglichkeit zur Fehler- und Lasterhaftigkeit; verzeihbare Naivität…

Interaktionen von Kindern: Kinder stellen Zwänge in Frage;

die Menge der selbstgesetzten Zwänge ist gering – Kinder fragen; sie müssen wissen, lernen, organisieren, ausprobieren – Musik machen – spielerischer Umgang mit der Realität; Ausleben von Phantasie; sich in vorgestellten, für sie aber real vorhandenen Märchen- und Lebenswelten bewegen – sich verkleiden und im Handumdrehen zu einer anderen Person werden – Natur erleben – Kinder bauen aus der Zerstörung immer wieder Neues auf – Kinder nehmen wahr (kreative Wahrnehmung), während Erwachsene sehen – Kinder üben Geschicklichkeit – Kinder brechen immer wieder aus der geordneten Erwachsenenwelt aus – Ausleben von Gefühlen – sich ganz auf etwas einlassen...»

Wir waren uns im Seminar darüber einig, daß wir in diese Annahmen und Zuschreibungen ein gehöriges Stück «Heile Welt» hineinprojiziert hatten, Vorstellungen von einer Kindheit, wie sie in dieser Vollkommenheit keiner von uns selbst erlebt hatte. Da jeder Erwachsene ein großgewordenes Kind bleibt, sannen wir auf Möglichkeiten, die Spannung von erhaltenen Kindanteilen und gewonnener Reife des Erwachsenen in einem Wechselspiel von Ernsthaftigkeit und Verspieltheit, von Voranschreiten und Sichfallenlassen, von Progression und Regression zu nutzen.

E. M. Meili-Lüthy (1982) hat sich damit beschäftigt, wie im Prozeß der Persönlichkeitsentwicklung progressive und regressive Verhaltensmechanismen zusammenspielen und einander ergänzen. In diesem Zusammenspiel reift die Persönlichkeit. Progression und Regression gehören in vielen kleinen und großen, wichtigen und nichtigen Abwandlungen zum täglichen Leben. Jede zielgerechte Anstrengung, jeder bewußt vollzogene Willensakt drückt die Progression von Energie aus. Jede Ermüdung, jedes Zerstreutsein, vor allem aber der Schlaf stellen eine Regression dar. Durch eine vorübergehende Regression wird die Bedingung zur weiteren Progression geschaffen. Dieses Zurückschrauben des Energieaufwandes geschieht auf höchst individuelle Weise. Die einen entspannen sich nach einem anstrengenden Arbeitstag durch Unterhaltungsliteratur, die anderen erholen sich durch ein Bad, frühes Zubettgehen, durch Rückzug von der Umwelt oder indem sie sich selbst verwöhnen. Wieder andere finden Erholung in unterschiedlichen Freizeitbeschäftigungen wie Spielen, Kochen, Sport. Auch starke Gefühlsäußerungen wie Heulen, Lachen und Schimpfen wirken befreiend. Andere Menschen wiederum ziehen sich in die Krankheit zurück, damit sie umsorgt werden oder flüchten sich in Alkohol- und Tablettenmißbrauch. Die Möglichkeiten der Regression scheinen unbegrenzt zu sein, wobei die Grenzen zwischen eher regressiven und normalen Äußerungsformen fließend sind.

Allgemein versteht E. M. Meili-Lüthy die Regression als Abwehr, bei der sich der Mensch auf eine frühere Stufe der Entwicklung zurückzieht, auf der er sich noch sicher und geborgen fühlen konnte – vor allem in dem Sinne, daß er von anderen versorgt wird und andere wieder die Verantwortung für sein Leben übernehmen müssen.

In jedem Menschen gibt es ein Zusammenspiel kindlicher und erwachsener Persönlichkeitselemente. Sie können oft nebeneinander beobachtet werden, mal überlagern sie sich, mal schließen sie einander aus – abhängig davon, durch welche Einflüsse sie unterschiedlich stark aktiviert werden.

E. M. Meili-Lüthy erinnert daran, daß dem Kind der Rückweg zu Verhaltensweisen und Befriedigungsformen der Vergangenheit offen ist, der es ihm ermöglicht, unlustvolle gegenwärtige Erlebnisse zu ertragen, ohne von ihnen überwältigt zu werden. Regression ist also zunächst einmal eine ganz normale Art und Weise, um mit einer Belastungssituation fertig zu werden oder eine Ermüdung zu überwinden. Dies gilt für jedes Lebensalter. Abgesehen von Fällen, in denen Regression zu einem Dauerzustand wird und sich in krankhafte Faktoren der Persönlichkeitsentfaltung mit Neurosen und Psychosen verwandelt, ist Regression als ein gesunder Abwehrmechanismus zu betrachten, der im Dienste der geistigen und körperlichen Balance steht. Wichtig scheint ein flexibles Spielen zwischen progressiven und regressiven Mechanismen zu sein. Jeder von uns trägt zwar progressive und regressive Tendenzen in sich, aber wir sind nicht alle gleichermaßen fähig, uns progressiv und regressiv zu verhalten. Das flexible Wechseln von einem in den anderen Zustand scheint manchen Menschen aus tieferen Gründen erschwert zu sein.

Jürg Willi (1975, 21) beobachtet, wie in einer befriedigenden Paarbeziehung die Partner von der Möglichkeit profitieren, in freischwingender Balance partiell progredieren und regredieren zu können: «Bald weint sich der eine regressiv beim anderen aus, der ihn – in der Mutter-Position – tröstet, bald ist es wieder der andere, der hilflos ist und den Rat und die Unterstützung des ersteren beansprucht. Da man in der Paarbeziehung mit dem Ausgleichsverhalten des Partners rechnen kann, darf man sich eher mal regressives Verhalten leisten, ohne Angst vor sozialem Abgleiten haben zu müssen. Die Bewährung in stellvertretenden Hilfsfunktionen andererseits hebt das Selbstgefühl. Das gegenseitige Stützen und Gestütztwerden vermittelt den Partnern ein hohes Maß an Befriedigung und gibt eine wesentliche Motivation zur Paarbildung. Vorübergehend teilweise regredieren zu können ist für die Reifung eine wichtige Voraussetzung.»

Da uns im Alltagsleben immer wieder und fast ausschließlich die Erwachsenen-Anteile abgefordert werden (Verpflichtung auf Ordnung, auf Nützlichkeit allen Handelns; zwar in fast allem abhängig zu sein, dies aber als selbstverständlich zu akzeptieren; Leistungsorientierung und produktives Handeln für die Gesellschaft), sollten Sie sich ein Verteidigungs- und Abwehrprogramm «Bewußte Regression» ausdenken und in die Tat umsetzen.

Bewußte Progression: Die Krise kann sie zu dem ausdrücklichen Wunsch veranlassen, von jetzt an soziale Erfahrungen zu machen, die Ihnen bislang verwehrt waren. So ergab die Untersuchung einer Bremer Projektgruppe, daß viele Witwen nach dem Tod ihres Mannes förmlich aufblühen. Sie entwickeln Aktivitäten, die ihnen andere und sie selbst sich früher nie zugetraut hätten. Sie führen vielfach ein freieres, abwechsungsreicheres Leben als in der Ehe. Sie holen so einen Teil Emanzipation nach, der ihnen vor und während der Ehe versagt geblieben war. Die von der Projektgruppe interviewten Arbeiterwitwen haben die Verlusterfahrungen relativ rasch überwunden. Die Interviews (Dießenbacher 1986) vermitteln den Eindruck, daß die befragten Frauen ihr Leben selbstbewußter als früher gestalten. Sie können erstmalig in ihrem Leben selbständig über Geld verfügen. Sie erleben das Alleinsein als eine neue Lebensphase mit unerwarteten Entwicklungsmöglichkeiten.

«Abschied nehmen und Neues beginnen»

Ziel: In dieser Übung (nach Vopel 1981, 4. Teil, 2 ff) geht es darum, sich der Veränderungen im Prozeß der Krisenbewältigung bewußt zu werden.

Begründung: In der Krise stellt sich manchmal der Eindruck ein, daß man keinerlei Fortschritte macht. Diese Übung soll dazu beitragen, daß Sie sich der wirklich stattfindenden Veränderungen bewußt werden. Die Frage lautet: Was gebe ich an Altem zur Zeit bewußt auf und was beginne ich gezielt an Neuem?

Zeit: Offen.

Material: Arbeitsbogen, Papier und Schreibgerät.

Anleitung: Niederschrift an Hand des Arbeitsbogens.

Auswertung: Umwandlung der Niederschrift in einen Brief an einen guten Freund / eine Freundin. Gespräch.

Erfahrungen: Ich habe die Erfahrung gemacht, daß die Feststellung dessen, was ich alles bewußt aufgegeben und bewußt neu begonnen habe, ein Erfolgserlebnis beschert.

Arbeitsbogen

1. Ich stelle eine dreispaltige Liste von früheren Entscheidungen auf, zu denen ich heute noch stehe und die ich auch nicht revidieren möchte. Diese Liste sollte jeweils in der ersten Spalte eine Notiz über die Entscheidung enthalten, dahinter das ungefähre Datum, in der dritten Spalte Ereignisse, die mich in dieser Entscheidung bestärken.

2. Welche dieser Entscheidungen waren für mein Leben am wichtigsten?

3. Ich stelle eine Liste von Dingen auf, die einmal sehr wichtig für mich waren, die ich jetzt aber doch eher zur Vergangenheit zählen möchte, da sie heute nicht mehr im Mittelpunkt meiner Bedürfnisse und Interessen stehen. Ich konzentriere mich dabei auf Aktivitäten, Beziehungen etc., die noch nicht ganz vorbei und verbraucht, sondern erst jetzt in eine Auflösungsphase geraten sind. Ich schreibe so viele Dinge, wie mir einfallen (mindestens fünf!), auf ein dreigeteiltes, quer gelegtes DIN-A4-Blatt. In der ersten Spalte notiere ich immer, um was es geht, in der zweiten das, was ich über den Vorgang denke, und in der dritten Spalte, was ich heute dazu empfinde.

4. Auf einem weiteren Blatt schreibe ich mindestens fünf Dinge auf, die neu in meinem Leben sind. Ich interessiere mich vor allem für Aktivitäten, Beziehungen etc., die noch nicht voll zu meinem Leben gehören, die erst im Entstehen sind, aber an Bedeutung gewinnen und häufiger als vermutet auftauchen und sich wiederholen. Die Notizen trage ich wie beim vorigen Arbeitsschritt auf einem dreigeteilten Blatt ein.

5. Aus jeder dieser beiden Listen wähle ich den Punkt aus, der jeweils der wichtigste ist.
   Ich stelle diese beiden Punkte in den Mittelpunkt einer kurzen schriftlichen Betrachtung. Ich beschreibe das Werden und Vergehen und was ich dabei empfinde (Äng-

ste, Trauer, Freude, Erwartungen). Ich mache mir klar, was und wer mich in diesem Prozeß unterstützt, wer und was mich dabei behindert. Ich mache mir klar, was mich noch an das Alte bindet und was mich noch von dem Neuen trennt.

6. Fällt es mir schwer, Abschied zu nehmen?
7. Welche grundsätzliche Einstellung habe ich zu Neuem?
8. Mit wem spreche ich normalerweise über Veränderungen in meinem Leben?
9. Mit wem könnte ich darüber sprechen?
10. Von welchem Selbstideal und welchen damit verknüpften Vorstellungen, Hoffnungen und Tagträumen fiel und fällt mir jetzt in der Krise der Abschied besonders schwer? Erlaubte und erlaube ich es mir, darüber traurig zu sein? Worin besteht meine Trauerarbeit?
11. Ich sammle auf losen Zetteln offene Fragen und bringe sie abschließend in eine mir logisch erscheinende Reihenfolge.

«Lebensaufgaben und Lebensplanung»

Ziele: Reflexion darüber, in welchem Verhältnis Lebensaufgaben, die Ihnen entsprechend Ihrem Alter gestellt sind, und Ihr tatsächlicher Lebensverlauf stehen. Auseinandersetzung mit einlösbaren und nicht einlösbaren Zielen für die Zukunft.
Begründung: Ich habe es nur zu einem geringen Teil in der Hand, mein Leben zu planen und diesen Plan Wirklichkeit werden zu lassen. Gleichwohl muß ich angesichts anstehender Lebensaufgaben ständig entscheiden, was ich tun und was ich lassen will, wie sich unter meiner bewußten Mitwirkung der nächste Tag, die nächste Woche, das nächste Jahr, eventuell sogar größere Zeiträume gestalten sollten.

Zeit: Offen.

Material: Kalender, Arbeitsbogen, Papier und Schreibgerät.

Anleitung: Niederschrift gemäß dem Arbeitsbogen.

Auswertung: Gespräch mit dem Partner, den eigenen Kindern, Freunden.

Erfahrungen: Obgleich jeder von uns tagtäglich in irgendeiner Form über die Zukunft nachdenkt, werden Sie erstaunt sein, zu welchen präzisen Vorstellungen einerseits und zu wie vielen unbeantworteten Fragen andererseits der knappe Fragebogen anregt.

Arbeitsbogen

1. Ich male – wie im Arbeitsvorschlag «Lebenslinie» (S. 149 ff) beschrieben – eine Zeitschiene und trage für die letzten zwanzig Jahre schwierige Lebensaufgaben ein, die ich zu bewältigen und denen gegenüber ich mich zu entscheiden hatte.

2. Bei welchen dieser Markierungspunkte meines Lebenswegs konnte ich zwischen verschiedenen realisierbaren Möglichkeiten für mich frei wählen?
Bei welchen nicht?

3. Welche dieser Entscheidungen hatten negative Auswirkungen auf mich, die ich bis heute noch nicht «verdaut» habe, die ich immer noch als schmerzlich oder sogar als bedrohlich erlebe?

4. Wie gingen meine Großeltern und Eltern mit der Planung ihres Lebens und mit Vorstellungen von «Schicksal» oder «göttlicher Fügung» um?

5. Welches sind die Lebensaufgaben, die ich heute und morgen zu bewältigen habe?
Ich lege auf einem querliegenden DIN-A4-Blatt drei Spalten an und trage in die erste Spalte diese Aufgaben ein. Zu den einzelnen Punkten notiere ich in der zweiten Spalte, was ich mir erhoffe und wünsche. In der dritten

Spalte notiere ich, welchen Beitrag ich zur Erfüllung dieser Hoffnungen und Wünsche leisten könnte.

6. Auf losen Zetteln notiere ich, frei assoziierend, weitere Lebensziele, bezogen auf alle Lebensbereiche.

Ich sortiere sie danach, welche wahrscheinlich für mich erreichbar sein werden, welche eventuell und welche überhaupt nicht.

Bei der ersten Gruppe von Zielen notiere ich auf den Zetteln, was ich in den nächsten drei Jahren tun kann, um sie zu erreichen.

Was in den nächsten vier Wochen?

7. Das wichtigste dieser Ziele schaue ich mir nun noch genauer an. Ich notiere auf einem gesonderten Blatt, welcher konkreten Maßnahmen (Zeit und Stunde; Helfer angeben) es bedarf, um dieses Ziel zu erreichen.

8. Welches sind meine Erwartungen im Hinblick auf mein Altern?

Ich lege eine zweispaltige Liste an (erste Spalte: positive Erwartungen; zweite Spalte: negative Erwartungen) und assoziiere frei zu dieser Frage.

Bin ich bereit, mein jetziges Alter anzunehmen?

9. Ich werde sterben. Beziehe ich irgendwelche Entscheidungen und Planungen auf diese unumstößliche Gewißheit?

Ich notiere auf einem gesonderten Blatt, welche Gedanken und Einsichten, Vorsätze und Planungen der folgende Satz in mir auslöst: «Dies ist der erste Tag vom Rest meines Lebens.»

10. Ich notiere auf losen Zetteln offene Fragen und bringe sie abschließend in eine mir logisch erscheinende Reihenfolge.

«Meine Grabrede»

Ziel: Sie können sich mit Hilfe dieses ungewöhnlichen Experiments (nach Vopel 1981, 4. Teil, 28 ff) bewußt machen, welche Erwartung Sie heute an das Leben haben.

Begründung: Vielleicht möchten Sie sich mit dieser Übung, die Sie an Ihr eigenes Sterben denken läßt, nicht so gern abgeben. Sie konfrontiert Sie aber mit Fragen, die Ihnen viel Kraft für notwendige Veränderungen in Ihrem Leben geben können.

Zeit: Offen.

Material: Arbeitsbogen.

Anleitung: Niederschrift gemäß dem Arbeitsbogen.

Auswertung: Gespräch mit vertrauten Freunden.

Anmerkung: Peter Noll hat in seinen ‹Diktaten über Sterben & Tod› (1984) in Erwartung seines Krebstodes eine solche Grabrede verfaßt. Sein Wunsch war, daß sie nach seinem Tod öffentlich verlesen werde.

Arbeitsbogen

1. Ich weiß, daß ich sterben muß. Ich öffne mich für die Vorstellung, es würde nach meinem Tod eine Grabrede auf mich gehalten. Der Redner kann ein Pfarrer, aber auch ein guter Freund sein. Wer soll diese Rede halten?
2. Ich schreibe in Form einer kurzen Rede auf, was er über mich sagen soll.
   Was würde ich gerne hören?
   Welches sollen die Höhepunkte, welches die Tiefen meines Lebens gewesen sein?
   Was will ich erlebt und erreicht haben?
3. Was habe ich empfunden, als ich die Rede skizzierte?
4. Welches sind die für mich wichtigsten Punkte in meiner Grabrede?

5. Mit wem spreche ich gelegentlich über den Tod?
6. Welche Leute, die ich früher kannte, sind jetzt tot?
7. Bei welchen Gelegenheiten denke ich daran, daß ich sterben werde?
8. Welcher erwartbare Verzicht macht mir die Vorstellung, daß ich sterben werde, besonders schwer?
9. Wer soll mich vermissen?
10. Werde ich in der durch mein Sterben eingegrenzten beschränkten Zeit irgend etwas anders machen als bisher?
11. Was werde ich weglassen? Was ist entbehrlich?
12. Welche der Dinge, die für mich sehr wichtig sind, werde ich intensiver als bisher betreiben?
13. Ich notiere auf losen Zetteln offene Fragen, die ich abschließend in einer mir logisch erscheinenden Reihenfolge ordne.

«Mein neues Konzept»

Ziele: Genauere Bestimmung der im Krisenverlauf erreichten Entwicklungsstufe. Formulierung eines neuen Selbstkonzepts.
Begründung: Die Einsicht, daß in der Bewältigung der Krise schon erste Erfolge zu verzeichnen sind, kann dazu ermuntern, über ein grundsätzlich neues Konzept der Alltagsbewältigung nachzudenken. Der Versuch, Entwicklungsziele in der Balance von Freiräumen und Abhängigkeiten, von Möglichkeiten und Schwierigkeiten zu formulieren, setzt soziale Phantasie frei und läßt auf bislang nicht erprobte Entwicklungsmöglichkeiten hoffen.
Zeit: Offen.
Material: Arbeitsbogen, Papier und Schreibgerät.
Anleitung: Niederschrift gemäß dem Arbeitsbogen.

Auswertung: Sie können Ihre Niederschrift zum Fragebogen einem Freund zu lesen geben, sofern er sich bereit erklärt, sich ernsthaft mit Ihnen darüber zu unterhalten. Er sollte das Gespräch mit Notizen zu Ihrem Text vorbereiten.

Erfahrungen: Meiner Erfahrung nach ist der/die Betroffene bei dieser Arbeit ganz stark auf emotionale, soziale und fachliche Unterstützung angewiesen.

Arbeitsbogen

1. Ich schreibe sechs Wörter auf, die meine derzeitige emotionale Verfassung am besten kennzeichnen.
2. Ich erinnere mich, wann meine Krise begonnen hat und durch welches Ereignis sie ausgelöst wurde.
3. Was war im Verlauf meiner Krise der unangenehmste Augenblick und welches war die unangenehmste Erfahrung?
4. Welche guten Erfahrungen und glücklichen Augenblicke im Krisenverlauf fallen mir ein?
5. Welches waren meine wichtigsten Lernerfolge (persönliches Wachstum als Lernprozeß) in den letzten Monaten?
6. Welche sozialen Konflikte, die die Krise entscheidend bestimmten, konnte ich bis jetzt ansatzweise oder sogar ganz lösen?
7. Welche Bedürfnisse und Interessen sind mir zur Zeit am wichtigsten?
8. Wie lange habe ich gebraucht, bis ich mich entschließen konnte, auf ein neues Selbstkonzept zuzusteuern?
   Mit welchen Stichworten läßt es sich am besten charakterisieren?
9. Ich habe zur Verwirklichung dieses Konzepts schon folgende Schritte getan...
10. Welche konkreten Ziele habe ich mir für das kommende Jahr ab heute vorgenommen?

11. Was dürfte bei der Verwirklichung meines neuen Konzepts am schwierigsten sein?
12. Welche bewährten Elemente meines Selbstverständnisses und meines Verhaltens werden auch mein neues Konzept mitbestimmen, welche nicht mehr (zweispaltige Liste)?
13. Auf wessen Unterstützung bin ich angewiesen? Worin soll sie konkret bestehen und wie verschaffe ich sie mir?
14. Wer außer mir selbst wird sonst noch davon profitieren, daß ich einige Dinge in meinem Leben zu ändern versuche?
15. Was wird der Preis für meinen Fortschritt sein? Worauf werde ich verzichten müssen? Was will ich statt dessen gewinnen?
16. Auf losen Zetteln notiere ich offene Fragen, die ich abschließend in einer mir logisch erscheinenden Reihenfolge sortiere.

«Meine Begabungen»

Ziel: Besinnung auf Begabungen, die Sie noch nicht genügend genutzt haben.
Begründung: Sie verfügen sicherlich über Begabungen, die Sie auf Grund zu ermittelnder Umstände nicht pflegen und ausbauen konnten. Vielleicht helfen sie Ihnen gerade jetzt in der Krise weiter.
Zeit: Offen.
Material: Arbeitsbogen, Papier und Schreibgerät.
Anleitung: Niederschrift zum Arbeitsbogen.
Auswertung: Diskutieren Sie Ihr Selbstverständnis mit Ihrem Partner, den Familienmitgliedern, den Eltern. Vor allem aber: Experimentieren Sie! Neue Aufgaben, die Sie über das

Übliche hinaus fordern, setzen bei Ihnen bislang noch nicht zum Vorschein gekommene Kräfte und Reserven frei.

Erfahrungen: Ich hatte als Kind bei einem katholischen Küster, der in einer Kreisbehörde als kleiner Beamter meinem Vater (ebenfalls ein kleiner Beamter) nachgeordnet war, Klavierstunde. Da der Küster in einer stetigen Abfolge von pädagogischen Fehlleistungen seinen Dienst-Frust an mir abarbeitete, brach ich den Klavierunterricht im dritten Jahr ab. Die nächsten dreißig Jahre rührte ich kein Musikinstrument an. Dann kaufte ich mir von heute auf morgen ein gebrauchtes Piano, dazu eine Blues- und Boogie-Schule und begann wieder zu spielen. Andere Begabungen (Cartoons zeichnen) baute ich nicht aus, ebensowenig meine handwerklichen Fertigkeiten; dafür aber meine Freude am Kochen und Bewirten.

Paul Bocuse: «Ist Kochen eine Begabung? Ich weiß es nicht genau... Einer unserer Moralisten sagte, der Tisch sei ein Altar, nur dazu gedeckt und geschmückt, um darauf den Kult der Freundschaft zu zelebrieren» (1977, 11).

Arbeitsbogen

1. Welches sind die Begabungen, die ich beruflich und privat (zweispaltige Liste) vor allem nutze?
   Ich lege eine Rangfolge fest.
2. Welches waren Begabungen, die ich in meiner Kindheit und Jugend besonders intensiv erlebt habe, die ich aber in meinem Erwachsenenleben nicht wieder aufgenommen und weiterentwickelt habe?
3. Was würde ich jetzt gern tun und können?
   Was erwarte ich mir davon an Lusterlebnissen und Steigerung des Selbstwertgefühls?
4. Wie muß ich meinen Alltagsrhythmus und meine Zeitplanung umstellen, um damit zu beginnen?
   Wann fange ich an?
5. Wer von meinen Freunden könnte noch mitmachen?

6. Ich notiere auf losen Zetteln offene Fragen und bringe sie abschließend in eine mir logisch erscheinende Reihenfolge.

«Neugier»

Ziele: Sie können sich mit Hilfe dieser Anleitung (nach Vopel 2/1980, 4. Teil, 38 ff) vergegenwärtigen, worauf Sie in verschiedenen Altersstufen neugierig waren. Sie können Ihre heutige Einstellung zu diesem wichtigen Motivationsbereich erforschen.
Begründung: Es geht um vorhandene, aber wenig genutzte Grundlagen für Lernprozesse.
Zeit: Offen.
Material: Arbeitsbogen, Papier und Schreibgerät.
Anleitung: Niederschrift an Hand des Arbeitsbogens.
Auswertung: Gespräch mit dem Partner und mit Freunden.
Erfahrungen: Es lohnt sich, mit dieser Übung die Selbstaufschreibung nach Farrow (vgl. S. 121 f) zu verbinden. Mir jedenfalls ging es so, daß eine ganze Reihe thematischer Phantasien, Ausdruck von Neugierde und ungestillten Wünschen, in der assoziativen Selbstaufschreibung zutage traten.

Arbeitsbogen

1. Wer sind die neugierigsten Menschen, die ich kenne (auflisten!)? Ich stelle eine Reihenfolge auf.
2. In welchem Verhalten äußert sich bei diesen Personen die Neugierde?
3. Wie stimmt sie mit anderen Verhaltensweisen dieser Personen überein?

4. Ich überdenke die Entwicklungsgeschichte meiner Neugierde. Was wollte ich gern herausfinden
   o im Alter von vier Jahren?
   o im Alter von zehn Jahren?
   o im Alter von sechzehn Jahren?
   o im Alter von zwanzig Jahren?
5. Was möchte ich im Augenblick herausfinden und ausprobieren?
6. Wann war ich in meinem Leben am neugierigsten? In welcher Situation?
7. Der Psychoanalytiker Karl Landauer (1930) sprach von einer «psycho-sexuellen Genese der Dummheit»: «Mit der autoritativen Einschränkung der Sexualneugier wird zugleich jede andere Initiative und Wißbegier des Kindes eingeschränkt» (Horn 1974, 154).
   Inwieweit trifft diese Einsicht auf den elterlichen Umgang mit meiner sexuellen Neugierde als Kind und Jugendlicher zu?
   Welche Auswirkungen hatte die repressive Sexualmoral des Elternhauses auf die Entstehung meiner sexuellen Identität?
8. Wer war in meiner Familie am neugierigsten? Vater oder Mutter?
   Worin äußerte sich ihre Neugierde?
   Wie wirkte das auf mich?
9. Welche Situationen fallen mir ein, in der sich meine Neugierde gelohnt hat?
10. Bei welchen Gelegenheiten wurde ich für meine Neugierde bestraft und wie reagierte ich darauf?
11. Womit wurden die Strafen begründet?
12. Wo wird in meinem jetzigen Beruf und Tätigkeitsbereich Neugierde belohnt und wo bestraft? Was sind die Gründe im einzelnen?
13. Woran merke ich, daß ich neugierig bin?
    Gibt es dafür körperliche Anzeichen?
14. Was interessiert mich zur Zeit am meisten?

Wie und ab wann werde ich mein Interesse einlösen?

15. Welchen Stellenwert haben dabei soziale und emotionale, speziell sexuelle Erlebnisse?

16. Welches sind meine wichtigsten Wünsche zur Zeit?
Mit wem könnte ich diese Wünsche besprechen?
Welche Wege werde ich einschlagen, um sie zu erfüllen?

17. Welche der obigen Fragen war für mich am schwersten zu beantworten?
Worauf führe ich das zurück?

18. Ich sammle auf losen Zetteln offene Fragen und bringe sie abschließend in eine mir logisch erscheinende Reihenfolge.

Ich und die anderen

«Kein Mensch ist eine Insel, ganz für sich
selbst, wir alle gehören zu einem Kontinent.»
John Donne

Natürlich, Richard, bin ich überzeugt, daß du ernste Probleme hast.
Ich wünschte nur, sie wären interessanter.

Der lebenslange Prozeß der Identitätsarbeit vollzieht sich, das wird einem insbesondere in Krisen klar, in einem Gewirr sozialer Beziehungen. Ich muß tagtäglich Erwartungen anderer entsprechen und möchte mich zugleich als selbständig und unverwechselbar erleben. Die einzelnen sozialen Gruppen (Familie, Beruf, Freundschaften, kulturelle und politische Gruppen), denen ich angehöre, stellen einerseits Anforderungen, gewähren aber andererseits auch Schutz und Unterstützung.

Der Wunsch, unabhängig und sein «eigener Herr» zu sein, von ungebetenen Ratgebern verschont zu werden, wechselt in der Krise immer wieder mit dem Bedürfnis nach stets ansprechbaren Zuhörern, wirklichen Freunden und machtvollen Helfern. Jede soziale Beziehung, ob gewalttätig oder freundschaftlich, bedeutet eine Definition des eigenen Ichs durch den anderen und des anderen durch mich selbst. Da die Dynamik und Qualität sozialer Beziehungen sowohl auf die Entstehung von Krisen wie auf deren Überwindung entscheidenden Einfluß haben, will ich mich mit ihnen in diesem Teil zunächst grundsätzlich, dann speziell unter den Gesichtspunkten der Unterstützung und neuer sozialer Entwicklungsmöglichkeiten befassen.

AUTONOMIE UND ANGEWIESENSEIN

Unter all den programmatischen Begriffen mit der Vorsilbe
«Selbst-» (Selbstbeachtung, Selbständigkeit, Selbstbeeinflus-
sung, Selbstbeschäftigung, Selbstbeobachtung, Selbstbestimmung, Selbstbewußtsein, Selbstdisziplin, Selbsterhaltung,
Selbsterkenntnis, Selbstgefühl, Selbstkontrolle, Selbstkritik,
Selbstorganisation, Selbstverantwortung, Selbstzufriedenheit...) genießt die Selbstbestimmung (Autonomie) als Unabhängigkeit vom Einfluß anderer und als Gegenbegriff zur
Anpassung einen hohen Rang.

Autonomie

Die deutschen Übersetzungen des griechischen Wortes *auto-
nomia*, nämlich «Selbstbestimmung, Selbstgesetzgebung
und Eigengesetzlichkeit», beziehen sich direkt auf den
Wortgebrauch in der griechischen Antike, in der der Begriff
eine zentrale politische Kategorie war. So forderten die griechischen Stadtstaaten etwa seit der Mitte des 5. Jahrhunderts
Autonomie als eine gewisse politische Selbständigkeit und
insbesondere als das Recht, über ihre inneren Angelegenheiten unabhängig von einer anderen Macht zu bestimmen.
Diese Tradition führt bis zum heute als selbstverständlich
angesehenen Recht einer jeden Nation, über die Form der

staatlichen Existenz und den Charakter der Gesellschaftsordnung zu entscheiden.

In der Neuzeit gewann der Autonomie-Begriff insbesondere in der Philosophie Emmanuel Kants eine zentrale und umfassende Bedeutung: Hier steht er für die Möglichkeit und Aufgabe des Menschen, sich durch sich selbst in seiner Eigenschaft als Vernunftswesen zu bestimmen. Der Autonomie-Gedanke – Selbstgesetzgebung durch Vernunft – richtet sich bei ihm als Aufgabe und Programm gegen jede Art gesellschaftlicher Fremdbestimmung: «Alle Philosophie... ist Autonomie». Kant charakterisiert die Autonomie des Willens als «oberstes Prinzip der Sittlichkeit überhaupt» und als Begründung der Freiheit des Menschen als eines Vernunftswesens: «Denn Freiheit und eigene Gesetzgebung des Willens sind beides Autonomie, mithin Wechselbegriffe».

Wenn Soziologen heute von personaler Autonomie im Sinne von Individualität, Spontaneität, persönlicher Selbstbestimmung usw. sprechen, dann diskutieren sie diesen Begriff vorwiegend vor dem Hintergrund ihrer Bedrohung durch gesellschaftliche Zwänge. H. P. Dreitzel (1972) spricht von einem grundsätzlichen Widerspruch der modernen Gesellschaft insofern, als sie dem einzelnen Anpassung und Autonomie zugleich zumute. Autonomie meine jedoch nicht jene Allmachtsvorstellung, mit jeder Situation fertig werden zu können. Solle der Begriff einen Sinn haben, dann müsse er mit dem Selbstbewußtsein zugleich auch kritisches Bewußtsein umfassen.

In unserem Zusammenhang geht es zum einen darum, sich aus der eigenen (inneren) Gebundenheit an frühere Erfahrungen und Beziehungen, Deutungsmuster und Verhaltenskonzepte zu lösen, die wir im nachhinein als zwanghafte Einschränkungen freiheitlicher Entwicklung erkennen. Zum anderen geht es um emotionale und psychosoziale Autonomie, um unsere Fähigkeit, die Umwelt kritisch einzuschätzen, ihre Forderungen und Erwartungen zu akzeptieren oder ihnen Widerstand entgegenzusetzen.

Autonomie und Gleichgültigkeit

Zum Kritiker dieses traditionellen Autonomie-Verständnisses wird der amerikanische Sozialwissenschaftler Richard Sennett (1985). Er macht deutlich, daß zwar in den Naturwissenschaften Autonomie soviel wie autark (unabhängig) sein bedeute, daß es eine solche Autarkie jedoch im gesellschaftlichen Leben nicht gebe. Verwirklichte Autonomie löst nicht zuletzt deshalb so starke Gefühle der Zustimmung aus, weil viele Menschen zu der Ansicht neigen, autonom zu sein bedeute frei und sein eigener Herr zu sein. Dies weckt nicht nur Respekt, denn der Autonome verfügt auch über eine Stärke, die andere einschüchtert. Die Autonomie scheint eine Barriere gegen die Welt zu errichten; sobald man sich abgeschirmt hat, glaubt man, so leben zu können, wie man selbst es will.

Die Träume von individueller Entfaltung gehen zu Bruch, wenn ein Stärkerer in den geheiligten Bezirk des Selbst eindringt, so wie ein lautes Geräusch auf der Straße einen daran hindern kann, einen Gedanken fortzuspinnen. Deshalb wünscht sich jeder, die Macht in der Gesellschaft möge so verteilt sein, daß niemand stark genug ist, bei anderen einzudringen. Wenn alle gleich sind, kann jeder seine eigenen Wege gehen.

Wenn allerdings die gesellschaftlichen Verhältnisse eine solche Gleichheit nicht zulassen, dann gibt es noch eine zweite Verteidigungslinie: Gleichgültigkeit, Abwehr von den anderen, bewußte Teilnahmslosigkeit. Wer sich so verhält, den können die anderen emotional nicht erreichen. In der Außenwelt ein Gefangener, kann er doch im Innern «machen, was er will». An dieser zweiten Verteidigungslinie wird Autonomie für die, die von anderen abhängig sind, zum Freiheitsideal.

Schon Alexis Clérel Graf von Tocqueville widmete den gesamten zweiten Band seines Werks ‹La démocratie en Améri-

que> (1839/40) den tragischen Konsequenzen dieses Ideals, die sowohl psychologischer als auch politischer Natur sind: Die psychologische Konsequenz besteht darin, daß man unablässig im eigenen Innern nach Erfüllung sucht, als sei das Selbst ein Warenhaus voller Genüsse und als hätten einen die Mitmenschen bisher nur daran gehindert, es zu erkunden. Ein solcher Mensch ist isoliert, unruhig, unerfüllt: Freiheit durch Autonomie zu erlangen, erzeugt Ruhelosigkeit. Die politischen Konsequenzen dieses Ideals sind ebenso destruktiv. Wenn die zweite Verteidigungslinie gegen ein Eindringen von außen darin besteht, daß man sich die Macht vom Leib hält und so tut, als komme ihr keine Bedeutung zu, dann wächst die Bereitschaft, dem Staat mehr und mehr Rechte einzuräumen, ihm immer mehr Spielraum zu lassen, sofern er nur die Innenwelt des Bürgers nicht allzusehr unter Druck setzt.

Sennetts Kritik am idealistischen Autonomie-Begriff ergibt für unseren Zusammenhang zwei wichtige Einsichten:

○ Autonomie geht zumeist einher mit Gleichgültigkeit anderen gegenüber, sei es der zur «kleinen grauen Maus» erklärte unauffällige, stille und duldsame Mitmensch, seien es gesellschaftlich unterlegene Minderheiten, deren Unterstützung Kräfte beanspruchen würden, die für die Stilisierung der eigenen Alltagswelt und die Ermöglichung eigener Genüsse benötigt werden.

○ Autonomie wird erst dann zum mitmenschlichen Wert, wenn ihr Gegenbegriff, das Angewiesensein auf den anderen und des anderen auf mich selbst, mitgedacht wird.

Autonomie und Sterblichsein

In vielen Kulturen wird das Leben als Reise zu einem unbekannten Ziel umschrieben. Dabei kennt jeder die Ziellinie,
die er sterbend überschreiten wird. Wir verdrängen und verleugnen dieses unweigerliche Geschick. Wir tun so, als ob der
Tod immer in weiter Ferne liegt, klammern ihn aus unserem
Zeiterleben und unserer Lebensplanung systematisch aus.

Vielfach lassen die in Krisen erlebten Begrenzungen des
scheinbar selbstverständlichen Gleichlaufs des Lebens erstmalig erkennen, daß alles Leben Sterben heißt:

○ Immer wenn etwas Vergangenes, das maßgeblich unser Leben bestimmte, unwiederbringlich dahin ist und wenn uns
dies schmerzlich bewußt wird, sterben wir «tausend kleine
Tode». Jede Trennung, jeder Abschied am Bahnsteig, im
Flughafen verändert unser Leben. Jeder Schlaf («Ich bin
todmüde») ist ein tägliches «kleines Sterben» (Brocher
1983, 37 und 32). Mit Trauer reagieren wir auf einen
schmerzlichen Verlust. Mit Trauer reagieren wir auf Ab-
schiedssituationen, ein ganzes Leben lang: bei der Ein-
schulung, beim Verlassen der Schule, bei der Ablösung von
zu Hause, beim Eintritt ins Berufsleben, in der Krise der
Lebensmitte, beim Tod der Eltern, dem Verlust jugendlicher Spannkraft und körperlicher Möglichkeiten beim
Älterwerden, beim Ausscheiden aus dem Beruf, dem Tod
von Freunden, dem Tod des Ehepartners, aber auch dann,
wenn wir schwer krank werden, wenn wir eine Prüfung
nicht bestehen, das Vertrauen in einen geliebten Menschen
verlieren, Ungerechtigkeiten erleben und erkennen, daß
wir nichts dagegen unternehmen können.

○ Als «kleine Tode» erleben wir auch Situationen, in denen
wichtige Vorhaben, mit denen wir unsere Zukunft ver-
knüpft hatten, nicht zustande kommen («Ich habe dieses
Projekt beerdigt») oder scheitern («Die Sache ist gestor-
ben»), wenn wir Kränkungen hinnehmen müssen («sich zu

Tode ärgern»; «tödlich beleidigt sein»), wenn eine Beziehung am «toten Punkt» angelangt ist. Depressive Stimmungen machen sich bei mir dadurch bemerkbar, daß ich mich «sterbenselend» oder «todtraurig» fühle.

o In allen Ängsten, die ich in Krisen und Krankheiten oder auf Grund plötzlicher Widerfahrnisse erlebe, kommt «Sterbensangst» auf.

Die Erkenntnis der eigenen Sterblichkeit kann dazu führen, daß mir meine nun als begrenzt wahrgenommene Lebenszeit auf einmal sehr kostbar wird. Bleibt mir nur noch eine begrenzte Zeit, muß ich mich entscheiden, was ich wählen, verfeinern, verwandeln will, wie ich fortan die Zeit auskosten und mich ihr anvertrauen werde.

Peter Noll, Professor für Strafrecht an der Universität Zürich, erfährt in seinem sechsundfünfzigsten Lebensjahr, daß er Blasenkrebs hat. Er lehnt die Operation, die ihm angeraten wird, ab, weil sie seinen Lebens- und Todesvorstellungen nicht entspricht. Er will sich bewußt mit der Erfahrung, sterben zu müssen, auseinandersetzen: «Wir leben das Leben besser, wenn wir es so leben, wie es ist, nämlich befristet.» Seine Frist betrug ein halbes Jahr.
Einige Auszüge aus seinen ‹Diktaten über Sterben & Tod› (1984):

«Zürich, 7. Januar 1982
Der Sinn meines Unternehmens kann indessen sicher nicht von der Frist abhängen, die mir noch zur Verfügung steht. Eigentlich sollte das Denken an den Tod für jedermann eine lebenslange Beschäftigung sein. Doch ist damit die menschliche Psyche überfordert. Wir müssen so leben, als wären wir unsterblich. Das Leben will und kann den Tod nicht kennen. Die dauernde Beschäftigung mit dem Tod, schon lange bevor er aktuell wird, führt höchstens zu leeren Ritualen: memento mori.

Laax, 22. Januar 1982

Was Ruth sagte, eine kluge Frau: Siehst du, hat sie gesagt, du störst die Leute mit deinem Entschluß. Wenn einer Krebs hat, dann geht er ins Spital und läßt sich operieren, das ist normal. Wenn einer aber Krebs hat und fröhlich herumläuft wie du, dann wird es den Leuten unheimlich. Sie sind plötzlich gefordert, sich mit dem Sterben und dem Tod als einem Teil des Lebens auseinanderzusetzen, und das wollen sie nicht. Das können sie auch nicht, solange sie nicht in deiner Situation sind. Darum ist es ärgerlich und verwirrend, daß du dasitzt und sagst, ich habe Krebs, aber nicht ins Spital gehst. Wenn du ins Spital gingest, dann wäre die Sache wieder in Ordnung. Dann hätte alles seinen richtigen Gang, dann könnte man dich besuchen, mit Blumen, und nach einer gewissen Zeit sagen, Gott sei Dank ist er entlassen, und sagen, nach einer gewissen Zeit, jetzt ist er wieder drin, und wieder kommen, mit Blumen, aber für immer kürzere Zeit. Doch wüßte man, wo er ist. Man wüßte, daß er nicht unter ein Auto gekommen ist, sondern Krebs hat und ins Spital geht, sich schneiden läßt, wie es sich gehört. Du bist ihnen ein Ärgernis (so hat sie es nicht gesagt), du zeigst ihnen, daß der Tod mitten unter uns ist, und stellst das lebendig dar, sie müssen plötzlich an etwas denken, was sie immer verdrängt haben. Und sie denken natürlich nur an sich selbst. Um so schlimmer. Sie müssen daran denken, wie es ihnen ‹dermaleinst› ergeht; sie sind mit etwas Lebendigem konfrontiert, das eigentlich schon tot sein müßte oder wenigstens im Spital.

Laax, 4. Februar

Alle die Versuche, über die Grenze zu schauen, mögen anregend sein, doch muß man zugeben, daß man wirklich nichts sieht. Ich meine daher, daß dies auch nicht die Beschäftigung ist, die der Tod von uns verlangt. Vielmehr geht es ausschließlich um das Leben, um das Leben mit dem Tod, um das Leben aus der Todesperspektive. Da wird alles sehr viel einfacher und klarer. Die zeitliche Begrenzung – daß die Uhr abläuft:

das ist erfahrbar. Der Tod bleibt sich gleich, aber das Leben wird anders. Die Sinnoasen suche ich mir sorgfältiger aus als früher. Manches wird zur Sinnoase, an dem ich früher achtlos vorbeigegangen bin. Den Gang durch die Wüste kürze ich ab, die Routine der Pflichterfüllung, das Tagespensum, die mir von anderen verordneten Tätigkeiten stelle ich zurück.

Laax, 20. Februar 1982
Nicht nur die Christen, sondern besonders die Nichtchristen, von Seneca und Montaigne bis, wenn Sie wollen, zu Heidegger, waren der Meinung, daß das Leben mehr Sinn habe, wenn man an den Tod denkt, als wenn man den Gedanken an ihn beiseite schiebt, verdrängt. Sie sagen auch, es sei leichter zu sterben, wenn man sich sein ganzes Leben lang mit dem Tod beschäftigt habe, als wenn man von ihm überrascht werde. Ich habe erfahren, daß das alles stimmt. Ich hatte Zeit, den Tod kennenzulernen. Das ist das Gute am Krebstod, den alle so fürchten...

Was soll sich denn ändern im Leben, wenn wir an den Tod denken? Vieles, nicht alles. Wir werden ein weiseres Herz gewinnen, wie der Psalmist sagt. Wir werden sorgfältiger umgehen mit der Zeit, sorgfältiger mit den anderen, liebevoller, wenn Sie so wollen, geduldiger – und vor allem freier. Niemand kann uns mehr nehmen als das Leben, und dieses wird uns ohnehin genommen. Dieser Gedanke gibt Freiheit, gibt geradezu frische Luft. Die Zwänge der vermeintlichen Bedürfnisse, die Karriere, die Statussymbole, die gesellschaftlichen Zwänge, sie werden mehr und mehr gleichgültig, und wir können zum Beispiel einfach sagen, was wir denken, rücksichtslos gegenüber den Konventionen oder Mächten, die es uns verbieten wollen.»

Der jüdische Rechtswissenschaftler und Philosoph Werner Marx, der vor den Nazis aus Deutschland floh und erst 1964 zurückkehrte, hat sich mit der Verwandlungskraft des Bewußtseins, sterben zu müssen, auseinandergesetzt. Er philosophiert (Marx 1984 a und b) über die Erfahrung, die der einzelne mit seinem Sterblichsein macht und die ihn auf den Weg schickt, an dessen Ende er den Mitmenschen als seinen «Nächsten» erkennt und wirklich erfährt. Über nichttheologische Begründungen der Nächstenliebe nachdenkend, stellt er dreierlei fest:

o Der Mensch hat, wenn auch in vielfacher Weise eingeschränkt, «die immer rätselhaft bleibende Begabung der Freiheit».

o Er ist der Nächstenliebe fähig.

o Es gibt «die Möglichkeit einer Verwandlung aus Freiheit zur Nächstenliebe». Das Maß, «das eine solche Verwandlung leiten und so dem Orientierung Suchenden Hilfe gewähren kann», ist unser Sterblichsein. Dieser «Wahrheit unseres Seins» wollen wir aber nicht ins Antlitz schauen.

Wer heute philosophiere, habe die Aufgabe, nach Grundlagen für eine Sozialethik für diejenigen zu suchen, die nicht aus der «Gnade des Glaubens» zu leben und daher das Maß ihres Lebens nicht mehr in den Lehren der Religion zu finden vermögen.

Was aber zeichnet das Maß des Lebens außerhalb des christlichen Denkens aus? Marx' Antwort: Die Kategorie der «absoluten Gewißheit». Ist für den gläubigen Christen Gott das absolute Gewisse, so ist für den, der nicht (mehr) an Gott glauben kann, nur gewiß, daß er als Sterblicher geboren wurde.

Mitten in der merkwürdigen Sicherheit des alltäglichen Lebensvollzugs, «von einer beständigen, nahezu ewigen Seinsart zu sein», tritt uns durch eine plötzliche Erleuchtung, durch irgendein Erlebnis ausgelöst, unversehens der Sinn vor Augen, der in dem Satz liegt: «Ich sterbe fortwährend.» Der in mein Dasein hineinreichende Tod ist seit meiner Geburt am Werk. Jede Stunde meines Lebens war und bin ich sterblich, vergehend. In meinem Dasein ist der Tod ständig anwesend.

Dieser Sinngehalt überfällt mich geradezu. Ich bin gezwungen, die Macht des Todes, wie sie sich für mich in meinem fortwährend Sterben manifestiert, wahrzunehmen. Dieser Sinngehalt ent-setzt mich: Er setzt mich heraus aus meinen mir vertrauten Beziehungen und Gewohnheiten im Verhältnis zu mir selbst, zu den Dingen meiner Umwelt und im Zusammenleben mit den anderen. Diese «Gestimmtheit des Entsetzens» verflüssigt in mir alle festen Meinungen und Vorstellungen und bringt all jene «Charakterzüge» zur Auflösung, die wir eben noch innerhalb der neuzeitlichen Philosophie als Kern der Subjektivität entdeckt hatten: die Macht, sich willentlich selbst bestimmen zu können.

Aus der Auflösung aller Sicherheiten ist aber eine Verwandlung meiner selbst möglich. Waren meine Mitmenschen bislang nur einfach mit vorhanden, wie es auch Gegenstände in meiner Wohnung sind, so hat die Verwandlung meiner Gleichgültigkeit in «Entsetzen» die «Wahrheit meines Seins» hervortreten lassen: Ohne jegliche Vorbereitung wird mir klar, daß der in mein Dasein hineinreichende Tod meine lebenserhaltenden und lebensfördernden Bemühungen «fortwährend untergräbt», «aushöhlt», um mich schließlich ganz zu vernichten. Ich muß allein, ohne jede Hilfe mein ständiges Sterben auf mich nehmen. Die Gleichgültigkeit hat sich in äußerste Hilflosigkeit aufgelöst, in der und durch die sich mein Verhältnis zu meinen Mitmenschen wandelt: Sie werden zu «anderen meiner selbst», zu Helfern in gemeinsamer Not, an die ich mich wenden kann, wenn ich Unterstützung brauche. Ich bin aus einer Gefangenschaft befreit. Hatte ich vorher eigentlich nur Augen und Ohren für mich, so sehe ich jetzt auf einmal den Mitmenschen in einer tiefen Verbindung mit mir und vermag jetzt, wie zum erstenmal, auf seinen Anspruch zu hören. Ich höre und sehe – was ich in der Gleichgültigkeit nicht hören und sehen konnte –, daß er ebenso sterblich ist wie ich. Auch er bedarf meiner Nähe und Hilfe in seiner Not. Er hat ebenso einen Anspruch auf meine Hilfe, wie ich einen Anspruch auf seine Unterstützung habe. Die Zuwendung zu diesem Mitmenschen als «meinem anderen» hat viele Grade und Stufen. Der erste Schritt ist, daß ich ihn als «meinesgleichen» anerkenne. Der Mitmensch, auf den ich zugehe, den ich anerkenne, dem ich mein Mitgefühl zeige, bleibt von diesen Zuwendungen nicht unberührt. Er verwandelt sich dadurch, daß ich ihn anerkenne, ohne daß er selbst etwas dafür tun muß. Marx spricht von einer «Kettenreaktion», die die aus der Erfahrung des Sterblichseins aktiv gewordene Nächstenliebe eines Menschen auszulösen vermag.

Eigen-Sinn und Solidarität

Dem Erschrecken darüber, daß bei der Durchsetzung wirtschaftlicher und politischer Interessen der Massentod und die Zerstörung der wichtigsten Lebensgrundlagen in Kauf genommen werden, verschafft sich in den neuen sozialen Bewegungen der Atom- und Aufrüstungsgegner, der Ökologen, der Frauen, der Selbsthilfe-Initiativen Ausdruck. In ihnen werden der radikale Zweifel und die Ernüchterung besonders deutlich, in die die moderne Zivilisation mit ihrem zerstörerischen Wachstum und der Kommerzialisierung und Kolonialisierung aller Lebensbereiche geraten ist. Zugleich sind sie Katalysatoren dieser «Krise der Modernität» (Brand u. a. 1983, 13).

Sie begnügen sich nicht mit einem «katastrophischen Lebensgefühl» (Schneider 1984), sondern verbinden die Beschwörung bedrohlicher Entwicklungen mit einer konkreten, sozial engagierten Politik, gerichtet auf humane Lebensbedingungen im Sinne eines «freiheitlichen und ökologisch aufgeklärten Sozialismus». Als eine Art antimodernistische Widerstandskultur stellen die neuen sozialen Bewegungen der Vermarktung, Politisierung, Verrechtlichung, Verwissenschaftlichung und Bürokratisierung aller Lebensbereiche andere Werte als die der privaten Profitaneignung gegenüber:

Selbstorganisation der von Krisen unmittelbar Betroffenen, eigene Gestaltung sozialer, kultureller und politischer Lebensräume, Kooperationsbereitschaft und mitmenschliche Solidarität.

Eines der kürzesten Grimmschen Kinder- und Hausmärchen handelt vom «eigensinnigen Kind»: «Es war einmal ein Kind eigensinnig und tat nicht, was seine Mutter haben wollte. Darum hatte der liebe Gott kein Wohlgefallen an ihm und ließ es krank werden, und kein Arzt konnte ihm helfen; und in kurzem lag es auf dem Totenbettchen. Als es nun ins Grab versenkt und die Erde über es hingedeckt war, so kam auf einmal sein Ärmchen wieder hervor und reichte in die Höhe, und wenn sie es hineinlegten und frische Erde darüber taten, so half das nichts, und das Ärmchen kam immer wieder heraus. Da mußte die Mutter selbst zum Grabe gehen und mit der Rute aufs Ärmchen schlagen, und wie sie das getan hatte, zog es sich hinein, und das Kind hatte nun erst Ruhe unter der Erde.»

Diese Geschichte verdeutlicht, mit welcher Vehemenz Gefühls-, Denk- und Verhaltensformen bestraft werden, die sich der Herrschaft und Kontrolle entziehen: «Eigensinn ist keine ‹natürliche› Eigenschaft, sondern entsteht aus bitterer Not; er ist der auf einen Punkt zusammengezogene Protest gegen Enteignung, Resultat der Enteignung der eigenen Sinne, die zur Außenwelt führen» (Negt / Kluge 1981, 766).

«Wiedererlangung von Eigen-Sinn» – so könnte einer der Programmpunkte der neuen sozialen Bewegungen heißen, gerichtet gegen Fremdbestimmung durch die herrschenden Eliten, Verbände und Interessengruppen – Artikulation von Gegenmacht gegenüber der Kumpanei der Mächtigen. In der Frauenbewegung und der Friedensbewegung mit ihren zeitweilig zwei Millionen Aktiven, in all den Zehntausenden von Gesprächskreisen, Bürger-, Eltern- und Kultur-Initiativen, Ausländer-, Dritte Welt-, Arbeitslosen-, Selbsthilfe- und Senioren-Gruppen, Jugendzentren, Frauenprojekten, Bürgerforen, Mieter- und Stadtteil-Organisationen artikulieren deren Mitglieder ihre Befürchtungen, Ängste, Interessen und

Bedürfnisse. Das Ziel der gemeinsamen Arbeit ist es, das durch Lebens- und Arbeitsbedingungen wie persönliche Schicksale ausgelöste Leid zu lindern und zerstörerische gesellschaftliche Entwicklungen durch Selbstbehauptung und Interessen-Organisationen der Betroffenen zu verändern.

Die krisenhafte soziale Situation erfahren wir als kollektive Bedrohung, die weder durch Bemühungen von einzelnen noch im Rahmen traditionellen Krisenmanagements durch die sozialen und politischen Institutionen abwendbar ist. Angesichts dieser Bedrohung entschließen sich immer mehr Menschen dazu, Einzelaktionen der Selbsthilfe zugunsten kollektiven Protests und gemeinsamer politischer Arbeit aufzugeben. Zur politischen Auseinandersetzung gesellt sich die fach- und sachbezogene Argumentation. Wissenschaftler, Parlamentarier und Verwaltungen sind genötigt, sich zwischen erbitterten Abwehrkämpfen und Kooperationen zu entscheiden.

In allen diesen sozialen und politischen Aktionen ist *die eigene Kraft der Betroffenen* gefordert. Die Beteiligten sind selbst die Veranstalter ihres Lernens, das auf überlebenswichtige Ziele gerichtet ist. Im Nachbarn um die Ecke entdecken wir den «heimlichen Experten», «Laien» entwickeln sich, gefordert durch Konflikte, die sie unmittelbar betreffen, binnen kurzem zu Fachleuten für hochkomplizierte Zusammenhänge. Das in den Gruppen zustande kommende Lernen ist immer auf Gruppenhandeln bezogen, was wiederum von den beteiligten Fachleuten eine kollektiv orientierte Leistung verlangt.

Wenn autonome Gruppen Experten um Unterstützung bitten, müssen diese für sich selbst den Stellenwert ihrer Professionalität neu definieren: Manche Fachleute sind erstmalig außerhalb ihres Berufslebens angefragt, gehen aber auf die neue Aufgabe ein. Andere wiederum haben Berührungsängste. Sie befürchten, durch ihre Mitwirkung ein grundsätzliches «Glaubensbekenntnis» zu den politischen Zielen der jeweiligen Gruppe abzulegen.

Das von mir in diesem Buch vorgetragene Konzept, in subjektiv erlebten Krisen bewußt die eigenen Kräfte zu aktivieren und sich emotionalen, sozialen und politischen Beistand bei anderen zu holen, entspricht dem in den neuen sozialen Bewegungen immer wieder angestrebten Arbeitszusammenhang von eigener Kraft und neuen Formen der Unterstützung durch andere.

EIGENE KRAFT
UND SOZIALE UNTERSTÜTZUNG

Jeder von uns ist an guten wie an schlechten Tagen auf andere Menschen angewiesen. Wer sich freut, möchte, daß andere sich mitfreuen. Wer leidet, möchte von anderen getröstet und unterstützt werden.

E. Aronson, A. M. Pines und D. Kafry (1983) haben sich im Rahmen ihrer Untersuchungen zum «Ausbrennen» und zum Überdruß in sozialen Berufen damit beschäftigt, daß aus den sozialen Systemen (Familie, Beruf), denen jeder von uns angehört, nicht nur belastende Anforderungen entstehen, sondern daß sie auch einige der wichtigsten Belohnungen, zum Beispiel mitmenschliche Unterstützung, bereithalten. Die Forscher zitieren S. Cobb, der soziale Unterstützung als Botschaft definiert, die dem Empfänger das Gefühl verleiht, daß er beachtet und geliebt, geschätzt und für einen wertvollen Menschen gehalten wird und daß er an einem Netzwerk von gegenseitiger Verständigung und wechselseitigen Verpflichtungen teilhat. Wer im täglichen Leben Unterstützung annehme und gebe, könne sich gegen die krankmachenden Folgen von Stress schützen.

Andere Forschungen zur Funktion sozialer Unterstützung für die Bewältigung von Krisen ergaben unter anderem,

o daß Frauen, die vor oder während der Schwangerschaft mit kritischen Lebensereignissen konfrontiert worden waren, wenig Komplikationen bei der Geburt erlitten, wenn ihre Partnerbeziehung intakt war und sie über gute Beziehungen zu Freunden und Verwandten verfügten;

o daß bei Schwangeren, die sozial und emotional nicht so gut

eingebettet waren, dreimal so viele Schwierigkeiten auf-
traten;

o daß die Qualität der Partnerbeziehung einen entscheidenden Einfluß auf die Verwundbarkeit durch kritische Lebensereignisse hat (Schutzwall-Funktion).

Zur Bedeutung sozialer Unterstützungssysteme tragen
mehrere Komponenten bei: Wir erfahren, daß andere uns
mögen, daß sie unsere Überzeugungen, Mutmaßungen und
Gefühle teilen. Wir finden Zustimmung und Gehör. Soziale
Unterstützung erlaubt es uns, unsere Auffassungen und
Empfindungen zum Ausdruck zu bringen. «Die Menschen
brauchen den anderen, um – sozusagen im Spiegel der Er-
wartungen und der Reaktionen des anderen – sich selbst
wahrzunehmen, sich selbst bestätigt und ratifiziert zu sehen.
Niemand kann sich selbst stabilisieren, ein kontinuierliches
Ich aufbauen, wenn er nicht den Umriß dieses Ichs in den
Reaktionen und Erwartungen anderer vorgezeichnet sieht»
(Rumpf 1976, 10).

Daß jeder anderer Menschen bedarf, um zu überleben,
wird uns insbesondere in Krisensituationen klar. Andererseits kann zuviel Unterstützung, Hilfe und Fürsorge genauso repressiv wirken wie vorenthaltene Zuwendung. Im
Übermaß gewährt oder sogar aufgedrängt, hindert sie den
Betroffenen daran, Selbsterhaltungskräfte zu entwickeln
und von ihnen Gebrauch zu machen. So wird in guter Absicht das Gegenteil erreicht: Hilflosigkeit und Abhängigkeit
werden bestätigt. Das muß sich die überversorgende Mutter
ebenso klarmachen wie der Sozialarbeiter, der sich für
«seine» Leute krummlegt, aber sie nicht loslassen kann.

Aronson, Pines und Kafry haben die positiven Funktionen, die soziale Unterstützungssysteme erfüllen können,
sechs Grundkategorien zugeordnet, die direkt praktisch an-
wendbar sind. In der Krise ist es wichtig, diese verschiedenen Funktionen zu kennen, sie voneinander zu unterscheiden und sie danach zu differenzieren, welche erfüllt werden
und welche nicht. Ich muß mir überlegen, wer in meiner

Umgebung geeignet ist, die speziell von mir benötigten Unterstützungsaktivitäten zu übernehmen.

Zuhören: Jeder von uns braucht Menschen, die einem aktiv zuhören, ohne sofort Ratschläge zu erteilen oder Urteile abzugeben, Menschen, mit denen wir die Freude über Erfolge ebenso teilen können wie den Kummer und die Enttäuschung, die Mißerfolge bereiten, und die auch für uns da sind, wenn wir weinen oder wütend sind. Sie müssen vor allem mit Verständnis und Sympathie zuhören. Ein Zuhörer, der sofort mit Ratschlägen zur Hand ist, beschwichtigt, urteilt oder unsere Schilderung durch noch ärgere Geschichten übertrumpfen will, hilft uns nicht, die Krise zu bewältigen, ja er kann sie sogar durch sein Verhalten verschärfen.

Sachliche Anerkennung: Wir alle brauchen sachliche Anerkennung für unsere berufliche Arbeit. Wir erhalten sie von Personen, die unser Fachgebiet genau kennen, die die Feinheiten der Arbeitssituation zu beurteilen vermögen und zugleich durch Ehrlichkeit Vertrauen einflößen. Besonders wirkungsvoll und förderlich ist sachliche Anerkennung, wenn sie von Vorgesetzten kommt, die die Komplexität unserer beruflichen Aufgaben verstehen und den Mut haben, aufrichtige Rückmeldungen zu geben.

Sachliche Herausforderung: Eine soziale Umgebung, in der ich selbst der Experte bin und niemand mir das Wasser reichen kann, ist zumeist recht angenehm. Wird es aber zu behaglich, weil ich nicht mehr herausgefordert werde, kommt Langeweile auf, die beste Vorbedingung für eine berufliche Krise. Nur Herausforderungen lassen mich wachsen. Kritische Kollegen, die ebensoviel wie ich oder sogar mehr über meine Arbeit wissen, können mich davor bewahren, zu oberflächlich zu werden und mir selbst keine neuen schwierigen Aufgaben mehr zu stellen. Sie fordern mich zum Weiterdenken und Experimentieren auf.

Emotionale Unterstützung: Ein wirksames Unterstützungssystem lebt davon, daß Menschen bereit sind, sich in schwierigen Situationen auf die Seite des anderen zu stellen, auch wenn sie nicht vollends mit ihm einverstanden sind. Wenn man in der Krise, aber auch im stressreichen Berufsalltag, diese Unterstützung von vier oder fünf Menschen (Eltern, Partner, Kinder, Freunde, Bekannte) bekommt, tut das gut. Emotionale Unterstützung kommt ohne Fachkenntnisse aus und sieht über eine momentane schlechte Laune hinweg. Entscheidend ist das positive Interesse an der Person, die gerade Hilfe braucht.

Emotionale Herausforderung: In der Krise benötige ich vertraute Freunde, die mich im Gespräch über Erscheinungsformen und Ursachen meiner Konfliktsituation daran hindern, anderen die Verantwortung für meine Probleme zuzuschieben. Sie müssen bereit sein, mich herauszufordern und meine eigenen befangenen Meinungen und Einschätzungen kritisch zu hinterfragen. Sie können sich an der Analyse meines Konflikts aus der Distanz des nicht direkt betroffenen Beobachters beteiligen und Fragen stellen, vor denen ich mich bislang geschützt habe.

Geteilte soziale Realität: Die soziale Realität ist zumeist sehr diffus und schwer zu analysieren. Gute Freunde können einander helfen, die Umweltanforderungen und die eigene Verwobenheit in die soziale Realität zu deuten und neue Handlungskonzepte zu entwickeln.

Vielleicht kennen Sie die folgende Situation: Man sitzt in einer Gruppe und hört jemandem zu, der Unsinn redet. Alle anderen scheinen den Ausführungen des Redners interessiert zu lauschen. Das bedrängende Gefühl, daß Sie der einzige sind, der das Gesagte nicht versteht, löst sich sofort auf, wenn Sie zu jemandem hinblicken, auf dessen Sachverstand Sie viel geben und der mit Ihnen einen unmißverständlichen Blick («Welche Zumutung!») austauscht. Eine einzige für Sie wichtige Person, die Ihre spontane Meinung teilt, genügt, um Ihnen die Zweifel an Ihrer eigenen Wahrnehmung zu nehmen und entsprechend auf den Vortragenden zu reagieren.

In Stress- und Krisenzeiten ist jemand, der Ihre soziale

Realität teilt und der die gleichen Wertvorstellungen und Ansichten wie Sie hat, eine große Hilfe, da Sie seinen Vorschlägen die meiste Vernunft und den meisten Sachverstand zusprechen.

Aronson, Pines und Kafry ist klar, daß nicht eine Person mehrere oder gar alle Funktionen erfüllen kann. Für die Krisenbewältigung ist daher die Einsicht wichtig, daß verschiedene Menschen verschiedene Funktionen übernehmen können. Es bedarf der gründlichen Überlegung, um herauszufinden, welche der genannten Unterstützungsfunktionen man von welchen Leuten erwarten darf, welche Funktionen zu welchen Menschen passen und welche nicht.

Die drei Forscher kommen zu dem Schluß, daß schon zwei oder drei Menschen eine Arbeitsumgebung, in der es an Unterstützung mangelt, in eine unterstützende verwandeln können, indem sie beginnen, ihren Kollegen ihre Anerkennung zu zeigen und sie herauszufordern. Ein solches Verhalten wirkt ansteckend.

Werden Sie derjenige sein, der in Ihrer Arbeitsumgebung den Anstoß zu emotionaler und sozialer Wandlung gibt?

Werden Sie nach Mitteln und Wegen suchen, Unterstützung von geeigneten Kollegen zu erbitten und selbst Unterstützung anzubieten, wenn sie benötigt wird?

Soweit Aronson, Pines und Kafry. In den Arbeitsvorschlägen im dritten Teil des Buches habe ich ihre Einsichten in der Form berücksichtigt, daß alle Selbstaufschreibungen in ein Gespräch mit vertrauten Personen münden sollen. So erleben wir den Partner, gute Freunde, aber auch Fremde als Zuhörer, als Antrieb, Rückhalt, Widerpart und solidarische Kritiker. «Die Hoffnung fast aller Menschen gründet sich darauf, sich angenommen zu fühlen, anerkannt und geliebt zu werden. So verstrickt soziale, politische und wirtschaftliche Probleme sein mögen, sie sind unlösbar verbunden mit diesen Grundlebenserwartungen jedes Menschen» (Brocher 1977, 63).

Unterstützung durch Freunde

G. Egan (1976, 16) bezeichnet gute helfende Beziehungen als freundschaftlich. Diese Zuschreibung ist zum Teil umkehrbar: In der Hilflosigkeit der Krise bin ich für den sozialen Einfluß all jener offen, von denen ich mir Hilfe verspreche. Diejenigen, die ich mir als Berater vorstellen kann oder tatsächlich als solche in Anspruch nehme, müssen vertrauenswürdig sein. Sie müssen auf mich eingehen und meine Sache zu der ihrigen machen. Sie müssen zu mir passen und sich in der Sache auskennen. Sie sollen nicht stellvertretend für mich meine Probleme erledigen. Was ich im Idealfall erwarten kann, sind Antworten auf meine offenen Fragen, Lösungsvorschläge oder Anregungen bei meiner Suche nach einer Lösung.

Auf die Frage, wer von meinen Freunden und Bekannten mir in der Krise als «natürlicher Helfer» beistehen kann, finde ich erst in dem Augenblick eine Antwort, wenn ich jemanden um Hilfe bitte und mir diese Hilfe zuteil wird. Die Hauptschwierigkeit dürfte zunächst einmal darin bestehen, sich überhaupt helfen zu lassen. Das paßt nicht so recht in mein Selbstbild. Hilfe bedroht meine Selbstachtung, meine Unabhängigkeit, mein eigenes Vermögen, mit der Situation klarzukommen. Um Hilfe zu bitten heißt, sich dem anderen ein Stück weit auszuliefern. Die Bitte um Hilfe verpflichtet zur Ehrlichkeit, zur offenen und unverhohlenen Darstellung der Not und des Drucks, bedeutet Eingeständnis der eigenen Schwäche, Unsicherheit und Hilflosigkeit – und dies in einem kulturellen Milieu, in dem Selbstbeherrschung und das Tragen von Masken ganz groß geschrieben werden.

Wem gegenüber kann ich mich des lebenslang erworbenen Panzers der Selbstverteidigung, des mühsam erworbenen Images eines autonomen Menschen entledigen und mich mit einemmal klein und hilfsbedürftig zeigen? Nur demjenigen gegenüber, der meine Schwäche nicht ausnutzt. Das kann der

Partner sein oder ein professioneller Helfer meines Vertrauens, der durch Berufsgebote zum Schweigen und zur helfenden Zuwendung verpflichtet ist. Es kann aber auch der gute Freund sein, der durch meine Bitte zum Helfer und «Experten» wird. Mein Glaube daran, daß er mich unterstützen kann, ist die entscheidende Voraussetzung dafür, die bestehende Freundschaft anders, intensiver und sicherlich auch für alle Beteiligten anstrengender als bisher in Anspruch zu nehmen. Wie der gute alte Hausarzt die familiären, beruflichen und sozialen Lebensumstände des Kranken kannte und in seine Diagnose und Therapie einbezog, so kann mir der Freund / die Freundin durch informierte Fragen kritische, bislang ausgesparte Punkte bewußt machen, die mich unbewußt am meisten plagen.

Obgleich sich gute Freunde in vielerlei Dingen helfen, betrachten sie sich doch im normalen Umgang miteinander nicht unter Helfer-Gesichtspunkten. Freundschaften gewinnen aber an Tiefe und Festigkeit, wenn in ihr wirkliche Schwierigkeiten thematisiert und brachliegende Helfer-Potentiale in Anspruch genommen werden. Unterstützung heißt einfach da zu sein, Anteilnahme zu zeigen, heißt Zuhören und Schweigen, aber auch kritisches Nachfragen und Herausforderung, heißt den anderen zu stützen und zu verstärken und auch von ihm gestützt zu werden.

Natürlich hat die Freundschaft als Unterstützungssystem auch ihre Tücken, da eine sehr intime Kenntnis der Probleme anderer für den Freund immer auch die Verführung bedeutet, sich vor allem selbst als Helfer zu produzieren, anstatt sich in die Grenzen und Nöte des Hilfesuchenden einzufühlen. Eine freundschaftliche Beziehung wird auch dann überfordert, wenn sich jede Geselligkeit verflüchtigt und sich der Eindruck verdichtet, der von der Krise Betroffene sei an dieser Freundschaft nur noch deshalb interessiert, weil er ein offenes Ohr für seine «Geständnisse» findet. R. Sennett (1983, 299) meint daher kategorisch, es sei unzivilisiert, «andere mit dem eigenen Selbst zu belasten».

Die direkt gewährte Unterstützung durch «natürliche Helfer» wie Familienmitglieder und Freunde findet ihre Grenze dort, wo es um besondere psychosomatische und psychosoziale Krisen geht. Die Bewältigung der Krise ohne professionelle Hilfe wird um so unwahrscheinlicher, je ausgeprägter die Kommunikationsstörung ist. In solchen Fällen sollte der Betroffene Fachleute aufsuchen.

Eine weitere Begrenzung natürlicher Unterstützungssysteme ergibt sich, wenn alle emotionale und soziale Hilfe, alles individuelle und kollektive Nachdenken über die Krisenursachen nichts dazu beiträgt, unabwendbare äußere Bedingungen zu verändern. So wurde in einer amerikanischen Untersuchung festgestellt, daß der Partner eines Langzeit-Arbeitslosen mit einer Verzögerung von vier bis fünf Monaten dieselben Symptome zeigt wie der Arbeitslose selbst: erhöhte Ängstlichkeit, Depression und Schlafstörungen. Der Studie zufolge sind die Ressourcen, die der Partner eines Arbeitslosen hat, nach vier bis fünf Monaten erschöpft, so daß er keine emotionale Unterstützung mehr leisten kann. Was kann in solchen Fällen geschehen?

Unterstützung durch Selbsthilfe-Gesprächsgruppen

Irgendwo zwischen Partnerschaften bzw. Freundschaften und einer therapeutischen Beziehung sind Selbsthilfe-Gesprächsgruppen anzusiedeln. Sie erreichen zumeist nicht die Intimität und gegenseitige Zuneigung einer Freundschaft, aber es entwickelt sich in ihnen eine ähnliche Dynamik sozialen und emotionalen Gebens und Nehmens.

In den Selbsthilfegruppen im Gesundheitsbereich (man schätzt ihre Zahl in der Bundesrepublik Deutschland zur Zeit auf 6000 bis 10000) stehen sich Hilfsbedürftige und Helfer nicht mehr in Über- und Unterordnung wie im klassischen Arzt-Patient-Verhältnis gegenüber. Aus dieser sozialen Verklammerung haben sich die in solchen Gruppen zusammengeschlossenen Kranken bewußt gelöst, um gemeinsam mit anderen Betroffenen ihre Selbstverantwortung für Gesundheit und Gesundung zurückzugewinnen. Wie ich im Kapitel «Deutung von Krankheit und Krise» schon ausführlich erläutert habe, sind Ärzte und medizinische Helfer meist nicht in der Lage, die persönliche Hilfe zu leisten, die jeder Mensch für seine Heilung braucht. Kaum ein Kranker kann mit dem Arzt am Krankenbett oder in der Praxis wirklich ausführlich ins Gespräch kommen. Würde sich der Arzt den materiellen, sozialen, kulturellen und vor allem emotionalen Bedingungen jedes einzelnen Patienten widmen, würde er versuchen, allen krankmachenden Lebensumständen einschließlich der Lebensgeschichte auf die Spur zu kommen, müßte er den immer nur auf einige Minuten beschränkten Behandlungsrhythmus zugunsten einer Arbeitsform aufgeben, die ihn am Tag nur mit vier bis fünf Kranken zusammenbrächte. Davon wiederum könnte er nicht seinen Lebensunterhalt bestreiten.

Im Vertrauen auf die eigenen Selbstheilungskräfte hat sich daher eine Vielzahl von Kranken aus der Abhängigkeit von Ärzten gelöst und sich zur Selbsthilfe entschlossen. Selbsthilfe-Gesprächsgruppen bestehen zumeist aus sechs bis zwölf Personen, die sich mehrere Jahre lang in der Regel ein- bis zweimal pro Woche für jeweils zwei bis drei Stunden in einem neutralen Raum treffen. Durch intensive Gesprächsarbeit über persönliche Probleme und durch die Auseinandersetzung mit den aufkommenden Gefühlen wollen sie lernen, mit ihren Problemen, Ängsten und Konflikten angemessener umzugehen. Jeder ist grundsätzlich als Betroffener Experte seines eigenen Leidens und seiner eigenen Leidensgeschichte, Kopatient und Kotherapeut zugleich. Der klassische Gruppentherapeut wird durch die Integration der gesunden Potentiale der Gruppe – der heilenden Ich-Anteile der Mitglieder,

die füreinander genutzt werden – ersetzt. Alle Gruppenmitglieder sind gleichgestellt. Es gibt kein festes Programm. Das
Konzept der Selbstbehandlung in der Gruppe entwickeln die
Mitglieder selbst in der ständigen Identitäts- und Realitätsarbeit, durch freie Auseinandersetzung mit den Konflikten und
durch die gleichzeitige Entfaltung der Selbsthilfefunktionen
in der Gruppe. F. Riessman (1976) verglich die Wirksamkeit
von Selbsthilfegruppen mit professioneller Hilfe. Seiner Beobachtung und Einschätzung nach sind Selbsthilfegruppen
mehr am Betroffenen orientiert, in der gewährten Hilfe weniger gönnerhaft und elitär, wesentlich kostengünstiger und –
gemessen am Grad momentaner Zufriedenheit – unmittelbar
wirksam. Die hier gewährte Unterstützung läßt die Beteiligten effektiver mit kritischen Lebensereignissen umgehen.
Indem die Gruppe versucht, Problemsituationen und Verhaltensweisen so zu definieren, daß eine erfolgreiche Bewältigung möglich erscheint, trägt sie zur gedanklichen Strukturierung der Krise bei. Gleichzeitig verhindert sie die Isolation
des Betroffenen. Es entstehen neue soziale Kontakte und
Gruppenbindungen. Wollen Sie sich einer für Ihre Problematik geeigneten Selbsthilfegruppe in ihrer nächsten Umgebung
anschließen, wenden Sie sich am besten an die «Nationale
Kontakt- und Informationsstelle zur Anregung und Unterstützung von Selbsthilfegruppen der Deutschen Arbeitsge-
meinschaft Selbsthilfegruppen e. V.» (Albrecht-Achilles-Str.
65, 1 Berlin 31, Tel.: 030/8914019). Dort erhalten Sie die
Adressen von Selbsthilfe-Kontaktstellen und von Personen
und Einrichtungen, die Selbsthilfegruppen unterstützen.
Diese «Kontaktstellen» sind gegründet worden, weil die meisten Selbsthilfegruppen nicht von allein entstehen und sich
nicht immer ohne fachliche Begleitung weiterentwickeln. In
den Kontaktstellen wird die Unterstützung durch Experten
oder erfahrene Mitglieder von Selbsthilfegruppen organisiert.
Sollten Sie selbst daran denken, an Ihrem Ort oder in der na-
hen Umgebung eine Selbsthilfegruppe zu gründen, liegen bei
der Nationalen Kontaktstelle in Berlin vielfältige Informatio-

nen für Sie bereit, die Ihnen darüber Aufschluß geben, was Sie als Gründer einer solchen Gruppe beachten sollten. Darüber hinaus können Sie über eine benachbarte regionale Kontaktstelle fachliche Unterstützung für Ihr Vorhaben erbitten.

Unterstützung durch professionelle Helfer

Zur Bewältigung sehr schwerer Krisen sind ausgebildete Fachleute als Helfer unentbehrlich. Dabei sollten Sie Therapeuten meiden, die Ihnen mit der Unbelehrbarkeit einer überfürsorglichen und autoritären Mutter begegnen, die als einzige zu wissen glaubt, was Ihrem Kind gut tut. Suchen Sie sich einen Helfer, der sich eher so verhält, wie es Freuds Schüler Willi Hoffer mit einem Bild erläutert hat: «Der gute Analytiker benehme sich nicht wie ein Bergführer, der seinen Touristen am Seil hinter sich herziehe, sondern wie einer, der immer dicht hinter dem Touristen bleibe, ihm helfe, die Route zu finden und zugleich aufpasse, daß der Tourist nicht abstürze» (zitiert in: Richter 1986).

Der Leiter einer psychosomatischen Klinik erzählte mir, daß in seinem Arbeitsbereich nicht die ausgebildeten Fachkräfte die einfühlsamsten Helfer seien, sondern die Kriegsdienstverweigerer, da sie sich den Hilfsbedürftigen mit einem ganz natürlichen Einfühlungsvermögen näherten, auch Signale der Körpersprache wahrnähmen und emotional noch nicht so ausgekühlt seien.

Daß in diesem Kapitel Ärzte und Psychotherapeuten erst nach den Freunden und Selbsthilfegruppen auftauchen, ist als Demonstration gegen das scheinbar Selbstverständliche gedacht, nämlich angesichts belastender Situationen, die einer Erkrankung ähneln, aus ihr herrühren oder sie zur

Folge haben können, sofort nach dem professionellen Helfer zu rufen. Überantworten wir unser Problem dem Fachmann, kommt es zwar scheinbar zu einer Entlastung, da wir zunächst einmal die Verantwortung für uns losgeworden sind. Zugleich bedeutet dieser Schritt aber,

o daß wir die eigene Handlungskompetenz zugunsten fremder Anweisungen aufgeben,

o daß wir unserer eigenen Kraft weniger vertrauen als der Kraft anderer,

o daß wir uns des eigenen Körpers «entäußern» und ihn von anderen zum Objekt machen lassen.

Es ist zweifellos ein großer Vorteil, einen Helfer um Rat und Unterstützung bitten zu können, der über eine spezifische Fachausbildung und unter Umständen über eine langjährige berufliche Erfahrung verfügt. Im Vergleich mit der emotionalen und sozialen Unterstützung, die Sie bei Freunden und in Selbsthilfegruppen finden können, unterscheidet sich die Beziehung zum professionellen Helfer aber in zwei wesentlichen Punkten:

o Sie müssen für die Unterstützung bezahlen. Jede Form der Zuwendung ist bezahlt, jede Geste, jeder fachliche Rat. Handelt es sich um einen frei praktizierenden Psychologen ohne Krankenkassen-Zulassung, kann dieser im schlechtesten aller Fälle in eine Zwickmühle geraten: Einerseits will er Ihnen so rasch wie möglich helfen, so daß Sie seiner Unterstützung nicht mehr bedürfen, und andererseits ist er aus Gründen des Broterwerbs daran interessiert, Sie so lange wie möglich als Klient zu behalten.

o Sie erleben die Beziehung, die Sie zu dem professionellen Helfer eingehen, nicht als wechselseitig offen: Sie können Ihren Helfer nicht nach seinen eigenen Erfahrungen, seinen Lebensumständen, seinen eigenen Konflikten und Leiden befragen.

Im Handlungsmodell «Erkranken/Gesunden» liegen die sozialen Rollen von vornherein fest: Sie sind der Kranke, der Helfer ist der Gesunde. Sie lernen am Konflikt, er lehrt Sie das Lernen. Sie brauchen Zuspruch. Er erteilt oder verweigert ihn.

Es geht mir ganz und gar nicht darum, all die Ärzte, Therapeuten und Helfer diffamieren zu wollen, die sich tagtäglich mit fremdem Leid konfrontiert sehen und die versuchen, nicht zu Zynikern zu werden, sondern sich mit großem emotionalem Aufwand offen zu halten für die immer wieder anders gearteten Entstehungsbedingungen von seelischen und körperlichen Erkrankungen. Es geht mir um die oft übersehene Tatsache, daß der ärztliche Rat und der Einsatz von Medikamenten und Apparaten allenfalls die Selbstheilungskräfte der Betroffenen unterstützen können. Das Horchen auf die körperlichen Signale, die Freisetzung eigener Überlebenskräfte und die tastenden Versuche zur Selbsthilfe vermittels gezielter Selbstreflexion erzeugen eine andere Handlungslogik, als sie aus der normalen Krankenbehandlung bekannt ist: Der Betroffene aktiviert sein eigenes Wissen und vermehrt es gezielt. Er setzt sich intensiver als bisher mit seinen Störungen auseinander. Es geht um einen anderen Stil des Erlebens und Verhaltens, als ihn der behandelnde Arzt vorschreibt (genaue Dosierung, Zeit und Stunde der Einnahme von bestimmten Medikamenten).

Der in diesem Buch vertretene Weg, Krisen vermittels gezielter Selbstvergewisserung und Selbstanalyse als Chance der Weiterentwicklung zu nutzen, bedeutet nicht Selbsthilfe um jeden Preis. Zum einen möchte ich Sie anregen, sich als Laie Ihrer eigenen Kräfte zu bedienen und Hilfsquellen in ihrer Umgebung zu entdecken und zu organisieren. Zum anderen aber soll deutlich werden, daß der Fachmann zu Recht dort seine wichtige Funktion hat und behält, wo Sie Ihren Teil geleistet haben und darüber hinaus aber unbedingt fachliche Unterstützung benötigen.

Da Ihre eigene Auseinandersetzung mit der Krise und die professionelle Herangehensweise des Arztes und Therapeuten unterschiedlichen Interessen gehorchen, muß es zu unterschiedlichen Auslegungen ein und derselben Realität kommen. Es geht mir nicht darum, das auf Selbsthilfe gerichtete Nachdenken in der Krise und die ärztliche Krisenintervention als entgegengesetzte Perspektiven mit sich gegenseitig ausschließenden Handlungskonzepten zu beschreiben. Vielmehr kommt es darauf an, beides so aufeinander zu beziehen, daß sich eigene Kraft einerseits und fachliche Unterstützung andererseits durch die Ausgewogenheit ihrer Anteile auf bestmögliche Weise entfalten können. Wie sieht das praktisch aus?

Sie setzen sich mit Ihrer Krise und den zugrunde liegenden Konflikten in Form der gezielten (da angeleiteten) Selbstreflexion und im Gespräch mit vertrauten Personen auseinander. Dabei kommen Sie immer wieder an die Grenze, wo Sie sich unbewußt oder auch ganz bewußt vor unangenehmen Einsichten schützen. Hier brauchen Sie die Unterstützung durch Personen, die es gelernt haben, Ihre bewußte Konflikt-Darstellung auf ihre unbewußten Quellen – Wünsche, Phantasien und Motivationen – hin zu untersuchen. Wenn Sie sich zu einer Psychotherapie entschließen, kann auch diese nur mit Hilfe Ihrer eigenen Bemühungen zum Erfolg führen. Ein Psychoanalytiker etwa bietet durch seine professionelle Hilfe bei der Hervorbringung verdrängter Erfahrungen, Erinnerungen und Konflikte aus der frühen Kindheit dem Patienten nicht mehr als die Möglichkeit einer Rekonstruktion. Mit Hilfe des erfahrenen Analytikers kann es zu einer bewußten Neuverarbeitung von verdrängten Konflikten kommen. Bei all dem verändert aber nicht der Analytiker den Patienten, sondern der Patient muß sich selbst ändern.

Diese professionelle Hilfe zur Selbsthilfe zielt auf die Konfrontation mit der Wirklichkeit. Sie ermutigt dazu, Gefühle von Trauer, Schmerz, Schuld, Feindseligkeit und Haß frei zu zeigen, und bietet in der Person des Therapeuten als stellvertretendem Partner Stabilisierung an.

Lassen Sie sich nicht entmutigen, wenn Sie nicht auf Anhieb einen Arzt oder Therapeuten finden, für den es selbstverständlich ist, einen Zusammenhang zwischen den sozialen

Strukturen Ihres Alltags und Ihrer Krise herzustellen und der Ihre Vorstellung von einer komplementären Beziehung zwischen eigener Kraft und fachlicher Unterstützung akzeptiert und danach zu handeln weiß. Treten Sie dem Helfer als Subjekt Ihrer Krisenbewältigung gegenüber, äußern Sie Ihre Erwartungen und bestimmen Sie Ihren Anteil an der Konfliktlösung immer wieder neu. Sie können vorschlagen, daß er Ihre Arbeit mit Selbstaufschreibungen in das therapeutische Gespräch einbezieht.

Organisation politischer Interessen

Wenn es schon bei der Bewältigung subjektiver Krisen darauf ankommt, sich nicht unter Zwang emotional und sozial anzupassen, sondern die krankmachende soziale Situation aufzulösen, so gilt dies erst recht gegenüber den objektiven Vorgängen globaler Zerstörung und der Bedrohung unseres Lebens. Die strukturelle Arbeitslosigkeit, der ungehemmte Rüstungswettlauf, die mit rasender Geschwindigkeit voranschreitende Vergiftung der Natur und der Lebensmittel – alle diese krisenhaften Entwicklungen machen Widerstand und politischen Kampf unabdingbar.

Aber es ist leicht gesagt: «Organisieren Sie Ihre politischen Interessen!» Mit wem eigentlich? Und wie? Mit welcher Konsequenz und mit welchem Erfolg?

Ich erlebe mich als machtloses Individuum. Die etablierten Parteien und Großverbände (Gewerkschaften, Kirchen) sind mit sich selbst und ihrem Machterhalt beschäftigt, neue oppositionelle Bewegungen zerfasern sich in Flügelkämpfen, und die herrschende wirtschaftliche und politische Klasse ist weiterhin Nutznießer all dieser Entwicklungen. Wenn schon Hunderttausende von Aufrüstungsgegnern mit zahllosen politischen Aktionen die Stationierung von Cruise Missiles und Pershing-Raketen nicht einmal verzögerten, mit welchem Erfolg können dann solche rechnen, die nur wenige Mitstreiter auf die Beine bringen, um zerstörerische Entwicklungen in einem winzigen regionalen Lebensbereich aufzuhalten?

Gegen die Verführung zur Resignation, die von solchen Erfahrungen ausgeht, steht für mich exemplarisch die Bürgerrechtsarbeit einer kleinen – scheinbar ohnmächtigen – deutschen Minderheit, der Sinti und Roma.

Das Volk der in der Bundesrepublik lebenden rund 40000 Sinti und etwa 10000 Roma ging dezimiert und mit bleibenden Schäden und seelischen Verletzungen aus der Verfolgung und Vernichtung in der NS-Zeit hervor. Man schätzt, daß im Deutschen Reich und in den von deutschen Truppen besetzten Gebieten mehr als 500000 Sinti und Roma («Zigeuner») der systematischen Massenvernichtung zum Opfer fielen. Dieser Völkermord wurde von der Bundesregierung über Jahrzehnte nicht öffentlich anerkannt. Die Überlebenden wurden weiterhin diskriminiert und sozial isoliert, abgedrängt an den Rand der Gesellschaft. Die Behörden, die oft genug alle nur erdenklichen banalen Anlässe nutzen, Sinti und Roma zu kontrollieren, zurechtzuweisen und auszugrenzen, erwarten nach wie vor die klaglose Hinnahme der ihnen zugemuteten Lebensbedingungen.

Aus den denkbar schlechtesten sozialen und politischen Bedingungen heraus gründeten vor allem jüngere Sinti Ende der siebziger Jahre politische Verbände nach dem Vorbild der Mehrheitsgesellschaft. Die Bürgerrechtsarbeit der jungen Sinti-Politiker kollidierte anfangs mit den Erfahrungsgrundsätzen der Alten. Diese hatten aus ihrer Lebensgeschichte als einer Geschichte der Diskriminierung, Registrierung und Kriminalisierung durch öffentliche Organe den Schluß gezogen, es sei besser, sich als «Zigeuner» in der Öffentlichkeit nicht zu auffällig zu artikulieren, um nicht allseits vorhandene Verfolgungsgelüste der Mehrheitsbevölkerung zu wekken.

Insbesondere der «Zentralrat Deutscher Sinti und Roma», zu dem sich im Februar 1982 neun Sinti- und Roma-Vereinigungen zusammenschlossen, wurde zur wichtigsten Verhandlungsinstanz gegenüber Behörden und Institutionen. Innerhalb von wenigen Jahren gelang es, nicht zuletzt durch die unermüdliche politische Arbeit von Romani Rose, öffentlich präsent zu sein und Gehör für die berechtigten Anliegen zu finden.

Wenn hier eine bis auf einen winzigen Rest dezimierte Minderheit begonnen hat, sich zu Subjekten ihrer Geschichte zu machen, dann treibt sie der Hunger nach sozialer Gerechtigkeit, von der sie ständig hören, die sie aber noch nie erfahren haben. Ihre Bürgerrechtsarbeit ist selbstorganisiert und selbstbestimmt. Sie widersetzt sich dem Los, das die Gesellschaft den Sinti und Roma zugedacht hat. Ihre wenigen politischen Sprecher müssen sich gegen allseitige Diskriminierung, Behördenwillkür, gegen polizeiliche Überwachung, gegen tausenderlei Formen grober und subtiler Mißachtung und Verfolgung wehren. In diesem Kampf benötigen sie Unterstützung.

Das wichtigste Unterstützungssystem ist die Familie, auch wenn viele familiäre Strukturen in der Nazi-Zeit systematisch zerstört wurden. Die fachliche und politische Unterstützung durch Nicht-Sinti, vereinzelt auch durch staatliche und kirchliche Stellen muß mit Respekt vor der Eigenständigkeit der Sinti- und Roma-Verbände geschehen. Diese Unterstützung hat nur dann einen Sinn, wenn sie als Zuarbeit zur selbstverantworteten Bürgerrechtsarbeit der Betroffenen verstanden wird (vgl. Böhmer / Meueler 1984).

«Die Minderheit ist immer ein verdrängter Teil der Mehrheit», schreibt P. Goodman (1966, 181). «Deshalb hat die Minderheit immer mit ihren Forderungen recht, denn es entspricht der moralischen und psychologischen Weisheit, wenn die Mehrheit ihre eigenen verdrängten Elemente akzeptiert.»

Gemeinsames Lernen

Auch für die Krise dürfte das gelten, was Friedrich Nietzsche vom Kranksein gesagt hat: Es könne «ein energisches *Stimulans* zum Leben, zum Mehrerleben sein»: «So in der That erscheint mir jetzt jene lange Krankheits-Zeit: ich entdeckte das Leben gleichsam neu, mich selber eingerechnet, ich schmecke alle guten und selbst kleinen Dinge, wie sie Andre nicht leicht schmecken könnten, – ich machte aus meinem Willen zur Gesundheit, zum Leben, meine Philosophie... Denn man gebe Acht darauf: die Jahre meiner niedrigsten Vitalität waren es, wo ich aufhörte, Pessimist zu sein: der Instinkt der Selbst-Wiederherstellung verbot mir eine Philosophie der Armuth und Entmuthigung...» (Nietzsche 1928, 178)

Unter den Prämissen einer Erwachsenenbildung, die Lebenspraxis begleitet und bei der Deutung der in sich widersprüchlichen Lebenswelten hilft, können im gemeinsamen Lernen alle stimulierenden wie zerstörerischen Kräfte von Lebenskrisen zur Sprache gebracht werden. Dazu bieten sich alle in diesem Buch angesprochenen theoretischen Zusammenhänge und praktischen Arbeitsvorschläge an: als Thema (Grundinformation), als Motivierung zur angeleiteten Selbstreflexion, als Untersuchung des Zusammenhangs zwischen individuellem Leidensdruck und krisenhaften wirtschaftlichen, politischen, sozialen und kulturellen Entwicklungen, als Anregung, gemeinsam an neuen kollektiven Handlungsentwürfen zu arbeiten.

Erwachsenenbildung kann dazu beitragen, soziale Unterstützungssysteme zu organisieren. Sie kann in ihren Räumen Betroffene und Fachleute zusammenführen. Sie kann und muß politisch tätig sein.

Wie eine solche Arbeit so geschehen kann, daß die beteiligten Erwachsenen nicht wieder zu unmündigen Schülern herabgewürdigt werden, habe ich ausführlich in meinem Buch ‹*Erwachsene lernen*› (2/1986) beschrieben.

Ich muß freilich deutlich auf den Unterschied zwischen therapeutischen Maßnahmen zur Krisenbewältigung und der Thematisierung von Krisen in der Erwachsenenbildung hinweisen: Beratung ist in der etablierten Erwachsenenbildung zumeist auf Bildungsberatung beschränkt. Sie ermöglicht Orientierung und eigene Entscheidungen der Teilnehmer, thematisiert Lernschwierigkeiten und informiert zum Beispiel über den denkbaren Stellenwert der Lernanstrengungen im Rahmen der beruflichen Fortbildung. Einzelfall-Beratung in Lebenskrisen kann nicht Aufgabe der Erwachsenenbildung sein. Oft genug noch nicht einmal pädagogisch ausgebildet, hüten sich die in ihr tätigen Personen in der Regel davor, den Korridor, der ihre Arbeit von der der Therapeuten (Gruppentherapie) trennt, zu betreten, auch wenn die grobe Aufteilung, Therapie habe es mit Kranken und Erwachsenenbildung mit gesunden Menschen zu tun, in dieser Schlichtheit nicht aufrechterhalten werden kann. Zu vielfältig sind die Verletzungen, die jeder erleidet, als daß diese Arbeitsteilung noch eine reale Basis hätte. Zu groß sind die geheimen Therapieerwartungen bei Teilnehmern von Erwachsenenbildungsveranstaltungen vor allem dann, wenn angebotene Themen als denkbare Projektionsfläche für eigene Probleme erscheinen.

Eines ist sicher: Erwachsenenbildung ist keine Psychotherapie, auch wenn Überschneidungen zwischen Lerngruppen, die sich mit der Vermittlung von Selbsterfahrung und gesellschaftlichem Wissen befassen, und therapeutischen Gruppen groß sind. In beiden Gruppen gelten die Anstrengungen der Entwicklung der Persönlichkeit und der Entfaltung des kreativen Potentials, das in der Gruppe steckt. Es werden ähnliche Verhaltensweisen gefördert und entwickelt (zum Beispiel klare und präzise Kommunikation, Bewußtsein des eigenen Verhaltens, Sensitivität im Hinblick auf Gruppenprozesse, Bereitschaft, sich in andere einzufühlen). Es werden mitunter die gleichen Gruppentechniken und -regeln verwandt. In beiden Fällen können therapieerfahrene Gruppenleiter tätig sein. Der wichtigste Unterschied besteht jedoch nach der Erfahrung von K. Vopel (3/1980) darin, daß Patienten eine Therapiegruppe aufsuchen, um zu überleben, während die Teilnehmer einer Lerngruppe vor allem eine Erweiterung ihres Wissens und ihrer kommunikativen Kompetenz erwarten. Wenn es sich herausstellt, daß Teilnehmer Erwachsenenbildungsveranstaltungen aufsuchen, die mit ihren Problemen eigentlich in eine therapeutische Gruppe gehören, sollte der Gruppenleiter seine Einschätzung offen mitteilen.

Welche Beiträge zur gedanklichen Klärung und sozialen Bewältigung von Lebenskrisen die Erwachsenenbildung leisten kann, ist bislang noch wenig erforscht, wenn auch in unterschiedlicher Weise praktisch erprobt: Sie kann sich der Aufgabe stellen, die Lebenswirklichkeit der Erwachsenen auszulegen und damit – zumindest gedanklich – verfügbar zu machen. Erwachsenenbildung kann die Beteiligten darin unterstützen, ihre eigene Situation zur Sprache zu bringen und im Dialog mit anderen an der Aufhebung quälender Zwänge und Nöte zu arbeiten. Als Begleitung zur allgemeinen Lebenspraxis kann sie dazu anleiten, die täglichen sozialen Erfahrungen zu benennen, zu ordnen, zu bewerten und auf ihre Bedeutung für die eigenen Entscheidungen und das eigene Handeln hin zu prüfen und zu verwerten. In diesem Sinne leistet sie Hilfe zur Selbsthilfe. Diese Bildungsarbeit im Dialog zwischen Lernenden und Lehrenden geht vom Alltag aus, macht ihn zum Thema, ermöglicht neue Erfahrungen mit Konsequenzen für das tägliche Handeln und mündet so wieder in die Lebenswirklichkeit ein.

Auch wenn sich die Erwachsenenbildung im Hinblick auf die allgemeinen Ziele, die Inhalte und die Art der Kommunikation von der Beratungsarbeit unterscheidet, kann sie doch eine Menge von ihr lernen: Dort wie hier sollte Beratung Orientierungs-, Planungs- und Entscheidungshilfen anbieten, aber keine Entscheidungen vorwegnehmen oder aufdrängen. Alle Kommunikation im wechselseitigen Sprechen, Hören und Verstehen sollte auf die Selbständigkeit, die Rationalität, auf produktive Entscheidungen und die Stärkung der sozialen Phantasie zielen.

Teilnehmer an Erwachsenenbildungsveranstaltungen, die sich in einer Krise befinden, erwarten aber zumeist handfeste Hilfen und Orientierung. Diesen Erwartungen kann nicht entsprochen werden. Die besondere Funktion von Lerngelegenheiten zum Thema «Lebenskrisen» liegt eher darin, daß sich der Teilnehmer das vorhandene gesellschaftliche Wissen zur jeweiligen Einzelfrage (zum Beispiel Unterschiede zwischen Neurosen und Psychosen) aneignen und mit seinen Alltagserfahrungen vermitteln kann. Der Lernende kann seinen Anspruch, Herr und nicht Knecht all der verwirrenden und widersprüchlichen privaten und politischen Krisensituationen zu sein, nicht ohne Selbstvergewisserung im Hinblick auf seine objektive oder subjektive Betroffenheit und nicht ohne Kenntnis der natürlichen und der von Interessen bestimmten gesellschaftlichen Prozesse einlösen.

Erwachsenenbildung muß sich immer gleichzeitig auf den Lernenden und die Realität außerhalb seiner selbst beziehen. Alle methodischen Überlegungen haben der Frage zu gelten, wie bewußt gemachte Lebenspraxis und kritische wissenschaftliche Theorien vom Leben in dieser Gesellschaft so zusammengeführt werden können, daß sie sich ergänzen, einander befruchten, so daß Erwachsene lernen, ihre subjektive Verarbeitung der gesellschaftlichen Realität bewußt wahrzunehmen und sie zu interpretieren. Nur der wechselseitige Bezug von Innen- und Außensicht, von Alltagserfahrungen und gesellschaftlichem Wissen ermöglicht Betroffenheit und zugleich die für Einsichten benötigte Distanz, ermöglicht ein sowohl personen- wie wissenschaftsbezogenes politisches Lernen. Da dies schlecht in Form einer Erwachsenen-Schule denkbar ist, muß es darum gehen, offene Lerngelegenheiten zu schaffen, in denen die Teilnehmer zu Veranstaltern ihres eigenen Lernens werden können. Der Lernprozeß und alle an ihm beteiligten Personen, Lehrende wie Lernende, müssen «entschult» werden.

Der Anspruch, Lerngelegenheiten müßten «offen» sein, ist keine Aufforderung zur Beliebigkeit. In unserem Zusammenhang geht es zum Beispiel um Offenheit für «unstetige Formen» der Beratung (Bollnow 3 / 1965, 20).

Ein Beispiel: Ein Wochenendseminar für Frauen soll am Sonntag mit dem Mittagessen und anschließendem Kaffeetrinken ausklingen. Zeitpunkt: 13.30 Uhr. Während der Kaffee gereicht wird, kommt es zu einer kurzen Schlußkritik der gesamten Tagung. Alle geben kund, was ihnen gefallen hat und was sie sich beim nächstenmal besser und unkomplizierter wünschen. Als die Reihe an die Frau eines Polizisten kommt, bricht es aus ihr heraus: «Morgen widerspreche ich meinem Mann!» Nach diesem Satz beginnt sie zu weinen.

Sofort rücken die Frauen, die neben ihr sitzen, an sie heran, berühren sie zärtlich und beruhigend, sprechen leise auf sie ein. Andere Frauen setzen sich dazu. Die junge Frau beruhigt sich langsam. Es beginnt ein langes Gespräch unter den Frauen darüber, wie die einzelnen es geschafft haben, in ihren ehelichen Beziehungen die Abhängigkeit von dem Entscheidungsmonopol des Mannes aufzulösen und zu gleichberechtigten Partnern zu werden. Als dieses Gespräch, in das ich mich nicht einmische, gegen 17 Uhr endet, haben die Frauen untereinander verabredet, per Telefon und durch gegenseitige Besuche über die Emanzipationsfortschritte der jungen Frau im Gespräch zu bleiben.

Die Frau hatte die offene Lerngelegenheit dieses Wochenendes als Appell erlebt, die in ihrer Ehe erlittene Unterdrückung nicht länger als «natürlich» hinzunehmen. Sie hatte im Seminar so etwas wie eine Gegenwelt zu den zwanghaften Lebensbedingungen zu Hause erfahren und sich entschlossen, ihr Gefängnis zu sprengen. Sie hatte diesen Entschluß allen mitgeteilt. Die Beratung durch die anderen Frauen galt der Verstärkung dieser Entscheidung.

Solche Beratungssituationen sind nicht voraussehbar. Plant der Kursleiter sie ein, kann er sich auf ein gefährliches Terrain begeben: Er kann sich ja nicht wie der Therapeut auf die Probleme: Er kann sich ja nicht wie der Therapeut auf die Probleme eines einzelnen in die Krise geratenen Teilnehmers einlassen. Er kann allenfalls grundsätzliche Hinweise geben, in welche Richtung und mit welchen Hilfsmitteln die Lernenden selbständig weiterforschen können.

Es wird immer Arbeitsformen geben, die die Verbindung wissenschaftlicher Information mit angeleiteter Reflexion erlauben, doch sollten Veranstaltungen in der Erwachsenenbildung niemals offene Therapie-Angebote sein.

WEG VON DER NABELSCHAU:
NEUES VERSUCHEN, ANDEREN HELFEN

In der Krise ist es unabdingbar, sich für eine bestimmte Zeit den Erwartungen und Ansprüchen der Umwelt und der Mitmenschen zu verweigern, um in einer intensiven Selbstvergewisserung den eigenen Bedürfnissen und Zukunftsvorstellungen auf die Spur zu kommen. Wird die Absonderung aber zu einem Dauerzustand, gerät der Betroffene in die Isolation, womit all die heilenden und anregenden Impulse, die von Begegnungen mit anderen ausgehen können, bei der Krisenbewältigung ausgeschlossen bleiben. Nur wenn es zu einem spannungsvollen Wechselspiel zwischen bewußt genutzter sozialer und kultureller Öffentlichkeit einerseits und vertrauter Lebenswelt, Freunden und Selbstreflexion andererseits kommt, kann sich aus dem in der Krise erlebten Stillstand eine neue Entwicklung ergeben.

Das *flow*-Erlebnis

Schlagen Sie doch noch einmal das Schaubild auf Seite 30 auf. Die von dem ungarisch-amerikanischen Soziologen Csikszentmihalyi (1985) untersuchten Gruppen hatten alle eines gemeinsam: Sie bestanden aus Leuten, die viel Energie für eine Aktivität aufwendeten, die nach herkömmlichen Maßstäben nur kleine Belohnungen erbringt. Daß solche konventionellen Belohnungen fehlten, bedeutete aber keineswegs, daß sich die jeweilige Tätigkeit (zum Beispiel Schachspiel, Bergsteigen, Rock-Tanz) nicht lohnt. Offensichtlich waren diese Aktivitäten befriedigend, und in der erzielten Zufriedenheit lag der Lohn. Es handelte sich zumeist um Tätigkeiten, die der einzelne zwar selbst steuern konnte, deren Ergebnis aber andererseits nicht genau vorhersehbar war. Sie ließen die Personen jeweils über das Bekannte, die Routine hinausgehen und erlaubten ihnen Erfahrungen mit Leistungsfähigkeit und ungenutzten Kompetenzen, die sie bislang an sich in dieser Art noch nicht wahrgenommen hatten. Sie hatten das Gefühl, Grenzen zu überschreiten. Da die Aktivität laufend Herausforderungen bietet, bleibt keine Zeit für Langeweile und für Sorgen darüber, was alles passieren könnte. Man kann die vorhandenen Fähigkeiten voll ausschöpfen und geht in den Aktivitäten auf, die man als einheitliches Fließen *(flow)* von einem Augenblick zum nächsten erlebt. Man empfindet sich als Meister seines Handelns und erhält über diesen Sachverhalt klare Rückmeldungen. Das deutlichste Anzeichen von *flow* ist, wenn Handlung und Bewußtsein verschmelzen und man das, was man tut, nicht gleichzeitig «von außen» sieht und kommentiert. Damit diese Verschmelzung zustande kommen kann, muß die Aufgabe zu bewältigen sein.

Um aus der isolierenden Beschäftigung mit der eigenen Krise auszubrechen und um neue soziale Beziehungen herzustellen, sollten Sie sich aus den vielen Handlungsmöglichkeiten im sozialen Feld solche heraussuchen, in denen Sie gefordert sind und zugleich Ihre Kraft unmittelbar erfahren. Suchen Sie sich eine Aktivität, in der die geleistete Arbeit ihre sozialen Belohnungen in sich selbst birgt und in denen Sie die Erfahrung machen können, auch in ganz anderen als den bisher gewohnten Handlungsfeldern erfolgreich zu sein und anerkannt zu werden.

Vielleicht wird es Ihnen – im übertragenen Sinne – wie dem berühmten britischen Bergsteiger Chris Bonington gehen:

«Am Anfang jeder größeren Kletterpartie habe ich Angst, fürchte ich Entbehrungen und Gefahren, die auf mich zukommen. Es ist, wie wenn man am Rand eines kalten Schwimmbeckens sich selber zuredet zu springen. Sobald man jedoch drin ist, stellt sich die Sache als nicht halb so schlimm heraus, wie man befürchtete; ja, es ist sogar vergnüglich... Sobald ich anfange zu klettern, sind alle meine Befürchtungen vergessen. Gerade die Rauhheit der Umgebung, die Glitschigkeit der Griffstellen, sogar der Klang niederfallender Steine tragen dazu bei, die Spannung aufzubauen, die wesentlich zum Bergsteigen gehört» (zitiert in: Csikszentmihalyi 1985, 70f).

Anderen ein Helfer sein

Ein Vater Anfang Dreißig wird mit seinem vierjährigen Sohn auf einem langen Spaziergang am Urlaubsort von der Dämmerung überrascht. Als sie auf dem Weg zurück zum Quartier ein größeres Waldstück erreichen, ist es vollends dunkel geworden. Der Vater fürchtet sich. Die unbekannte Wegstrecke in völliger Düsternis belebt alte Kinderängste. Als das Kind nach der Hand des Vaters greift, verschwindet dessen Furcht im Nu. Die Bitte um Beistand hat ihn mit einemmal in einen starken Beschützer verwandelt.

Die Erfahrung, sich hilflos zu fühlen und doch über unvermutete Kräfte zu verfügen, wenn man um Hilfe gebeten wird, werden Sie sicherlich schon mit sich und anderen gemacht haben. In der Krise scheinen von einem Schmerzpunkt aus alle Kräfte des Körpers gebunden. Diese Lähmung wird in dem Moment aufgehoben, da wir die narzißtische Beschäftigung mit uns selbst zugunsten spontaner Hilfeleistungen für andere aufgeben. An die Stelle des unablässigen Nachdenkens über eigene Störungen, Nöte und Begrenzungen tritt die Erfahrung, mit unseren Fähigkeiten und Kompetenzen gebraucht zu werden. Stabilisieren sich die Außen-Beziehungen, gelangt auch die Auseinandersetzung mit sich selbst in ruhigere Bahnen. Das Kreisen um sich selbst bekommt mit einemmal einen anderen Bezugspunkt. Wir verlassen den Regelkreis des sich selbst bestätigenden und darin sich ständig erneuernden Selbstmitleids, so daß im günstigen Fall ein neuer Regelkreis von sozialen Aktivitäten und wachsendem Selbstvertrauen entsteht.

Da ist die siebzigjährige Witwe, die nach dem Tod ihres Mannes eine noch ältere Frau im Altersheim besucht und sich für diesen Dienst vielfältig emotional und sozial belohnt sieht. Die neue Aufgabe führt sie aus der Isolation der Witwenschaft heraus und ermöglicht ihr neue soziale Identitätsgewinne. Da sind all die ehrenamtlichen Helfer in Anstalten und Heimen, in der Arbeit mit Kindern und Jugendlichen, mit Behinderten und Alten, in Nachbarschaftshilfen, technischen Diensten, in der Fürsorge für Suchtkranke und Strafentlassene. Hunderttausende von ehrenamtlichen Helfern sind in den verschiedensten Einrichtungen tätig.

Ihre eigenen Krisenerfahrungen haben Ihre Sensibilität für emotionale Hilfsbedürftigkeit verfeinert. Neue soziale Kontakte verändern erstarrte Kommunikationssysteme mit Nachbarn, alten Freunden und Bekannten. Fortbildungsmöglichkeiten der jeweiligen sozialen Organisation ermöglichen Ihnen Lernprozesse, durch die Ihre soziale Handlungskompetenz erweitert wird. In der Zusammenarbeit mit fest angestellten Fachkräften können Sie diese, die oft genug in Routine befangen sind, durch Ihre unbekümmerten Fragen und Anregungen zu Veränderungen in ihrer Arbeit veranlassen.

Anders helfen

oder

Die Kunst der Begleitung

«Wenn man den Weg verliert,
lernt man ihn kennen.»

Kiswaheli-Sprichwort

DIE KUNST DER BEGLEITUNG

Abschließend möchte ich in Fortführung früherer Überlegungen am Beispiel der Erwachsenenbildung illustrieren, welchen Rollenanforderungen der Fachmann gerecht werden muß, dem es darum geht, das Vertrauen auf die eigene Kraft zu fördern.

Wenn das Ziel der Erwachsenenbildung die größtmögliche Entfaltung menschlicher Grundfähigkeiten und einer selbstverantworteten Lebenspraxis ist, dann wird die Verlegenheit der beteiligten Fachleute deutlich, so etwas zu lehren. Sie können bei der Besinnung auf die eigene Kraft und bei der Wiederentdeckung verlorengegangener Handlungsmöglichkeiten allenfalls Unterstützung leisten. Wollen Fachleute, zum Beispiel im Rahmen der Erwachsenenbildung, ein Lernen in Krisen fördern, können sie dies kaum in der Rolle von kompetenten Lehrern tun. Sie kommen nicht umhin, eine neue und schwere Kunst zu erlernen: die Kunst der Begleitung.

Der Umgang von Erwachsenen, die gemeinsam und voneinander lernen wollen, ohne auf ihre Mündigkeit und ihre Kompetenzen zu verzichten, beruht auf ganz wenigen Einsichten und Selbstverständlichkeiten zwischenmenschlicher Kommunikation, die heute vor allem im Feld außerinstitutionellen Lernens (zum Beispiel in Selbsthilfegruppen) berücksichtigt werden. Hier steht die Mobilisierung der Selbsterhaltungskräfte der Betroffenen im Mittelpunkt des Interesses. Experten werden nur bei Bedarf um fachliche Unterstützung gebeten. Sie leiten und kontrollieren nicht die Lernfortschritte, sondern begleiten sie allenfalls ein Stück weit. Ihre Aufgabe ist subversiv. Sie nähren den Argwohn gegenüber all jenen Experten, die von der Unselbständigkeit und Abhängigkeit, vom Unwissen anderer profitieren. Sie verhelfen dazu, Autoritäten vom Podest zu holen und eigene Erfahrungen als bewußtgemachte Erlebnisse ernstzunehmen. Sie vermitteln zwischen Drinnen und Draußen, indem sie vorführen, daß die Erfahrungsorientierung es erlaubt, «das Private als öffentlich und das Individuelle als gesellschaftlich diagnostizieren und angehen zu können» (Koch 1979, 51).

Diese direkte Verbindung von Leben und Lernen kann in der etablierten Erwachsenenbildung, die immer noch zu großen Teilen als Erwachsenen-*Schule* praktiziert wird, oft nicht zustande kommen, weil sich die beteiligten Fachleute auf Grund ihrer Sicherheitsbedürfnisse mit der Aufgabe, offene Lerngelegenheiten zu schaffen, überfordert sehen. Zu stark bestimmen die jeweiligen institutionellen Interessen von Kirchen, Gewerkschaften, Unternehmern und anderen Verbänden Zielrichtung und Inhalte ihrer Bildungsangebote. Zu groß ist der Anteil der Veranstaltungen, in denen die Lehre wichtiger ist als der Lernende.

Auch in der Erwachsenenbildung neigt man dazu, Pädagogik, die sich mit *allen* gesellschaftlichen Bedingungen des Lernens auseinanderzusetzen hat, auf Didaktik einzuschränken. Die Didaktik ihrerseits ist zur Methodik als einer Kunstlehre der Unterrichtsvorbereitung ohne Lernumwege geworden, die wiederum auf erlernbare Techniken der effizienten Information und Belehrung reduziert wird. Vielerorts ist das Gefühl dafür geschwunden, daß der Lehrer mehr ist als Vollstrecker vorgeschriebener Lernpläne und Austräger vorsortierten, dosierten Wissens.

Wer fände und hätte ihn nicht gern, den Zauberstab der Methodik der Erwachsenenbildung? Den Zauberstab, der die Herrschaft über Köpfe und Herzen der Teilnehmer, die beliebige Herstellung von Betroffenheit und Faszination, die Beruhigung der eigenen sozialen Ängste vor der Gruppe und immer wieder zustande kommender Minderwertigkeits- und Ohnmachtsgefühle garantiert? In den alten Märchen wurde die Zauberkraft, die Herrschaft verhieß, zumeist mit der Übereignung der Seele erkauft.

Demjenigen, der die «Kunst der Begleitung» erlernt, geht es nicht um die Verfeinerung von Herrschaftstechniken, sondern um deren Abschaffung. Es geht nicht um den Verkauf der Seele, sondern um deren Wiedergewinnung dergestalt, daß sich der Veranstalter, Leiter, Referent oder Fachmann aus der ihn überfordernden Rolle des Dompteurs befreit. Es geht darum, daß er die Lerngruppe ermuntert, mehr Kreativität und Eigenkräfte freizusetzen als im bisher üblichen Zwangskonzept von Belehrung, Betreuung, Verplanung auf der einen und fremdbestimmtem Lernen, Betreut- und Verplantwerden auf der anderen Seite.

Die Methode kann – wie im griechischen Ursprungswort – immer nur ein «Weg» sein: zu mehr Erkenntnis, die jeweils neue Fragen hervorbringt – Suche, Umweg, Bewegung. Die gemeinsame Suche hat mit gemeinsamen Zielen zu tun und mit der Entscheidung, welchen Weg zu diesen Zielen man einschlagen will.

Einen Weg gemeinsam mit jemand zu gehen, nennen wir Begleitung. Begleitung setzt voraus, daß der, der sich begleiten läßt, weiß, wohin er will, auch wenn es Ruhepausen und Umwege gibt. Nicht der Begleiter bestimmt Ziel und Tempo, es sei denn, ein Vollzugsbeamter führt einen Strafgefangenen aus. Begleiten kann ich nur denjenigen, der sich auf den Weg machen will und der mich als Begleiter akzeptiert. Viele wollen allein gehen oder suchen sich andere Begleiter aus. Begleitung ist eher die Schwester der Freundschaft und freundschaftlicher Beratung als die der Schule und des Unterrichts. Der Begleiter ist jederzeit ansprechbar. Er ist einschätzbar, geht mit, rastet mit, treibt gelegentlich zur Eile, rät dann wieder zur Gemächlichkeit, ist stellenweise unverzichtbar, oft über weite Strecken überflüssig.

Begleitung ist im idealen Fall uneingeschränkt zweiseitig.

Je mehr jedoch der Begleitete auf den Begleiter angewiesen ist, desto mehr wird die Begleitung zur Beratung: Beratung zielt darauf, die eigenen Kräfte des Ratsuchenden zu wecken, das Denken zu mobilisieren, zur Problemanalyse anzuleiten und Wege zur Problemlösung so zu ebnen, daß der Beratene selbst die problemlösenden Entscheidungen trifft und sie dann auch selbst verantwortet.

Tödliche Belehrung

«Tödlich» sind all die Lehr-, Betreuungs- und Planungsaktivitäten, in denen die Lehre wichtiger ist als der Lernende und in denen die Ergebnisse von vornherein feststehen. Diese Form der Belehrung erinnert an das Problem des tödlichen Langweilers: «Jeder tödliche Langweiler hat Kopf, Herz, Arme, Beine, gewöhnlich hat er Familie und Freunde, er hat sogar seine Bewunderer. Und doch seufzen wir, wenn wir ihm begegnen – und mit diesem Seufzen bedauern wir, daß er irgendwie am Boden statt auf der Höhe seiner Möglichkeiten ist. Wenn wir tödlich sagen, meinen wir niemals tot: wir meinen etwas betrüblich Aktives, das aber gerade deswegen zur Änderung fähig ist» (Brook 1983, 55 f).

Um diese Änderung geht es: Lernen wird immer auch das Lehren einschließen, doch hat niemand mehr das Monopol. Es steht nicht von vornherein fest, wer die entscheidenden und problemlösenden Einsichten und Informationen beisteuert. Die Worte, die gewechselt werden, lehren eines, alles andere lehrt dadurch, wie es geschieht, zu wessen Gunsten die Dramaturgie des gemeinsamen Suchens und Fragens eingesetzt wird und wer alles von ihrer Einhaltung und situationsbestimmten Änderung profitiert.

Der Abschied von der tödlichen Verplanung, Belehrung

und Betreuung bedeutet den Abschied von alten Sicherheitskonzepten, vom Unfehlbarkeitsanspruch des Lehrers, von seiner Angst vor öffentlicher Kritik, vom Konsum- und Versorgungsdenken der Lernenden. Es bedeutet Abschied zu nehmen von intellektuellen Fütterungsvorgängen, bei denen niemand nach dem Hunger der Gefütterten fragt. Erfolge selbständigen Lernens ohne vertikale Arbeitsteilung zwischen aktiven Lehrern und nachvollziehenden Schülern werden nicht abgefragt. Sie sind immer nur Zwischenergebnisse auf dem mühsamen Weg, soziale Herrschaftsbeziehungen aufzulösen.

Einander begleiten

Eine Seminarankündigung zum Wintersemester 1982/83, die Kunst der Begleitung in Therapie und Erwachsenenbildung betreffend: «Begleitung hat mit Veränderung, mit Aufbruch zu tun. Sie hat zu tun mit selbstgesteckten Zielen und der Suche nach Wegen, die zu diesen Zielen führen. Die einander geleiten, machen sich aus eigenem Entschluß auf den Weg, sie fühlen und wissen, wohin sie wollen, gerade, wenn es um Umwege, die Abkehr von falschen Wegen und den Rückweg geht. Beide bestimmen das Tempo, mag der eine oder der andere auch mal ein Stück vorausgehen oder zurückhalten. Der Begleiter bleibt bei dem Begleiteten und steht ihm mit Rat und Hilfe zur Verfügung. Die Rollen wechseln mitunter. In den Arbeitsfeldern Erwachsenenbildung und Therapie lebt die Kunst der Begleitung von der Dialektik eigenständiger Entwicklung: zugleich bestärkend und beunruhigend, herausfordernd und besänftigend, strukturierend und alle Begrenzungen sprengend. Jeder der Beteiligten ist Schüler und Lehrer zugleich, mal dogmatisch, mal frei assoziierend. Diese Kunst ist erlernbar, freilich nicht als magische Technik, sondern im

Vollzug bewußter praktischer Interaktion. Die Kunst der Begleitung ist als ‹überlegte Kraft›, als ‹ungeduldige Geduld› keine Methode, sondern eine Haltung, die vom Dialog und davon lebt, daß der Fortschritt des einen die Veränderung des anderen lebbar macht.»

Jeder von uns erfährt sich als Subjekt oder Objekt von Begleitung in vielen trivialen und nicht immer beglückenden Alltagssituationen. In diesen Situationen entsprechen fast immer die Herrschaftsbedürfnisse der einen den Abhängigkeitsbedürfnissen der anderen. Die Anerkenntnis kultureller und sozialer Herrschaftsmuster sitzt so tief, daß wir zumeist erst in Krisensituationen das Ausmaß unserer Abhängigkeit erkennen: «Nur der, der sich bewegt, spürt die Fesseln...» Die alte Arbeitsteilung von Belehrung und Belehrtwerden, Vordenken und Nachdenken, Vorführung und Nachahmung, Dozent und Klient, Vortrag und Mitschrift wird durch Einsichten wie diese – daß jeder nur für sich selbst verstehen kann und daß alle von Experten vorgetragene Wissenschaft ohne eigenes Fragen und Suchen der Zuhörer nur «Verstehen auf Pump» (Wagenschein 1982) ermöglicht – in Frage gestellt.

Das Gegenmodell zur Erwachsenen-Schule, eine selbstverantwortete und selbstbestimmte Erwachsenenbildung, die ganz auf die Kraft der Teilnehmer setzt, stellt alle Beteiligten vor zunächst als bedrohlich empfundene neue Rollenzumutungen. Immerhin hatte das tief verinnerlichte schulische Unterrichtsritual mit seiner klaren Rollenstruktur bei aller Tödlichkeit doch auch die Sicherheit des Gewohnten geboten. Neue Rituale und damit neue Sicherheitsbedingungen müssen gegen äußere und vor allem innere Widerstände erst neu erdacht und erarbeitet werden.

Zu tief sitzt die Erwartung, Lernen hieße die Früchte ernten, die andere angebaut, zum Reifen gebracht und genährt haben. Zu lästig und mühsam ist der Vorsatz, das Leben nicht als Ernten, sondern als Anbauen zu verstehen, indem wir die Saat selbst begießen und die Frucht, die sich entwickelt, aus eigener Anstrengung zum Reifen bringen.

War bislang der Lehrer ein soziales Symbol für die Vermittlung von Traditionen, Träger gesellschaftlicher Kontinuität, Vorbild für den Umgang der Generationen miteinander, und war der Lernende als Schüler das soziale Symbol für Unfertigkeit, Lernbedürftigkeit, Objekt von Anleitung, Erziehung, Prägung, von Geboten und Verboten, so müssen wir die soziale Symbolik der neuen Lehr-Lern-Konstellationen erst suchen und immer wieder neu bestimmen. Ebenso, wie sich Phantasie nicht verwalten läßt, kann man Selbständigkeit nicht vorschreiben und verordnen. Wie es in der Selbsthilfegruppen-Bewegung darum geht, Betroffene auf einen Weg aufmerksam zu machen, den sie bisher nicht gekannt haben und den sie dann allein gehen müssen, so geht es auch im Bereich selbstverantworteter Erwachsenenbildung zunächst einmal um den grundsätzlichen Entschluß der Beteiligten, die bequeme, da passiv erlebte Fütterung zugunsten einer suchenden, erkundenden, aktiven Selbstversorgung aufzugeben.

Mut haben und Mut machen

Wie sich bei Kranken, die lange Zeit ans Bett gefesselt sind, die nicht in Anspruch genommene Muskulatur zurückbildet, unterliegen die im Kindesalter noch vorhandenen Potenzen der Wahrnehmung und der Neugierde im Prozeß des Erwachsenwerdens zunehmendem Verschleiß: Die Neugier (Wißbegierde, Unbekanntes zu erfahren und kennenzulernen; aktive Auseinandersetzung mit der Umwelt) läßt nach, dafür wächst das Interesse am Konsum, erlebt als Unterhaltung, nicht als selbst geschaffenes Vergnügen.

Habe ich mich als Leiter entschlossen, andere zu selbstbestimmtem Lernen anzuregen, bedeutet es daher die größte Mühe, die Gruppe aus der Haltung der passiven Konsumenten, die unterhalten werden wollen, herauszulocken und den Teilnehmern Mut zu machen, dem eigenen Denken und Fühlen zu vertrauen.

Zwischenruf: «Das Ganze ist zu unpolitisch!»

Auf den ersten Blick scheint die «Kunst der Begleitung» ganz und gar unpolitisch zu sein. Sie scheint vor allem darauf gerichtet zu sein, daß alle Beteiligten sich wohl fühlen. Sollte dieser Eindruck entstanden sein, muß ich dem heftigst widersprechen.

Es geht mir um Erwartungen an die in der Erwachsenenbildung tätigen Fachleute, diese Arbeit nicht als Fortsetzung der Schule mit ihrem besonderen Gewaltverhältnis zu sehen, sondern basisdemokratische Tugenden zu verwirklichen, zum Beispiel diejenige, den lernenden Erwachsenen in seiner Selbstbestimmung zu unterstützen und sich nicht zu seinem Herrn und Lehrer aufzuspielen.

Wenn es notwendig wird, muß sich der Begleiter auch in einen Agitator, Trainer, Instrukteur oder Organisator verwandeln können – durchgängig bleibt die Perspektive, die Lerngruppe zur Praxisveränderung aus eigener Kraft zu ermuntern. Ich habe als Begleiter keine schützende Vaterrolle für behütete Kinder, sondern inhaltlich die Rolle des Anregers und intellektuellen Störers zu spielen. Nehme ich keinen erkennbaren politischen Standort ein, ergreife ich nicht Partei für diejenigen, die in gesellschaftlichen Konflikten den Mächtigen unterlegen sind, verliere ich nicht nur mich selbst, sondern werde zugleich politisch unsichtbar für diejenigen, die einerseits meine Verstärkung, andererseits aber meine bewußten Provokationen und Anstöße für ihre politische Entwicklung benötigen.

Begleitung meint nicht den gut funktionierenden, inhaltlich aber uninteressanten «ausgewogenen» Dienstleistungsbetrieb für Leute der Mittelschicht, die die Erwachsenenbildung als Erholungspark, freundschaftlichen Treff und kulturellen Schnellimbiß verstehen. Es ist eine Illusion zu glauben, man könne das eigene Leben unbeschadet von gesellschaftlichen Entwicklungen und politischer Praxis führen: «Wer sich nicht in Gefahr begibt, kommt darin um!»

Werkzeug, Lexikon und Lotse

Um den Sicherheitsbedürfnissen aller Beteiligten Rechnung zu tragen, ist es wichtig, zu Beginn und auch zwischendurch, falls nötig, die eigene Rolle und Funktion als Begleiter klar zu definieren: deutlich zu machen, daß man die Gruppe nicht allein lasse, aber nicht dazu bereit sei, ihr Dinge, die sie selbst erarbeiten und herausfinden könne, vorzugeben. Nur die *eigene* Auseinandersetzung mit der Sache, den mitgebrachten und neu entstehenden Fragen ermögliche eigenes und intensives Lernen. Das zur selbständigen Aneignung notwendige organisatorische und methodische Wissen wolle man gern bereitstellen, wie man auch bereit sei, inhaltliche Unterstützung zu geben, wenn diese angefordert werde. Steht der begleitende Fachmann zu seinem Wort und drängelt er sich nicht mit seinem Wissen in den Vordergrund, dann verschafft er sich Autorität durch den bewußt erlebten Gebrauchswert seiner organisatorisch-methodischen wie inhaltlichen Auskünfte. Die Art und Weise, wie alle Beteiligten seinen Erfahrungsvorsprung nutzen, hängt ganz von der sich ergebenden Dynamik ab: mal ist er Animateur, mal Lotse, mal Werkzeug, Werkzeugkasten, Wasserrad, Lexikon, Entertainer, mal «nur» aktiver Zuhörer. Mal ist er überfordert und ängstlich, dann wieder stark und hilfreich. Begleitung ist kein Beruf, sondern eine immer wieder mühsam neu zu verwirklichende Haltung, eine erlernte Qualität praktischer Berufsausübung, die soziale Professionalität und die emotionale Bereitschaft erfordert, nur dann zu geben, wenn darum gebeten wird, und wegzugehen, wenn man nicht mehr benötigt wird.

Begleitung läßt sich nicht auf eine Einstellung reduzieren. Sie muß sich ständig praktisch ausweisen, erkennbar und kritisierbar. So erscheint der Fachmann als erfahrener Lernender, der selbst noch in vieler Hinsicht weiterkommen muß und daher Verständnis für die Lerninteressen und Lernbarrieren der anderen hat. Er kann Erfahrungen einbringen, ohne sie zur Herrschaft über die Gruppe oder zur Selbstverteidigung einzusetzen. Als Maßstab für die eigenen Beiträge zur Arbeit der gesamten Gruppe kann Ruth C. Cohns Satz gelten: «Wer weniger gibt als nötig, ist ein Dieb; wer mehr gibt, ein Mörder.» An anderer Stelle rät sie: «Einen Anstoß geben, Vertrauen haben, Freiraum lassen» (Cohn 1975, 123 und 196).

Planung des Unplanbaren

Bleiben wir noch einen Augenblick bei Ruth C. Cohn (1975). Mir gefallen ihre «Zauberformeln», mit denen sie schwer einschätzbare und daher belastende emotionale und soziale Risiken der Arbeit mit Gruppen (Angst, nicht anzukommen; Abwehr vor Allmachtszuweisungen seitens der Gruppe bei gleichzeitigen eigenen Ohnmachtserlebnissen etc.) beschwört. Ihre Zauberformeln haben «pädagogisch-therapeutische Relevanz, weil sie sich gegen Allmachts- und Ohnmachtspathologie wenden, mit einem Hauch von Humor, der den Schmerz der Allmacht-Ohnmacht-Spannung lindern kann». Der «zauberhafte Realismus» dieser Formeln legt «seinen Hauch auf unstetig schlagende Herzen und verkrampfte Magenmuskeln», bejaht zugleich persönliche Verantwortung und befreit «den einzelnen vom Wahn der Perfektion und der Erfolgspsychose» (Cohn 1975, 206f).

Eine dieser Formeln ist die «pädagogisch-therapeutische Projekt-Planungs-Formel»: Ruth C. Cohn berichtet, daß sie während der Vorbereitung eines Kurses oder eines Arbeitsprojekts alle Bedingungen genau recherchiert und einen Plan erarbeitet, der die ermittelten Faktoren und ihre eigenen Ziele und Fähigkeiten berücksichtigt. Diesen Plan ergänzt sie um einige Alternativpläne für unerwartete Situationen. Sie überdenkt mögliche Themen, die Verteilung von Plenum und Kleingruppen (nach Interesse, Funktion, Ziel) und überschlägt die zeitlichen und räumlichen Gegebenheiten. Dann ihre «Zauberformel»: «Wenn der Tag kommt und ich fange mit den Menschen des Projekts an zu arbeiten, weiß ich, daß alles, was ich vorbereitet habe, falsch war; und ich verwende den Rest der Zeit, um es richtigzustellen.» – «Jeder Plan muß falsch sein, da nie alle Faktoren bekannt sein können und so auch nie der Prozeß, der sich aus den vielfältigen Geschehnissen zwischen verschiedenen Menschen und Sachlagen ergibt, genau vorhergesehen werden kann... Vorplanen mit allen bekannten Fakten und Wahrscheinlichkeiten und Offen-Sein für Wahrnehmung im Hier-und-Jetzt des Prozesses, um notwendige Umstellungen vornehmen zu können. Starre Planung und Planlosigkeit sind gleichermaßen unbrauchbar.»

Wir können im Hinblick auf Ruth Cohns Erfahrungen das Symbol des Weges wiederaufnehmen: Eine Wanderung ist planbar. Die benötigte Zeit, das Ziel, die Wegstrecke, das Wetter, die Zusammensetzung der Gruppe sind eventuell einschätzbar. Nicht einschätzbar sind die Wanderlust und die Belastbarkeit der Beteiligten, unerwartete Ereignisse, die Richtung und die Intensität der Gespräche unterwegs. Jede Gruppe entwickelt eine andere Dynamik, folgt eigenen Gesetzen, so daß jede Lernveranstaltung ein offenes didaktisches und soziales Experiment bleiben muß, in dessen Verlauf immer neue Probleme und Irritationen zu bewältigen sind.

Eine Situation in der Universität: Ich habe mich als Seminarleiter sehr gründlich mit dem Thema vertraut gemacht und glaube, in der Vorbereitung die elementaren Probleme herausgearbeitet zu haben. Eine Studentengruppe hat sich bereit erklärt, das Thema selbständig für das Seminar vorzubereiten, die Sitzung selbstverantwortlich zu gestalten und eigene inhaltliche Akzente zu setzen.

Was tue ich nun, wenn sich eine oberflächlich vorbereitete Gruppe und die übrigen Teilnehmer des Seminars mit nichtssagenden Ergebnissen zufriedengeben und die meinem Wissensstand und meiner Einschätzung nach wesentlichen Einsichten verfehlen? Soll ich die von der Gruppe erarbeiteten Ergebnisse akzeptieren und den selbständigen Gruppenprozeß höher schätzen als inhaltlich befriedigende Ergebnisse? Bin ich es nicht den Lernenden schuldig, ihnen mein Wissen zum Thema, meine Professionalität zugute kommen zu lassen? Wie kann ich diese beruflichen Stärken so einbringen, daß sie beim Gegenüber keine Unterlegenheitsgefühle, sondern emotionales und sachliches Engagement auslösen?

Wie auch immer die Entscheidung ausfällt, der Begleiter sollte sie thematisieren und aus seiner Sicht in den Zusammenhang der getroffenen Arbeitsverabredung stellen.

Verantwortete Unverantwortlichkeit

Alle Erwachsenenbildung ist ein Feld lebhafter Übertragungsvorgänge. Mit «Übertragung» ist in der Psychoanalyse ein Vorgang gemeint, in dem der Klient in der Beziehung zum Analytiker alle diejenigen Affekte entwickelt, die er früheren Bezugspersonen gegenüber einmal gehabt hat oder auch noch in der Gegenwart hat. Macht beispielsweise die Gruppe den Leiter unbewußt zur «Mutti» des Seminars, um damit der Verantwortung für die gemeinsame Arbeit entledigt zu sein, und erklärt der Leiter in einer unkontrollierten Gegenübertragung die Gruppe unbewußt oder bewußt zu seinen hilflosen und anleitungsbedürftigen Kindern, dann ist der Kreis geschlossen.

Viele von uns, die wir nicht von ungefähr zu Helfern geworden sind, leiden unter starken Über-Ich-Forderungen, es ja allen in der Gruppe rechtzumachen, jeden perfekt und pausenlos zu versorgen und zu bemuttern. *Aber:* Ich bin als Organisator von Lernprozessen Erwachsener nicht für deren Wohl verantwortlich. Sie sind selbst für ihr Tun zuständig. Sie haben die übernommene Rolle selbst auszufüllen. Ob ihr Lernen gelingt oder scheitert, das ist ihre Sache. Ich bin nur verantwortlich für meine eigene Rolle und dafür, daß ich die Leute an den richtigen Stellen und in der richtigen Weise störe, beunruhige, zum Nachdenken und Nachfragen veranlasse. Will der Leiter (herkömmliches Verständnis: «Jede Gruppe ist so gut wie ihr Leiter») allein für die Gruppenprozesse verantwortlich sein *(mein* Seminar, *meine* Planung, *mein* Erfolg, *mein* Scheitern), enthält er den Teilnehmern zumutbare Verantwortung vor und trägt zu ihrer Entmündigung bei.

Jede Lehre muß Lernenden ihren Teil der Verantwortung für das Lernen überlassen. Sie wird immer mit dem Risiko behaftet sein, nicht «komplett» zu sein, aber gerade dieser Umstand motiviert zu weiterer eigenverantwortlicher Arbeit.

Das alles ist für beide Seiten schwer: Der Lernende muß eine neue Rolle übernehmen, die der jahrzehntelang erlernten Rolle des Schülers entgegengesetzt ist. Er muß seine Vorstellungen von der Allmacht des Experten aufgeben. Der Experte muß sich andererseits von dem (vorgestellten) Druck befreien, auf jede Frage eine Antwort und – vor allem – für jedes Leid eine tröstende Geste und eine rettende Strategie zu wissen. «Es gibt kein wirkliches Expertentum der Hilfe oder Erleichterung in Affekten, wie sie allen Menschen gemeinsam sind. Angst und Wut, Schmerz und Trauer müssen immer wieder durchlitten werden, wie neu: alles, was den ganzen Menschen ergreift, ihn ganz erfüllt, widerspricht der Bewältigung durch einen Fachmann. Wenn ich wirklich traurig bin und mich diesem Gefühl hingebe, dann lösche ich damit auch meine Möglichkeiten aus, gleichzeitig als Experte dieses Gefühl zu bewältigen... Tatsächlich kann der Experte – wenn er wirklich gut ist – genausoviel wie der liebevolle Freund: Er kann seine Überzeugung vermitteln, daß die Trauer irgendwann aufhören wird, wenn sie erst einmal zugelassen wurde» (Schmidbauer 1983, 65).

Die Rolle des Begleiters ist widersprüchlich: Er will kein Lehrer sein, wird aber als solcher angesehen und muß manchmal auch diese Rolle übernehmen. Er lehrt, aber nicht nur durch Wörter. Er will in die Gruppe eintauchen und Teilnehmer sein, zu ihr gehören, ihre Nähe spüren, Fehler machen dürfen wie jeder andere, und doch weiß er, daß sein Reden, sein Verhalten ganz besonders intensiv beobachtet und getadelt werden. Für ihn gilt, was Peter Brook vom Theater-Regisseur sagt (1983, 53): «Die Rolle des Regisseurs ist seltsam: er will kein Gott sein, und doch ist das in seiner Rolle enthalten. Er will fehlbar sein, und doch besteht eine instinktive Verschwörung der Schauspieler, ihn zum Richter zu setzen, denn ein Richter wird die ganze Zeit so dringend gebraucht. In gewisser Weise ist der Regisseur ein Betrüger, ein Führer bei Nacht, der das Gelände nicht kennt, und doch hat er keine Wahl – er muß führen und den Weg beim Gehen kennenlernen. Die Tödlichkeit liegt oft auf der Lauer, wenn er diese Situation nicht erkennt und das Beste hofft, wo er sich eigentlich auf das Schlimmste gefaßt machen sollte.»

Fragen und Fraglichkeit

Die Selbstverständlichkeit, daß der, dem etwas frag-lich geworden ist, denjenigen fragt, der es weiß oder wissen müßte, ist in der (schulischen) Unterrichtsgeschichte aufgehoben und durch ein gegenläufiges Ritual ersetzt worden: Derjenige, der über das Wissen verfügt (Lehrer), stellt die Fragen. Die Antworten soll der Schüler geben, der von der Rollenverteilung her über kein Wissen verfügen kann. Gibt der Lehrer Antworten auf Fragen, die ihm die Lernenden gar nicht gestellt haben, kommt keine wirkliche Erkenntnis zustande, sondern allenfalls Belehrung. Zwar ist die Frage das «Prinzip allen Denkens, Erkennens, Lernens» (Fischer 1970, 484), zwar gehört die Neugierde zu den Grundantrieben des Menschen, doch ist den meisten Erwachsenen das spontane problemorientierte Fragen, der Wissensdrang schon lange abhanden gekommen. Schon im Kindesalter wurde das ständige Fragen von Eltern und Geschwistern als lästig und unerheblich abgetan. Zu selten war das Erlebnis, mit eigenen Fragen von anderen wirklich ernstgenommen zu werden, zu häufig wurden wir mit Antworten auf Fragen, die wir nie gestellt haben, von oben (Eltern, Lehrer, Politiker, Vorgesetzte) eingedeckt.

Der Begleiter versucht, Erwachsene wieder neugierig zu machen. Durch Konfrontation mit widersprüchlichen Situationen fordert er das selbständige Fragen heraus. Er übt sich seinerseits im aufmerksamen und aktiven Zuhören, wodurch er unsichere und tastende Fragen herauslockt. Er ernährt bei den Lernenden die Ungeduld, sich mit den ermittelten Antworten nicht zufriedenzugeben und weitersuchen zu wollen. Er bewegt sich nicht nur im Feld abgeklärten systematischen Wissens, sondern fördert Fragen zutage, auf die er selbst noch keine Antwort weiß.

Da sein und weggehen können

Begleitung schafft ein anderes Verhältnis von Nähe und Distanz, als es im herkömmlichen Lehrer-Schüler-Verhältnis
die Regel ist. Zwar ist die Beziehung entlasteter, weil ich als
Leiter nicht die volle Verantwortung für jeden kleinen Lern-
(fort)schritt der Gruppe übernehmen muß, zwar ermöglicht
mir diese Entlastung auch eine intensivere Selbstwahrneh-
mung, aber ohne Widersprüche geht es nie ab:

Da ist die Gruppe, deren Selbsthilfe-Potentiale so stark
sind, daß sie allenfalls einige kleine Impulse und Hinweise
von mir benötigten, um produktiv zu werden. Ich bringe
mich von einem bestimmten Zeitpunkt an nicht weiter ein, da
dies weder inhaltlich noch methodisch vonnöten ist. Ich habe
mich also tatsächlich überflüssig gemacht, oder ehrlicher: die
Gruppe hat's getan.

Der Trennungsschmerz ist groß. Die neue Aufgabe, allein
zu sein, dies auszuhalten, ja erstrebenswert zu finden, ist
schwer. Angetreten bin ich mit dem Gefühl von Stärke, für
andere da zu sein, gebraucht zu werden, und nun ist das Gegenteil der Fall: «Das, was ich geben kann, geben die sich
gegenseitig! Was kann ich überhaupt besser als die Gruppe?
Ist mein mühsam erarbeiteter Experten-Status nur Bluff, nur
Papier? Andererseits: Wenn es jetzt so schön läuft in der
Gruppe, warum schließen die mich aus? Ich will was abhaben
von dem schönen neuen Wir-Gefühl! Ich will emotional belohnt werden!»

Auch wenn mein «Bauch» revoltiert, finde ich doch meine
Identität als derjenige, der zur Selbständigkeit ermuntert, erst
richtig im Abschiednehmen von einer starken, aktiv und
selbstbewußt gewordenen Gruppe. Ich kann nicht abschät-
zen, wie es mit der Gruppe weitergeht, aber das ist ja auch
deren Sache.

Da ist die Arbeitergruppe, die mich als «Techniker des
praktischen Wissens» (Sartre) benötigt. Die Teilnehmer ha-

ben noch Schwierigkeiten, selbstbestimmt und ohne Unterstützung durch Fachleute zu lernen. Zu lange dauert der Prozeß der Selbstentfremdung schon, zu tief sitzen die Konditionierungen des Arbeitslebens mit seinen täglich und stündlich erlebten Abhängigkeiten. Jemandem, der in fast jeder Hinsicht unmündig gehalten wurde, kann ich nicht einfach zurufen: «Organisiere dein Lernen selbst!» Das wäre gewalttätig. In einer «Dialektik von Notwendigkeit und Überflüssigmachen» (Koch 1979, 58) gilt es, von Leistungsdruck freie Gelegenheiten zum Sprechen zu organisieren, die Gruppe phasenweise anzuleiten, «zur Sprache zu kommen» und schon angesammelte Erkenntnisse zu nutzen. Meine Aufgabe ist es, da zu sein, zu unterstützen, ohne zu bevormunden, die Selbstschutzmechanismen der Gruppe nicht als Barrikade, sondern als Hinweis auf Verletzlichkeit zu nehmen, nicht zu viel auf einmal zu erwarten, sondern sich dem Fluß des Gesprächs anzuvertrauen, hier verstärkend, dort fordernd. All dies ist auch eine Chance für mich selbst, mich durch das Zusammentreffen mit anderen herausfordern, ermuntern zu lassen, mich zu fragen: Was haben die von mir? Was sollen sie von mir haben? Was mute ich der Gruppe mit mir zu? Was muten mir einzelne aktive Gruppenmitglieder zu? Was will ich davon erfüllen, was nicht? Wo bin ich zu einer Zugabe bereit? Wo wäre eine Zugabe meinerseits nur Bestätigung für mich, aber Entmutigung derjenigen, die sich sprachlich nicht hervortrauen?

Irritationen und Ängste

Die Bereitschaft, sich stark oder ganz zurückzunehmen, kollidiert mit dem tiefsitzenden Anspruch des Helfers an sich selbst, der von allen benötigte, unentbehrliche und auf Grund seines Wissens, seiner humanen Art und seiner Persönlichkeit von allen geachtete soziale Mittelpunkt des Geschehens zu sein. Der Leiter als Begleiter setzt gegen alles professionelle Mißtrauen dem Lernenden gegenüber auf Vertrauen in die Selbständigkeit und produktive Kreativität. Er versucht, Denken und Erleben zusammenzubringen, um Lernende und Lehrende als ganze Menschen einzubeziehen. Er muß freilich für diese Offenheit seinen Preis bezahlen: Er geht größere Risiken ein und trägt seinen Sicherheits- und Absicherungsbedürfnissen in der offenen Arbeit nicht mehr so entschieden Rechnung wie im geschlossenen Unterrichtskonzept. Stärker als bisher auf einfühlsames und aktives Zuhören und Verstehen des Gegenübers bedacht, verausgabt er sich emotional weitaus stärker als früher.

Das Begleitungskonzept weckt sowohl bei der Gruppe als auch beim Begleiter Ängste. Die lernenden Erwachsenen sollen mit einemmal die Rolle des zwar herumkommandierten, aber doch gut versorgten abhängigen Kindes aufgeben. Sie müssen die neu gewonnene Freiheit selbst definieren. Sie müssen Verantwortung übernehmen und stärker als Person ins Rampenlicht der Rede und Gegenrede, der organisatorischen Vereinbarungen und des Aushandelns von Zielen, Inhalten, Wegen und Verfahren treten. Da es kein Sicherheitskonzept für offene Gruppenarbeit gibt, müssen sie sich daran gewöhnen, die eingegangenen Risiken selbst zu tragen, ob es nun gut ausgeht oder ob es Schwierigkeiten gibt.

Für den Leiter als Begleiter ist es genauso schwer. Er kann nicht zum bloßen Teilnehmer werden, da zuviel Gemeinsamkeit das selbstbestimmte Suchen und Lernen der Leute verwischen und behindern würde. Er soll nicht nur die Gruppe emotional unterstützen, sondern Brandstifter und Feuerwehrmann zugleich sein. Er muß bereit sein zur präzisen Kritik, bereit zur Konfrontation, zum Widerspruch, zur Störung der harmonischen Selbstbeschränkung. Er muß den Anspruch der Analyse gegen Geschwafel setzen und zu eigener Sinnfindung aufrufen, anstatt der bloßen Übernahme fremder Einsichten (und stammen sie aus noch so klugen Büchern) das Wort zu reden. Er wird allmählich lernen, seine eigene Unsicherheit (erst wenn man tot ist, hat man keine Angst mehr) kreativ zu nutzen. «Expertentum, das nicht entmündigt, müssen wir ebensosehr erst finden wie eine Industrie, die nicht die Natur kaputtmacht, und eine Gesellschaft, die für die Menschen, nicht für die Sachen da ist» (Schmidbauer 1983, 242).

Am Ende sein und weiterkommen

Lernen findet immer in sozialen Beziehungen statt. Diejenigen, die zu Erwachsenenbildungsveranstaltungen kommen, sehnen sich auch nach neuen und befriedigenden Erfahrungen mit sich und anderen. Sie haben es verlernt, von einer solchen Veranstaltung allzuviel zu erwarten, gleichwohl bringen sie tiefsitzende emotionale Erwartungen (zum Beispiel als einzelner ernstgenommen, von allen geliebt, beim Namen genannt und damit in der eigenen Unverwechselbarkeit akzeptiert und anerkannt zu werden) mit, die sofort aktiviert werden, wenn sich der Leiter als jemand entpuppt, der Anerkennung gewährt, Nähe zuläßt und ansteckende Freude und Wärme ausstrahlt.

Der Leiter hat seinerseits auch das Bedürfnis nach Annahme durch die Gruppe. Auch er sucht in ihr die wohlige Wärme der lang entbehrten Mutter-Kind-Beziehung, nur daß er nicht das liebebedürftige Kind, sondern die Mutter spielen soll. Er, der selbst Bestätigung sucht, soll Anerkennung zollen. Er tut dies oft überreichlich, um Anerkennung zurückzuerlangen. Diese wechselseitige Anerkennungsarbeit, das Buhlen um den dankbaren Widerschein im Blick des Gegenübers, die nicht nachlassende Verführung, der Gruppe noch mehr geben zu wollen, um emotional noch mehr zurückzuerhalten – all das kostet unendlich viel Energie. Niemand kann unausgesetzt Kraft abgeben. Jeder noch so Starke hat irgendwann einmal das Bedürfnis, sich zurückzuziehen und sich fallenzulassen, aufgefangen zu werden von jemandem, der es gut mit einem meint. Wie sich im Kühlschrank-Mechanismus Wärme in Kälte verwandelt, kann die emotionale Überforderung des warmherzigen und für alle offenen Begleiters zur Vereisung als Schutzreaktion führen.

In Amerika hat sich für diesen berufsbezogenen Komplex emotionaler Überforderung der Begriff des «Ausbrennens» (eine Kerze gibt Licht und Wärme ab, verbrennt aber gleichzeitig) eingebürgert. E. Aronson u. a. (1983, 25) definieren auf Grund ihrer Forschungen das Ausbrennen als «Resultat andauernder oder wiederholter emotionaler Belastung in Zusammenhang mit langfristigem, intensivem Einsatz für andere Menschen».

Sie machen Vorschläge dazu, welche Strategien gegen das Ausbrennen, das in Helfer-Berufen eine unvermeidliche Berufskonsequenz ist, ergriffen werden können, um die emotionalen Reserven wieder aufzufüllen. Deutlich wird, daß jeder sozialer Unterstützung, also der Begleitung durch andere, bedarf, die ihm zuhören, ihm sachliche Hilfe bieten und beraten, ihn inhaltlich und emotional herausfordern. Diesen Beistand kann und muß sich jeder Begleiter in der Erwachsenenbildung selbst beschaffen. Der Regisseur Peter Brook macht darauf aufmerksam, daß Sänger, häufig auch Tänzer ihre Lehrer bis zum Ende ihrer Tage behalten. Nachdem der Schauspieler eine gewisse Position erreicht habe, mache er in der Regel keine «Hausaufgaben» mehr. So hätten einmal losgelassene Schauspieler nichts, was ihnen bei der Entwicklung ihrer Talente helfen könnte (Brook 1983, 37ff).

Dies gilt genauso für unser Arbeitsfeld: Nur jemand, der sich als Leiter und «Lehrer» in der Erwachsenenbildung immer wieder gezielt «Teilnehmer»-Erfahrungen bei Kollegen oder in der Fortbildung verschafft, behält auf Dauer ein Gefühl für die Aggressionen, die entstehen, wenn unsensible und unsichere erwachsene Lehrer engagierte erwachsene Lernende wieder zu ahnungslosen Kindern und Schülern degradieren.

Nur jemand, der die fruchtbare und hilfreiche Funktion von Kritik erkannt hat und sie von fachkundigen Kollegen, zum Beispiel in der Fallbesprechung (vgl. S. 191 ff) anfordert, macht Entwicklungsschritte in der Kunst der Begleitung. Nur wenn der Lehrer sich bewußt dafür offenhält, aus Begegnungen und Erlebnissen zu lernen, die erst durch die Reflexion zu Erfahrungen werden, kommt und bleibt er selbst in Bewegung. Nur wer sich selbst Schwäche zugesteht und sich bewußt mit ihr auseinandersetzt, kann auch wieder Kraft und Stärke entwickeln. Der Rückzug wird zur Erholung benötigt, denn eine Bank, die nur Auszahlungen macht und nichts einnimmt, geht pleite.

Epilog mit Laotse

«Wenn ich Menschen nicht dazwischenfahre, passen sie auf sich selbst auf,
Wenn ich Menschen nicht befehle, verhalten sie sich von selbst richtig.
Wenn ich Menschen nicht predige, werden sie von selbst besser,
Wenn ich mich Menschen nicht aufdränge, werden sie sie selbst.»

«Ein Führer ist dann am besten
Wenn die Menschen kaum wissen, daß er existiert
Nicht so gut wenn die Menschen ihm gehorchen und ihm zujubeln
Am schlechtesten wenn sie ihn verachten...
Von einem guten Führer, der wenig redet
Wenn seine Arbeit getan, sein Ziel erreicht ist
Werden sie alle sagen: Wir haben es selbst getan.»

Literatur

ARNDT, M.: Leiden, in: J. Ritter/K. Gründer, Hrsg., Historisches Wörterbuch der Philosophie, Bd. 5. Darmstadt 1980, 206–212

ARONSON, E./PINES, A. M./KAFRY, D.: Ausgebrannt. Vom Überdruß zur Selbstentfaltung. Stuttgart 1983 (New York 1981)

AUFSCHLÜSSE: Ein Glaubensbuch. Hrsg. im Auftrag des Bundes der Evangelischen Kirchen in der DDR von der Arbeitsgruppe Glaubensbuch. Berlin/DDR 1977

BAHR, H.-E.: Hrsg., Politisierung des Alltags. Gesellschaftliche Bedingungen des Friedens. Neuwied 1977

BASAGLIA, F./BASAGLIA-ONGARO, F.: Hrsg., Befriedungsverbrechen. Über die Dienstbarkeit der Intellektuellen. Frankfurt 1980

BECK, D.: Krankheit als Selbstheilung. Wie körperliche Erkrankungen ein Versuch zur seelischen Heilung sein können. Frankfurt 1985 (1981)

BELSCHNER, W./KAISER, P.: Darstellung eines Mehrebenenmodells primärer Prävention, in: Filipp 1981a, 174–195

BERNSDORF, W.: Hrsg., Wörterbuch der Soziologie. Stuttgart 2/1969

BOCUSE, P.: Die Neue Küche. Düsseldorf/Wien 1977

BÖHMER, T./MEUELER, E.: Mitten unter uns: Sinti und Roma. Informationen und Anregungen dazu, noch als Erwachsener umzudenken (Organisationsmodelle kirchlicher Erwachsenenbildung Nr. 18). Darmstadt 1984. Bezug über: Arbeitsstelle für Erwachsenenbildung der EKHN, Paulusplatz 1, 61 Darmstadt

BOJANOVSKY, J.: Einführung in die Problematik und einige wichtige Ergebnisse zum Forschungsbereich Trauer, in: J. Howe/R. Ochsmann, Hrsg., Tod – Sterben – Trauer. Bericht über die 1. Tagung zur Thanato-Psychologie vom 4.–6. November 1982 in Vechta. Frankfurt 1984, 330–337

BOLLNOW, O. F.: Existenzphilosophie und Pädagogik. Versuch über unstetige Formen der Erziehung. Stuttgart 3/1965 (1959)

BOLLNOW, O. F.: Krise und neuer Anfang. Beiträge zur pädagogischen Anthropologie. Heidelberg 1966

BRAND, K.-W./BÜSSER, D./RUCHT, D.: Aufbruch in eine andere Gesellschaft. Neue soziale Bewegungen in der Bundesrepublik. Frankfurt/New York 1983

BROCHER, T.: Stufen des Lebens. Stuttgart 1977

BROCHER, T.: Der Tod als Metapher – eine erträgliche Mahnung, in: RADIUS 28. Jhg., September 1983, 32, 37–39

BROOK, P.: Der leere Raum. Berlin 1983 (London 1968)

BRÜDER GRIMM: Kinder- und Hausmärchen. Erstfassung von 1812. München 1949

CANNON, W. B.: The Wisdom of the Body, New York 1939

CLAESSENS, D.: Anpassung III, in: J. Ritter, Hrsg., Historisches Wörterbuch der Philosophie. Bd. 1. Darmstadt 1971, 339–340

COHEN, ST. / TAYLOR, L.: Ausbruchsversuche. Identität und Widerstand in der modernen Lebenswelt. Frankfurt 1977

COHN, R. C.: Von der Psychoanalyse zur themenzentrierten Interaktion. Von der Behandlung einzelner zu einer Pädagogik für alle. Stuttgart 1975

COOPER, D.: Der Tod der Familie. Reinbek 1972 (London 1971)

CSIKSZENTMIHALYI, M.: Das flow-Erlebnis. Jenseits von Angst und Langeweile im Tun aufgehen. Stuttgart 1985

CULLBERG, J.: Keiner leidet ganz umsonst. Menschen brauchen Krisen zur Entwicklung. Gütersloh 1980 (Stockholm 1975)

DANISH, ST. J. / D'AUGELLI, A.: Kompetenzerhöhung als Ziel der Intervention in Entwicklungsverläufen über die Lebensspanne, in: Filippi 1981a, 156–173

DE ALMEIDA CUNHA, R.: Besprechung von P. Freire, Der Lehrer ist Politiker und Künstler. Reinbek 1981, (masch.) o. J.

DIESSENBACHER, H.: Hrsg., Witwen. Vom Leben nach dem Tode des Mannes. Frankfurt 1986

DREITZEL, P.: Die gesellschaftlichen Leiden und das Leiden an der Gesellschaft. Stuttgart 1972

DUBIEL, H.: Identität, Ich-Identität, in: J. Ritter / K. Gründer, Hrsg., Historisches Wörterbuch der Philosophie, Bd. 4. Darmstadt 1976, 148–151

DYER, W. W.: Führen Sie in Ihrem Leben selbst Regie. Manipulationsversuche erkennen und sofort kontern. Landsberg am Lech 3/1985 (Toronto 1978)

EGAN, G.: Der fähige Helfer. Grundformen helfender Beziehung. Gelnhausen / Berlin / Stein / Freiburg 1979 (Monterey 1975)

ENGLERT, E. H.: Gefühl, in: Rexilius / Grubitzsch 1981, 370–376

ERIKSON, E. H.: Identität und Lebenszyklus. Frankfurt 7/1981 (1966)

EWERT, O.: Gefühl III, in: J. Ritter, Hrsg., Historisches Wörterbuch der Philosophie, Bd. 3. Darmstadt 1974, 93–96

FALTERMEIER, T.: «Lebensereignisse» – Eine neue Perspektive für Entwicklungspsychologie und Sozialisationsforschung? in: Zs für Sozialisationsforschung und Erziehungssoziologie 4. Jhg. (1984) 2, 344–355

FARROW, E. P.: Bericht einer Selbstanalyse. Eine Methode, unnötige Ängste und Depressionen abzubauen. Mit einem Vorwort von S. Freud. Stuttgart 1984 (London 1948)

FENGLER, J.: Selbstkontrolle. Kritik und Praxis der eigengesteuerten Verhaltensmodifikation, in: Pflüger 1978, 21–38

FILIPP, S.-H.: Hrsg., Kritische Lebensereignisse. München 1981a

FILIPP, S.-H.: Ein allgemeines Modell für die Analyse kritischer Lebensereignisse (1981b), in: Filipp 1981a, 3–52

FISCHER, W.: Frage und Antwort, in: Lexikon der Pädagogik, hrsg. vom Willmann-Institut München, Bd. 1. Freiburg/Basel/Wien 1970, 484–485

FRANKE, U./OESTERLE, G.: Gefühl I, in: J. Ritter, Hrsg., Historisches Wörterbuch der Philosophie, Bd. 3. Darmstadt 1974, 82–89

FREDERICH, B.: Krankheit oder die Angst vor dem Partner. Vortrag, gehalten am 23. 5. 1986 auf dem Ärztekongreß in Berlin (masch.)

FREIRE, P.: Dialog als Prinzip. Erwachsenenalphabetisierung in Guinea-Bissau. Wuppertal 1980

FUCHS, W. u. a.: Hrsg., Lexikon der Soziologie. Zwei Bände. Reinbek 1975 (Opladen 1973)

GAMM, H.-J.: Materialistisches Denken und pädagogisches Handeln. Frankfurt/New York 1983

GAWLIK, G.: Sprache, in: H.-H. Groothoff/M. Stallmann, Hrsg., Pädagogisches Lexikon. Stuttgart 1961, 919–922

GIESECKE, H.: Didaktik der politischen Bildung. München 8/1974

GOLAN, N.: Krisenintervention. Strategien psychosozialer Hilfen. Freiburg 1983

GOODMAN, P.: Five Years. New York 1966

GRIESE, H. M.: Erwachsenensozialisationsforschung, in: H. Siebert, Hrsg., Taschenbuch der Weiterbildungsforschung. Baltmannsweiler 1979, 172–210

GRIESL, G.: Der unentdeckte oder unerfüllte Lebenssinn als Leidensquelle, in: W. Bitter, Hrsg., Lebenskrisen. Ursachen und Beratung. Stuttgart 1971, 57–123

GRUBITZSCH, S.: Aneignung, in: Rexilius/Grubitzsch 1981, 44–47

GUDJONS, H.: Spielbuch Interaktionserziehung. 180 Spiele und Übungen zum Gruppentraining in Schule, Jugendarbeit und Erwachsenenbildung. 2. neu gestaltete Auflage von «Praxis der Interaktionserziehung». Bad Heilbrunn 1983

HOHLER, A. E.: Gegen den Strom nach vorn. Stationen einer Lebenswende. Zürich 4/1983

HOOKER, C. E.: Learned Helplessness, in: Social Work 21, Mai 1976, 194–198

HORN, K.: Das psychoanalytische als Teil eines sozialwissenschaftlichen Krankheitskonzepts, in: Muck, M. u. a., Hrsg., Information über Psychoanalyse. Therapeutische, theoretische und interdisziplinäre Aspekte. Frankfurt 1974, 137–180

HORN, K./BEIER, CH./WOLF, M.: Krankheit, Konflikt und Soziale Kontrolle. Eine empirische Untersuchung subjektiver Sinnstrukturen. Opladen 1983

HUBER, J./KRAINZ, E. E.: Identität, in: Rexilius/Grubitzsch 1981, 474–78

HULTSCH, D. F. / CORNELIUS, ST. W.: Kritische Lebensereignisse und lebenslange Entwicklung, in: Filipp 1981 a, 72–90

JAFFE, D. T.: Kräfte der Selbstheilung. Stuttgart 1983 (New York 1980)

JANIS, I.: Stress and Frustration. New York 1969

GERVIS, G.: Kritisches Handbuch der Psychiatrie. Frankfurt 3/1980 (1978)

KAFKA, F.: Brief an den Vater. Mit einem Nachwort von W. Emrich. Frankfurt 1985 (1975)

KERBER, H.: Anpassung, in: Rexilius/Grubitzsch 1981, 61–68

KIRSCHNER, J.: Manipulieren – aber richtig. Die acht Gesetze der Menschenbeeinflussung. München/Zürich 1974

KLAUS, G. / BUHR, M.: Hrsg., Marxistisch-leninistisches Wörterbuch der Philosophie. Drei Bände. Reinbek 1972

KOCH, G.: Lernen mit Bert Brecht. Bertolt Brechts politisch-kulturelle Pädagogik. Hamburg 1979

KOSELLECK, R.: Krise I, in: J. Ritter/K. Gründer, Hrsg., Historisches Wörterbuch der Philosophie, Bd. 4. Darmstadt 1976, 1235–1240

KRAPPMANN, L.: Soziologische Dimensionen der Identität. Strukturelle Bedingungen für die Teilnahme an Interaktionsprozessen. Stuttgart 6/1982 (1969)

KRAUTKREMER, J.: Leistungsmotivation von Frauen (unveröffentlichte pädag. Diplomarbeit; masch.) Mainz 1986

KÜNKEL, H.: Die Lebensalter. Leipzig 1939

KULESSA, CH.: Zur Theorie der Krise. Krisenphänomene und Prädiktoren ihres Verlaufs, in: H. Gastager, Hrsg., Hilfe in Krisen. Wege und Chancen einer personalen Krisenintervention. Göttingen/Wien 1982, 67–93

KUTTER, P.: Über die Rolle der Emotionen in der Psychoanalyse, in: Psychoanalyse 1. Jhg. (1980) 188–201

LAING, R.: Das Selbst und die Anderen. Köln 1973

LANDAUER, K.: Zur psychosexuellen Genese der Dummheit, in: Almanach der Psychoanalyse, Wien 1930, 157–183; nachgedruckt in: PSYCHE 24. Jhg. (1970) 463–484

LEHR, U.: Kontinuität und Diskontinuität im Lebenslauf, in: L. Rosenmayr, Hrsg., Die menschlichen Lebensalter. München 1978, 315–340

LEVINSON, D. J.: Das Leben des Mannes. Köln 1979

LIEGLE, L.: Familie/Familienerziehung, in: H. Eyferth u. a., Hrsg., Handbuch zur Sozialarbeit/Sozialpädagogik. Neuwied und Darmstadt 1984, 320–333

LOHMANN, H.: Krankheit oder Entfremdung? Psychische Probleme in der Überflußgesellschaft. Stuttgart 1978 (Stockholm 1973)

LOTT, J.: Handbuch Religion II Erwachsenenbildung. Stuttgart/Berlin/Köln/Mainz 1984

LÜNING, K.: Aneignung, in: G. Clauß u. a., Hrsg., Wörterbuch der Psychologie, 4. durchges. Auflage. Köln 1986, 30–31

MARX, K. / ENGELS, F.: Werke, Bd. 3. Berlin (DDR) 1973

MARX, W.: Reflexionen zu einer nichtmetaphysischen Nächstenethik, in: J. Isensee, Hrsg., Reden zum 50. Doktorjubiläum von W. Marx: gehalten am 18.11.1983 (Bonner akademische Reden 59) Bonn 1984a, 21–37

MARX, W.: Ethos und Sterblichkeit, Vortrag, gehalten im Rahmen der «Mainzer Universitätsgespräche» am 12.12.1984b (Mitschrift E. M.)

MEILI-LÜTHY, E. M.: Persönlichkeitsentwicklung als lebenslanger Prozeß. Progressionen und Regressionen im menschlichen Lebenslauf. Abhandlung zur Erlangung der Doktorwürde der Philosophischen Fakultät I der Universität Zürich. Bern und Frankfurt 1982

MEUELER, E.: Eigene Kraft und fachliche Unterstützung, in: R. Arnold/J. Kaltschmid, Hrsg., Erwachsenensozialisation und Erwachsenenbildung. Aspekte einer sozialisationstheoretischen Begründung von Erwachsenenbildung. Frankfurt 1986, 257–283

MEUELER, E.: Erwachsene lernen. Beschreibung – Anstöße – Erfahrungen. Stuttgart 2/1986 (1982)

MILLER, M.: Kollektive Lernprozesse. Studien zur Grundlegung einer soziologischen Lerntheorie. Frankfurt 1986

MITSCHERLICH, A.: Krankheit als Konflikt. Studien zur psychosomatischen Medizin I. Frankfurt 1966

MITSCHERLICH, A.: Die Unwirklichkeit unserer Städte. Anstiftung zum Unfrieden. Frankfurt 10/1971 (1965)

MOELLER, L. M.: Selbsthilfegruppen. Selbstbehandlung und Selbsterkenntnis in eigenverantwortlichen Kleingruppen. Reinbek 1978

MOELLER, L. M.: Anders helfen. Selbsthilfegruppen und Fachleute arbeiten zusammen. Stuttgart 1981

MUCK, M.: Krankheit, Konflikt und das Konzept der Psychoanalyse, in: Muck, M. u. a., Hrsg., Information über Psychoanalyse. Therapeutische, theoretische und interdisziplinäre Aspekte. Frankfurt 1974, 10–36

NEGT, O./KLUGE, A.: Geschichte und Eigensinn. Frankfurt 1981

NIETZSCHE, F.: Gesammelte Werke. Einundzwanzigster Band, Autobiographische Schriften. München 1928

NOLL, P.: Diktate über Sterben & Tod mit Totenrede von Max Frisch. Zürich 1984

OHLMEIER, D.: Psychoanalyse und Sozialarbeit, in: H. Eyferth u. a., Hrsg., Handbuch zur Sozialarbeit/Sozialpädagogik. Neuwied und Darmstadt 1984, 812–823

OLBRICH, E.: Normative Übergänge im menschlichen Lebenslauf: Entwicklungskrisen oder Herausforderungen, in: Filipp 1981a, 123–138

OTTOMEYER, K.: Ökonomische Zwänge und menschliche Beziehungen. Soziales Verhalten im Kapitalismus. Reinbek 1977

OVERBECK, G.: Krankheit als Anpassung. Der sozio-psychosomatische Zirkel. Frankfurt 1984

PESESCHKIAN, N.: Positive Psychotherapie. Theorie und Praxis einer neuen Methode. Frankfurt 1977

PETERMANN, F.: Identifikation und Effektanalyse von kritischen Lebensereignissen, in: Filipp 1981 a, 53–71

PFLÜGER, P.-M.: Hrsg., Kurzpsychotherapie und Krisenintervention in Sozialarbeit, Seelsorge und Therapie. Fellbach 1978

PIEPER, M.: Erwachsenenalter und Lebenslauf. München 1978

POHLMANN, R.: Autonomie, in: J. Ritter, Hrsg., Historisches Wörterbuch der Philosophie. Bd. 1. Darmstadt 1971, 701–719

RANK, O.: Art and Artist. New York 1966

REXILIUS, G. / GRUBITZSCH, S.: Hrsg., Psychologische Grundbegriffe. Ein Handbuch zu Mensch und Gesellschaft in der Psychologie. Reinbek 1981

RICHTER, H.-E.: Blick in eine höchst labile Kunstwelt. Antipsychoanalytisches in der psychoanalytischen Institution, in: Frankfurter Rundschau vom 22. Februar 1986, ZB 2

RIEGEL, K. F.: Psychologie, mon amour. Ein Gegentext. München / Wien / Baltimore 1981

RIESSMAN, F.: How does self-help work?, in: Social Policy, 7. Jhg. (1976) 41–45

ROGERS, C. R. / ROSENBERG, R. L.: Die Person als Mittelpunkt der Wirklichkeit. Stuttgart 1980 (Sao Paulo 1977)

ROSIN, U.: Krankheitsbegriff in Psychiatrie und analytischer Psychotherapie und ihr Einfluß auf die Arzt-Patient-Beziehung, in: H. Bach, Hrsg., Der Krankheitsbegriff in der Psychoanalyse. Bestimmungsversuche auf einem Psychoanalytiker-Kongreß der Deutschen Gesellschaft für Psychotherapie, Psychosomatik und Tiefenpsychologie 1980. Göttingen 1981, 104–121

ROTSCHUH, K. E.: Krankheit, in: J. Ritter / K. Gründer, Hrsg., Historisches Wörterbuch der Philosophie. Darmstadt 1976, 1184–1190

RUDDIES, G. H. / WILLI, E.: Denkzeichnen. Denken sichtbar machen. Ein Ideen-Magazin als Lern- und Lehrhilfe. München 1985

RUMPF, H.: Unterricht und Identität. Perspektiven für ein humanes Lernen. München 1976

RUNDTISCHGESPRÄCH 1986: Was heißt neues Denken im Atomzeitalter? Ein Rundtischgespräch in Moskau über neue Zugänge zur Lösung der globalen Probleme, in: Blätter für deutsche und internationale Politik '86 (Juli 1986), 781–817

SCHACHTNER, CH.: Das Alter enthält Möglichkeiten einer späten Freiheit. Anmerkungen zu einem Aspekt der Lebensqualität, in: Frankfurter Rundschau vom 5. Oktober 1985, ZB 5

SCHMIDBAUER, W.: Helfen als Beruf. Die Ware Nächstenliebe. Reinbek 1983

SCHMIDT, U.: Gestalttherapie, in: Rexilius / Grubitzsch 1981, 406–410

SCHNEIDER, M.: Die Intellektuellen und der Katastrophismus. Wider den

Kultus der Angst und die Rhetorik der Vergeblichkeit, in: Frankfurter Rundschau vom 14. Juli 1984, ZB 3

SCHÖNE, A.: Hrsg., Das Zeitalter des Barock. Texte und Zeugnisse. München 1963

SCHÖNPFLUG, U.: Krise III, in: J. Ritter / K. Gründer, Hrsg., Historisches Wörterbuch der Philosophie, Bd. 4. Darmstadt 1976, 1242–1245

SCHRAMM, D.: Organisationsberatung, in: H. Eyferth u. a., Hrsg., Handbuch der Sozialarbeit / Sozialpädagogik. Neuwied und Darmstadt 1984, 718–733

SCHÜLEIN, J. A.: Emanzipation und Selbstreflexion, in: ders., Hrsg., Auf der Suche nach Zukunft. Alternativbewegung und Identität. Gießen 1980, 95–106

SCHÜLEIN, J. A.: Selbstreflexion, in: Rexilius / Grubitzsch 1981, 943–948

SCHULZ, W.: Identität, Selbstbezug, Selbstfindung, Vortrag gehalten im Rahmen der «Mainzer Universitätsgespräche» Wintersemester 1982/83, in: G. Eifler u. a., Identität. Mainz o. J., 83–102

SCHWÄBISCH, L. / SIEMS, M.: Anleitung zum sozialen Lernen für Paare, Gruppen und Erzieher. Kommunikations- und Verhaltenstraining. Reinbek 1974

SENNETT, R.: Verfall und Ende des öffentlichen Lebens. Die Tyrannei der Intimität. Frankfurt 1983

SENNETT, R.: Autorität. Frankfurt 1985 (New York 1980)

SHEEHY, G.: In der Mitte des Lebens. Die Bewältigung vorhersehbarer Krisen. Frankfurt 1978

SONNECK, G.: Zur Technik der Krisenintervention, in: H. Gastager, Hrsg., Hilfe in Krisen. Wege und Chancen einer personalen Krisenintervention. Göttingen / Wien 1982, 94–104

STEINBRÜCKE, M.: Wie Arbeiter auf Arbeitslosigkeit reagieren. Rezension von Zoll 1984a und Zoll 1984b, in: Frankfurter Rundschau vom 10. Dezember 1985, 11

SWITZER, D. K.: Krisenberatung in der Seelsorge. Situationen und Methoden. München / Mainz 1975

THOMAS, K.: Selbstanalyse. Die heilende Biographie, ihre Abfassung und Auswirkung. Stuttgart / New York 3 / 1986 (1972)

THÜRNAU, F.: Ehrenamtliche Helfer, in: D. Kreft / I. Mielenz, Hrsg., Wörterbuch Soziale Arbeit. Aufgaben, Praxisfelder, Begriffe und Methoden der Sozialarbeit und Sozialpädagogik. Weinheim und Basel 1980, 110–113

TOFFLER, A.: Der Zukunftsschock. Bern / München / Wien 1970

ULLRICH, R. / ULLRICH, R.: Das Assertiveness-Training-Programm ATP: Einübung von Selbstvertrauen und sozialer Kompetenz. Drei Teile. München 1980

VON WEIZSÄCKER, V.: Psychosomatische Medizin, in: PSYCHE 3. Jhg. (1949), H. 5, 331–341

Vopel, K.: Handbuch für Gruppenleiter. Zur Theorie und Praxis der Interaktionsspiele. Hamburg 3/1980 (1978)

Vopel, K.: Interaktionsspiele für Jugendliche. Vier Teile. Hamburg 1981

Vopel, K.: Interaktionsspiele für Kinder. Vier Teile. Hamburg 2/1980 (1978)

Wagenschein, M.: Wege zu einem anderen naturwissenschaftlichen Unterricht. Gespräch mit M. Wagenschein, in: Westermanns Pädagogische Beiträge 2/82 (Februar 1982), 66–73

Wambach, M. M.: Normalität, in: Rexilius/Grubitzsch 1981, 727–729

Wassermann, R.: Die Zuschauerdemokratie. Düsseldorf 1986

Wewetzer, K. H.: Begabung, in: J. Ritter, Hrsg., Historisches Wörterbuch der Philosophie, Bd. 1. Darmstadt 1971, 775–776

Wiener, N.: Kybernetik. Reinbek 1969 (Cambridge/Mass. 1948)

Willi, J.: Die Zweierbeziehung. Spannungsursachen – Störungsmuster. Klärungsprozesse – Lösungsmodelle. Reinbek 1975

Winkler, K.: Krisenberatung in der Seelsorge, in: Pflüger 1978, 72–88

Winter, I.: Sprachentwicklung des Kindes, in: H.-H. Groothoff/M. Stallmann, Hrsg., Pädagogisches Lexikon. Stuttgart 1961, 922–924

Wirsching, M./Stierlin, H.: Krankheit und Familie. Konzepte – Forschungsergebnisse – Therapie. Stuttgart 1982

Zoll, R.: Hrsg., «Die Arbeitslosen, die könnt' ich alle erschießen!» Zweiter Bericht: Arbeiterbewußtsein in der Wirtschaftskrise. Köln 1984a

Zoll, R.: Hrsg., «Hauptsache, ich habe meine Arbeit.» Mit Beiträgen von H. Bents u. a. Frankfurt 1984b

Zwingmann, Ch.: Hrsg., Zur Psychologie der Lebenskrisen. Frankfurt 1962

Bildquellennachweis

Seite 5: Werner Durth, Cartoon; Sommer 1986

Seite 23: Jules Staubner, Cartoon; Graphic Design, Verlag Nürnberger Presse, Nürnberg, 1974

Seite 49: Edward Koren, Cartoon; Agentur Paul & Peter Fritz AG, Zürich; aus: Edward Koren «Na, da haben wir ja Ihr Problem!», Schirmer/Mosel, München, 1981

Seite 105: Chlodwig Poth, Cartoon; Sozialmagazin 6/1977

Seite 235: Edward Koren, Cartoon; aus: «Möchtest du darüber sprechen?», Schirmer/Mosel, München, 1980

Seite 279: Olaf Rademacher, Cartoon; Frankfurter Rundschau, 17.9.1977

Seite 303: Klaus Pitter, Cartoon; Das neue Forum, Wien

Register